本书系国家社科基金教育学青年课题
"中学专任教师工作量状况及标准研究"（CFA130151）成果。

U0659569

# 中小学教师
# 工作负荷研究

李 新 翠 ◎ 著

ZHONGXIAOXUE JIAOSHI
GONGZUO FUHE YANJIU

北京师范大学出版集团
BEIJING NORMAL UNIVERSITY PUBLISHING GROUP
北京师范大学出版社

**图书在版编目(CIP)数据**

中小学教师工作负荷研究 / 李新翠著. —北京：北京师范大学出版社，2020.7

ISBN 978-7-303-25814-7

Ⅰ. ①中… Ⅱ. ①李… Ⅲ. ①中小学－教师－工作负荷(心理学)－研究 Ⅳ. ①G635.16 ②G443

中国版本图书馆 CIP 数据核字(2020)第 066886 号

营 销 中 心 电 话　010-58802135　58802786
北师大出版社教师教育分社微信公众号　京师教师教育

出版发行：北京师范大学出版社 www.bnup.com
　　　　　北京市西城区新街口外大街 12-3 号
　　　　　邮政编码：100088

印　　刷：北京溢漾印刷有限公司
经　　销：全国新华书店
开　　本：787 mm×1092 mm　1/16
印　　张：13.75
字　　数：202 千字
版　　次：2020 年 7 月第 1 版
印　　次：2020 年 7 月第 1 次印刷
定　　价：55.00 元

策划编辑：伊师孟　　　　　责任编辑：马力敏　孟　浩
美术编辑：焦　丽　　　　　装帧设计：焦　丽
责任校对：康　悦　　　　　责任印制：马　洁

# 序

　　教师是立教之本，兴教之源。加强教师队伍建设是教育改革发展的关键性、战略性举措，这已成为全党全社会的广泛共识。多年来，在教师工作、教师队伍建设上，我们主要是"做加法"：提高教师社会地位、增加教师工资投入、加强师德建设、保障教师进修时间、提升教师专业能力等。这些"做加法"的工作无疑是需要持之以恒地、扎扎实实地做下去。但是，有一道"减法题"我们重视不够，没有很好地做起来。这道题就是控减教师工作负担。教师的工作负担，直接影响着教师的工作质量、教师的专业发展、教师的身心健康和职业认同。教师过重的工作负担如果得不到合理的控减，党和政府采取的一系列加强教师队伍建设的政策措施的实施效果将会受到不利影响。也就是说，控减教师工作负担这道"减法题"做不好，我们多项加强教师队伍建设"做加法"的工作成效会明显打折扣。令人可喜的是，近年来减轻教师工作负担正逐步受到关注。特别是 2019 年 12 月，中共中央办公厅、国务院办公厅印发《关于减轻中小学教师负担进一步营造教育教学良好环境的若干意见》(下称《意见》)，明确提出从统筹规范督查检查评比考核事项、统筹规范社会事务进校园、统筹规范精简相关报表填写工作、统筹规范抽调借用中小学教师事宜等方面减轻教师不必要的工作负担，为教师营造良好的工作氛围。虽然《意见》的着力点放在反对形式主义和官僚主义、严格清理规范与中小学教育教学无关事项、确保中小学教师潜心教书和静心育人上，但明确提出切实减轻中小学教师负担，对于全面推进控减教师负担，具有重要的推动和指导作用。

贯彻落实中共中央办公厅、国务院办公厅印发的《意见》，全面推进减轻中小学教师负担工作，需要我们对中小学教师负担的实际情况、过重负担产生的原因以及控减负担的有效办法做进一步的了解、分析和探索。令人感到遗憾的是，针对这一课题的理论研究成果甚少。据学者搜索分析，2000 年以来，以"教师工作负担""教师工作负荷"为题目的文献仅为 20 多篇，以"教师工作量"为题目的文献有 100 多篇，但大多数是关于高校教师和教师工作量统计或管理系统的研究。此时，李新翠推出她的专著《中小学教师工作负荷研究》是非常及时的，值得我们关注。

本书坚持问题导向，展示了作者鲜明的使命意识。中小学教师工作负荷偏重，是一个普遍存在的问题。或许因为这个问题很具体，或许因为这个问题的解决路径超越教育范畴，涉及面广，所以涉猎这个课题的研究者不多。但是，这个问题若得不到及时有效的破解，将会影响到教书育人的质量和教师队伍的稳定。从这一点来说，这个微观层面的具体问题，却是事关教育发展的热点问题。李新翠选择这一课题进行长达 5 年的研究，她直面现实热点难点问题的勇气和以服务教育改革发展为己任的担当精神，是不忘初心、牢记使命的生动表现。

本书注重实证研究，作者通过在全国大范围、大样本调研，发现中小学教师工作负荷的突出问题，如工作时间较长，非教学工作任务重，工作负荷对教师自身及教育教学工作造成不良影响，同时城乡之间又存在一定差异，努力陈述中小学教师工作负荷的全貌。作者还通过个别访谈和集中座谈，为读者呈现了中小学教师工作负荷的真实状况。书中既有对丰富的实证数据的梳理挖掘，又有从多个理论视角的分析探究；既关注当下我国中小学教师工作负荷的基本状况，又扫描国外中小学教师工作负荷的状况并进行评述。这样的研究方法展示了作者严谨的科学态度，为研究成果增添了说服力和感染力。

本书聚焦制度重构，探索控减教师工作负荷的有效路径，展示了作者积极的创新精神。面对着中小学教师工作负荷超载并且负荷强度不断增加的现状，作者的态度是冷静的、积极的。这种冷静和积极的态度体现在书中提出的应对办法和工作建议上。作者首先对中小学教师如何对工作负荷进行科学认知和自我调适提出建议，引导广大教师跳出教育看教育，认识工作负荷过重和范围扩大的原因，保持积极的心态面对暂时的困境，同时通过坚持依法治教和深化教育教学改革寻求减负之策。作者认识到中小学教师工作负荷是连接教师工作现实和教师相关制度之间的重要变量，要从根本上解决中小学教师工作负荷过重的问题，必须推进与教师工作负荷相关的两大制度——中小学教师编制标准制度和工资制度的重构。进入全面推进现代化建设的新时代，教育发展的热点难点问题的破解，必定与推进教育治理体系和治理能力现代化的改革紧密相连。重大制度的重构需要国家层面的顶层设计，作者在追溯我国中小学教师编制标准制度和工资制度沿革历史的基础上，对这两大制度重构的方向即改革的趋势做了原则性的研判，为国家推进中小学教师编制标准制度和工资制度改革提出了建设性意见，展示了新时代理论工作者的改革锐气和创新精神。

当前，我国教育发展进入了以提高人才培养质量为中心的新阶段，控减中小学教师工作负担，是推进教育转型发展、提高教育质量的必然要求，也是稳定师资队伍、加强教师队伍建设的重要举措。党中央、国务院已经把这项工作提上了工作议程。随着教育事业的发展和教育改革的深化，教师工作、教师工作负荷也将发生新的变化。基础教育课程改革的深化、育人模式的变革、学习方式的变革、信息技术对教学过程的深刻融入、教育环境和教育生态的变化等都对教师工作提出新的要求，也为教师工作负荷增添变量。我们期待李新翠和其他关注中小学教师工作负荷的理论工作者，继续不忘初心，牢记使命，秉持科学的态度，弘扬创新精神，面对新情况，研究新问题，奉献出新的成果。

王湛

国家教育咨询委员会委员，教育部原副部长

2020 年 4 月

# 前　言

　　2018 年，《中共中央　国务院关于全面深化新时代教师队伍建设改革的意见》指出："教师承担着传播知识、传播思想、传播真理的历史使命，肩负着塑造灵魂、塑造生命、塑造人的时代重任，是教育发展的第一资源。"可见，教师在教育改革发展中的重要地位，教师对于落实立德树人根本任务的重要意义，而这一切必须建立在教师健康、自主发展的基础上。

　　教师工作负荷是指教师在履行职业角色时所践行的具体工作任务及其所需要的时间。其总量和不同工作任务的结构比例共同决定教师工作负荷的状况，是影响教师心理健康和教育教学质量的重要因素。本书的研究选题来源于笔者在 2013 年开展的中小学教师工作满意度的调查。一位非常有思想的校长跟笔者谈到这个问题，从教师工作负荷的现状到教师工作负荷过重的危害，一一列举出事实和案例，让笔者感触特别深。于是，笔者申请了教师工作负荷的相关课题，开展了长达 5 年的研究。

　　总结这 5 年的成果，本书的这项研究是非常值得的，也是有一定成效的。

　　2018 年两会期间，教育部领导在答记者问时明确提出，要给教师减轻负担，现在教师的负担是很重的；各种填表、考评、比赛、评估，压得有些教师喘不过气来，要把时间还给教师……由此可见，教师工作负荷的话题进入决策视野。笔者关于教师工作负荷研究的第一篇成果发表之后，先后被人民网、光明网、新华网、搜狐网等各大主流网络媒体转载，特别是还成为两位政协委员提案的支撑材料。

回望当年，在课题论证时，笔者以"教师工作负荷"为题名在中国期刊网进行搜索发现，1979—2013 年共有 95 篇文献，其中中国期刊全文数据库有 90 篇，中国重要报纸全文数据库有 5 篇，但没有硕士、博士学位论文。对 2000 年以来的 39 篇文献进行分析后有如下发现。

一是从研究内容上看，技术性研究多，内涵性研究少。20 篇文献涉及工作负荷的计算方法、考核办法、统计管理信息系统等方面，3 篇文献是关于高校教师工作负荷制度的研究，其他的文献是有关调查研究和比较研究的。关于教师工作负荷的具体内容没有权威的研究。

二是从研究对象上看，关注高校教师多，关注中小学教师少。20 多篇文献是对高校教师工作负荷的研究，只有少于 5 篇文献对中小学教师进行研究，专门对农村教师进行研究的只有 1 篇文献。

三是从研究方法上看，思辨性研究多，实证性研究少。只有 4 篇文献是对教师工作负荷的调查研究，其他 35 篇均是思辨性研究，多关注教师工作负荷的计算方法或管理系统的建构。

在这一基础上，笔者针对教师工作负荷开展了大量文献研究、大规模调查研究、大范围国际比较研究，了解了中小学教师工作负荷的基本概况、主要特征、突出问题和发展趋势，并分析了与教师工作负荷密切相关的教师编制标准制度的历史沿革，从中发现了一些问题和不足。

本书出版的初衷是引起社会、学界等多方面关注中小学教师的工作负荷，思考中小学教师的责任使命，明确中小学教师的核心职责，为中小学教师的工作提供更多支持，不仅要对中小学教师有所期待，而且要了解他们的现状和现实；为了使他们更好地教书育人，既要关注教师的产出，也要关注教师的投入，既要对教师提出要求，也要为教师提供支撑。

本书的研究成果的总结和提炼，希望能引起更多人的关注和关心，希望从多方面为教师的专业发展提供良好的氛围、坚实的支撑和科学的保障，让教师真正走上自主、自觉、自由的发展之路，为培养德、智、体、美、劳全面发展的社会主义建设者和接班人奠定良好的基础。

# 目　录

# 第一章  研究概述

本章主要呈现研究缘起，研究选题从何而来，为何要开展这一选题的研究，遵循怎样的研究思路，采用哪些研究方法，以及研究过程历经哪几个主要阶段，最终完成研究任务，较好地实现研究目标。

## 第一节  研究缘起

每一次研究都如命中注定一般随缘而至。2013年5月，为完成单位委派的关于中小学教师工作满意度的调查，笔者多次到一线与中小学校长和教师进行座谈交流。在谈及满意度这个话题时，总是会有部分校长和教师反映，当前教师的工作负荷太重，工作任务太繁杂，工作压力太大，这一现实状况使教师的职场状态与理想期待相去甚远。我们期待教师经常自主阅读和学习，期待教师定期反思教育教学，期待教师自主开发课程，期待教师成为研究者……诸如此类。在和校长、教师交流之后，笔者的心情异常沉重。教师被困在各种各样的工作重压之下，他们难以有喘息的机会，更难以有自我专业发展规划。甚至笔者在很多地方的教师培训中随机调研发现，他们根本不了解教师专业标准，而我们提倡多年的自主、合作、探究的新课程教学依然让步于传统的"满堂灌"课堂。在这样的背景下，笔者尝试开展关于教师工作负荷的研究。

## 一、研究背景

2010 年，《国家中长期教育改革和发展规划纲要（2010—2020 年）》（简称《教育规划纲要》）颁布以来，我国教育事业改革发展进入新的历史阶段。从教育改革发展的战略重点、教师队伍建设的重点导向等方面来看，本书的研究是在以下背景下展开的。

### （一）教育事业发展进入从"有学上"到"上好学"的优质化时代

从 1986 年 4 月 12 日第六届全国人民代表大会第四次会议审议通过《中华人民共和国义务教育法》以来，我国义务教育发展踏上了规范化、快速化的道路。

1992 年，党的十四大正式提出"基本普及九年义务教育，基本扫除青壮年文盲"。

1993 年，中共中央、国务院印发《中国教育改革和发展纲要》，把"两基"确定为 2000 年之前我国教育事业发展的目标和任务。

1994 年，《国务院关于〈中国教育改革和发展纲要〉的实施意见》进一步明确了到 2000 年我国教育事业发展的目标和任务：全国基本普及九年义务教育，即以县统计占全国总人口 85％ 的地区普及九年义务教育；初中阶段的入学率达到 85％ 左右；全国小学适龄儿童的入学率达到 99％ 以上；全国基本扫除青壮年文盲，使青壮年非文盲率达到 95％ 左右。经过 25 年全党、全社会的不懈努力，我国已经全面实现普及义务教育和扫除青壮年文盲的"两基"目标。这是我国教育发展史上的重要里程碑，对于促进教育公平、提高国民整体素质和推动经济社会又好又快发展都具有重要意义。这也标志着我国教育改革发展迈入新的历史阶段。

从数据来看，2017 年，全国共有小学 16.70 万所，比上年减少 1.06 万所，下降 5.98％；另有小学教学点 10.30 万个，比上年增加 4561 个，增长 4.63％。招生 1766.55 万人，比上年增加 14.09 万人，增长 0.80％；在校生有 10093.70 万人，比上年增加 180.69 万人，增长 1.82％；毕业生有 1565.90 万人，比上年增加 58.45 万人，增长 3.88％。小学学龄儿童净入学率达到 99.91%。从图 1-1 可以看出，改革开放以来，我国小学教育规模迅速扩大。到 2012 年全面实现"两基"之后，小学教育规模基本稳定，小学阶段教育的发展经历了以规模扩大为主到以提高质量为主的历史阶段。

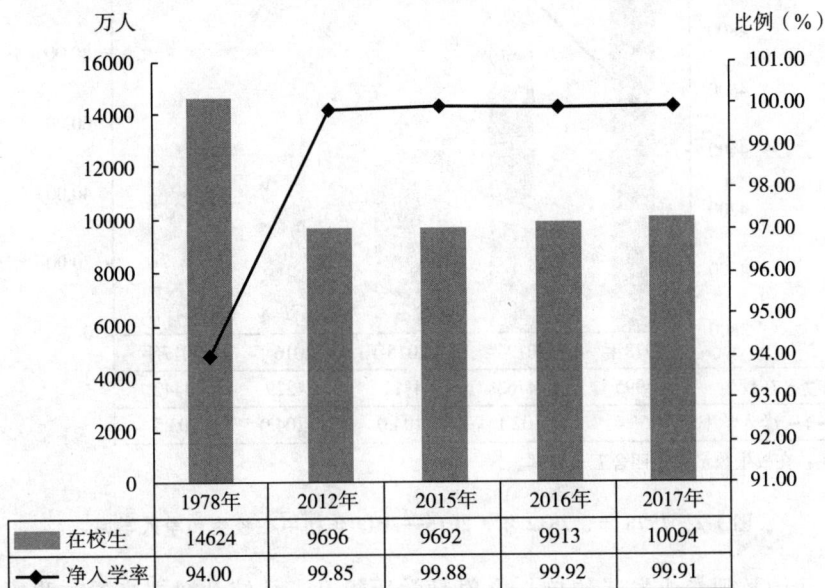

| | 1978年 | 2012年 | 2015年 | 2016年 | 2017年 |
|---|---|---|---|---|---|
| 在校生 | 14624 | 9696 | 9692 | 9913 | 10094 |
| 净入学率 | 94.00 | 99.85 | 99.88 | 99.92 | 99.91 |

注：在校生数量已做四舍五入处理。

**图 1-1　1978 年、2012 年、2015—2017 年小学在校生和净入学率**

全国共有初中学校 5.19 万所（含职业初中 15 所），比上年减少 224 所，下降 0.43%。招生 1547.22 万人，比上年增加 60.05 万人，增长 4.04%；在校生有 4442.06 万人，比上年增加 112.69 万人，增长 2.60%；毕业生有 1397.47 万人，比上年减少 26.40 万人，下降 1.85%。初中阶段的净入学率达到 103.5%，如图 1-2 所示。

全国共有普通高中 1.36 万所，比上年增加 172 所，增长 1.29%。招生 800.05 万人，比上年减少 2.87 万人，下降 0.36%；在校生有 2374.55 万人，比上年增加 7.90 万人，增长 0.33%；毕业生有 775.73 万人，比上年减少 16.62 万人，下降 2.10%。

**(二)教师专业发展进入标准引领的专业化时代**

改革开放以来，我国教师专业发展的定位不断变化。20 世纪八九十年

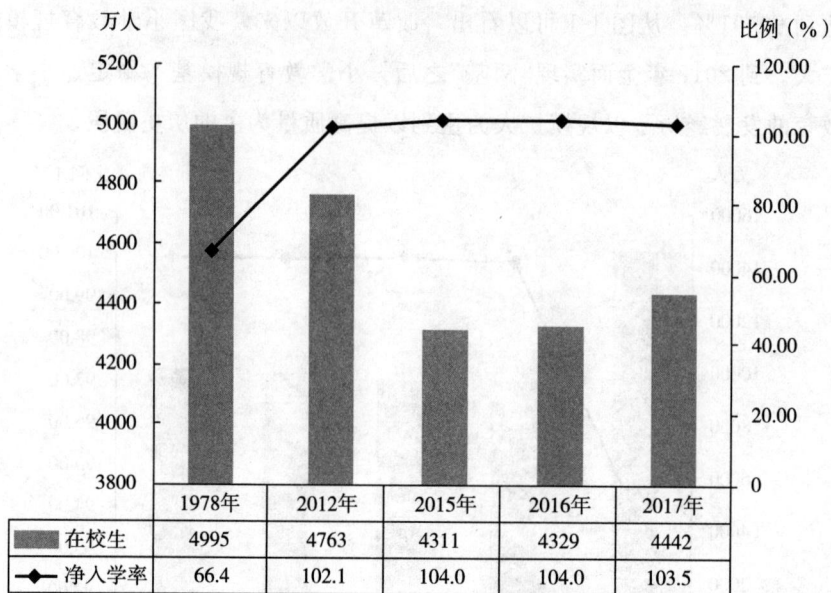

注：在校生数量已做四舍五入处理。

**图 1-2　1978 年、2012 年、2015—2017 年初中在校生和净入学率**

代，我国教师专业发展的核心价值是学历提升。从统计数据来看，我国中小学专任教师的学历合格率快速提升，从 1978 年的不足 50％提高到 90％以上，特别是到 2012 年，中小学教师学历合格率已经基本达到饱和，如图 1-3 所示。因此教师专业发展进入新的历史阶段。

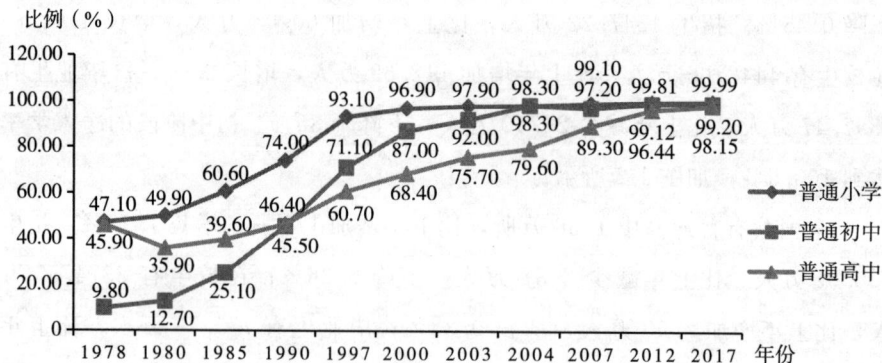

**图 1-3　改革开放以来中小学教师学历合格率的变化趋势**

如何更好地适应新课程改革的需要，如何更好地满足不同学生的多样化需求，如何适应信息化、网络化新时代的挑战，都需要教师走上提升专业素养之路。2012年以来，《小学教师专业标准（试行）》《中学教师专业标准（试行）》等相继颁布，从专业理念与师德、专业知识和专业能力三个方面规定了教师专业发展的要求，如图1-4所示。这些要求都超越了教师的学历等这些外在的指标，更多地关注教师的内在素养和能力。

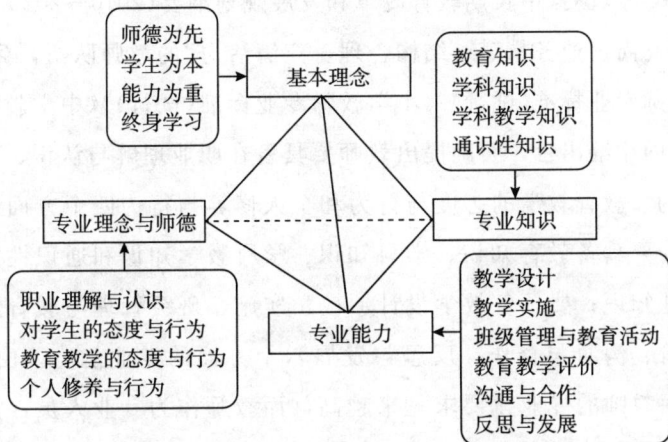

**图1-4　教师专业标准的结构及要求**

因此，无论是从决策层还是从学校，抑或是从专家学者的角度，我们对教师的研究必须从宏观走向微观，从外在要求走向内在素养，从提出要求走向关注现实，关注如何将更多的要求、更美好的期待真正转变成教师的真实存在。

在这一背景下，我们就需要关注教师在一线教育教学实践中的真实存在，关注他们是否能够按照教师专业标准的要求来严格要求自己，能否达到教师专业标准的每一条具体要求。如果不能，那究竟是什么原因导致的？而教师工作负荷恰恰是反映教师工作的真实状态的有效变量。考察工作负荷的总量和结构要素，考察教师对工作负荷所持有的认识和态度，都将有助于我们全面了解教师工作的真实状态，以便更好地促进教师专业发展，不断提升其专业水平和专业素养。

综合以上，无论是从我国基础教育改革发展的战略重点来看，还是从教师专业发展的历史主题来看，关注一线教师的生存状况和工作状态都成为迫在眉睫的事情。因此，本书以教师工作负荷为主题开展系列研究。

## 二、选题缘由

### (一)从国家政策的导向来看,国家不断加强教师队伍建设,并着力于全方位提升教师队伍的整体素质

从 2010 年《国家中长期教育改革和发展规划纲要(2010—2020 年)》提出建设"师德高尚、业务精湛、结构合理、充满活力"的教师队伍,到 2012 年《幼儿园教师专业标准(试行)》《小学教师专业标准(试行)》《中学教师专业标准(试行)》的相继出台,明确提出教师要具备在职业理解与认识、对学生的态度与行为、教育教学的态度与行为和个人修养与行为四个方面的专业理念和师德;要具备教育知识、学科知识、学科教学知识和通识性知识四个方面的专业知识;要具备教学设计、教学实施、班级管理与教育活动、教育教学评价、沟通与合作、反思与发展六个方面的专业能力。由此可见,国家层面对教师的专业化要求越来越高,而教师作为专业人员,需要政府提供系列支持和保障条件来实现自身的专业化水平。这就需要各级政府创造良好的教育生态和教师发展支持体系,让教师在日常的教育教学工作中能够体会到专业人员的价值感,能够享有专业人员应有的专业自主和专业发展。从当前的现状来看,部分教师每天忙得焦头烂额,而且大量额外工作任务占据了他们很多的工作时间和工作精力,他们难以全身心地投入教育教学本职工作。

### (二)从媒体舆论的导向来看,媒体舆论一味地要求教师付出

近年来,各级各类媒体宣传具有明显的导向,强调教师的崇高至上,要求教师的工作和行为不能有半点闪失,倡导教师成为师德楷模,要有奉献精神,要牺牲自己来保全学生,要成为学生发展的无微不至的守护神和保护伞。另外,教师群体中稍有一些不良现象出现,各大媒体就大肆报道宣传,给教师群体造成巨大压力,导致教师不敢正常管学生,更不敢有半点严厉的说教或者交流。特别是由于自媒体的迅速发展,关于教师队伍中个别教师的不良行为表现的信息迅速传播、升温、发酵,给教师队伍造成巨大压力。

**（三）从学界研究的焦点来看，学界期待教师成为研究者、反思者和课程建构者**

从近几年关于教师的研究来看，学者们更多地研究和探讨教师如何不断提升自身的专业能力。比如，教师要成为研究者，要以研究的态度、研究的方法和研究的路径来解决教育教学中遇到的实际问题和难题；教师要成为实践反思者，要在教学前、教学中和教学后开展教育教学反思，撰写教育教学反思日志；教师要成为课程建构者。自新课程改革以来，实行国家、地方和学校三级课程管理。各地中小学都纷纷开发校本课程，这既对教师提出巨大挑战，也给教师带来较重的工作负荷。这些想法和期待固然都很有价值，也很有意义，但究竟如何才能真正成为教师的真本事，才是需要重点关注的。

**（四）从现实状况来看，部分中小学教师对自身的专业发展无暇顾及**

笔者在多次调研和培训中发现，部分中小学教师对自身的专业发展既没有明确的意识和目标，也难有系统的行动。在一次教师培训中，当笔者问及在座的教师是否了解或者听说过教师专业标准时，他们的回答几乎都是"否"，关于自身专业发展的规划更是无从谈起。笔者通过进一步的交流发现，部分教师工作太繁忙，工作任务太繁杂，工作压力太大，每天在疲于应付各种事务性工作和杂事。所以从现实状况来看，无论是政策层面还是学校层面都没有给部分教师创造出有利于他们自身专业发展的条件和环境，使他们的专业发展处于"理想很丰满，现实很骨感"的境况。

综合以上状况，教师工作负荷的状况亟须研究，要求既全面掌握教师工作负荷的总体状况，又深入分析教师工作负荷的具体表现和局部特征，综合分析其背后的机制性原因和外部性原因，为减轻教师不必要的工作负荷，给教师专业发展营造良好的氛围和环境，全面提升教师队伍的整体素质奠定坚实的基础。

## 三、研究意义

教师工作负荷是一个连接教师工作实践与教师管理政策的核心议题。

充分把握中小学教师工作负荷的总体概况、基本要素和主要问题，有利于更好地把握中小学教师工作的现实状况，给教师管理政策的改革和创新提供有效的政策建议。总体而言，关于中小学教师工作负荷的研究具有以下意义。

**(一)现实意义：提高教师的职业幸福感和促进学生健康快乐成长**

当前，我国教育发展已经从关注"有学上"到关注"上好学"，人民群众对优质教育资源的需求越来越强烈。因此，要提高教育质量，必须合理确定教师工作负荷，让教师把更多的时间投入教学工作，让教师有更多的时间进行备课，让教师有更多的时间与学生交流，让教师有更多的时间反思自己的教学，促进自身专业发展。为此，我们需要科学确定每位教师的工作负荷，使他们全身心投入教学工作。

教师工作负荷是影响教师职业幸福感的重要因素，同时影响学生的身心健康。大量的研究表明，当前一些教师的工作超负荷、工作责任无限扩大，导致教师的工作压力大、职业幸福感和职业认同感低。特别是笔者在做中小学教师工作满意度的调查时发现，无论是发达地区，还是欠发达地区或中等发达地区，所有学段的一些教师及校长均表示，当前教师工作负荷太重，远远超出了"朝九晚五"的模式，导致身心疲惫，压力大，积极性差。由此可以想象，教师在这种状态下，学生能快乐吗？因此，从提高教师的职业幸福感和促进学生健康快乐成长的角度出发，我们亟须关注教师工作负荷的状况，并据此提出相应的改进举措。

**(二)理论意义：明确教师的职业角色，进一步丰富和创新教师专业发展理论**

从理论的角度来看，教师工作负荷主要涉及教师的职业角色和职业使命，即教师应该通过哪些具体的教育教学工作和相关工作来实现教书育人的核心使命。特别是近年来，我国提出教师承担着传播知识、传播思想和传播真理的历史使命，肩负着塑造灵魂、塑造生命、塑造人的时代重任。为此，教师工作负荷从工作任务类别的角度来看不能没有边界、不能没有底线。因此，本书通过调查研究等实证研究方法明确当前教师工作负荷的结构分布，考察教师工作任务是否科学合理，教师是否有充分的时间和充足的精力来完成立德树人的根本任务，来培养德、智、体、美、劳全面发展的社会主义建设者和接班人，为教师专业发展理论特别是教师角色理论提供新的实证依据。

**（三）决策意义：科学确定教师工作负荷的合理标准，改革创新师资配置制度模式**

教师工作负荷标准决定了每个阶段的教育、每个学科应该配置多少位教师。当前西部农村地区教师编制紧缺，教师配置不够，导致教师工作负荷过重。虽然我国已经明确生师比和班师比，但是这两个指标表现出一定的不适应性，没有考虑到教师工作的专业性。现有的师资配置制度模式主要基于学生的数量来配置教师，而实际的教育教学工作是分学科、分班级进行的。因此一所学校的正常运转既需要一定数量的教师队伍来保障，也需要学科结构、年龄结构合理的教师队伍来支撑。与此同时，教师只有有充足的时间去备课，才能更好地上课；只有有充足的时间去与每位学生交流，才能促进全体学生的全面发展；只有有充足的时间进行教学反思、专业学习和在职培训，才能不断促进自身专业发展，从而提高教育教学水平。因此，我们亟须根据不同地区、不同区域、不同学段和不同学科的特点，制定科学的教师工作负荷标准，健全和完善师资配置制度。

# 第二节　研究设计

## 一、研究目标

### （一）把握中小学教师工作负荷的总体状况

中小学教师工作负荷是反映教师工作的现实状况和国家有关教育政策的核心要素，既是对教师教育教学实践状态的反映，也是对国家师资配置制度的验证。为此，本书主要通过问卷调查、个案访谈和集体座谈等实证研究方法，充分了解和把握在教育改革纵深发展与人民群众对教育的要求不断提高的背景下中小学教师工作负荷的整体状况，主要从工作时间上来反映。具体包括每周总工作时间、每周直接教学时间及相关工作时间、非教育教学工作的投入时间等。

### (二)厘清中小学教师工作负荷的结构要素

中小学教师工作负荷是否科学合理不仅体现在教师投入所有工作的时间，而且体现在教师工作时间在不同类型的工作任务上的分配。本书通过调查教师在备课、课堂教学、作业批改、教学科研、专业发展、学校及教育行政部门安排的临时性工作等方面的内容所占比重，来考察中小学教师工作负荷的结构要素及其之间的比重，进而反映中小学教师工作负荷的科学合理性。

### (三)明确中小学教师对自身工作负荷的认知

中小学教师工作负荷集中体现了教师在工作中的总体状态，其工作负荷的强度在很大程度上影响教师的教育教学工作质量及工作效率。因此，本书通过问卷调查和个案访谈等方式考察教师对其总体工作负荷的态度及评价，以及对不同工作内容的态度及评价，并进一步考察教师对工作负荷之于自身工作、身心健康及家庭生活的影响。

### (四)构建中小学教师工作负荷标准框架

本书在借鉴国际上有关组织及国家对教师工作负荷问题的政策反馈模式，分析与教师工作负荷密切相关的师资配置制度模式，特别是通过生师比和班师比两个统计数据指标来考察教师教育教学工作负荷的状况，进而根据《教育规划纲要》《中共中央 国务院关于改进新时代教师队伍建设改革的意见》和2018年全国教育大会的精神，基于调查结果和有关现行政策，初步构建科学、稳定、灵活的中小学教师工作负荷标准框架。

## 二、研究假设

在文献分析和已有研究的基础上，对于本书的研究问题提出以下研究假设。

**（一）中小学教师工作负荷总体较重**

从工作时间上看，部分中小学教师的工作时间远远超过法定时间。他们将大量个人时间用于工作，工作总体处于超负荷状态。

**（二）中小学教师工作任务繁杂，特别是非教育教学工作任务超量**

从工作任务上看，部分中小学教师工作既存在超量的现象，也存在超范围的问题，即一方面鉴于当前中小学教师编制从紧的状况，中小学教师承担的教育教学工作超过一定的量；另一方面随着经济社会的发展，出现了一系列新问题和新任务，使转嫁到中小学教师身上的其他非教育教学工作任务不断增加。

**（三）乡村学校教师存在超课时、多科目的教育教学工作负荷超标问题**

由于乡村学校分布较广、规模较小，在当前基于生师比的师资配置模式下，乡村学校教师总量少。而乡村学校、教学点，不管有几位学生，所需要开设的科目数是不能变的，因此大部分乡村学校教师承担着超课时、多科目的教育教学工作。

**（四）县镇学校教师主要存在因大班额带来的备课、批改作业、家校沟通等工作负荷超标问题**

随着城镇化的迅速发展和人民群众对优质教育资源的需求不断增加，大量农村、乡镇学生流向县镇，导致县镇中小学的大班额现象严重。因此，县镇学校教师主要面临因大班额带来的备课、批改作业、学生管理、家校沟通、学生辅导等方面的工作超量问题。

**（五）中小学教师对工作负荷超量持消极态度**

中小学教师工作负荷需要适度，过少、过量的教师工作负荷都不利于教师工作积极性的调动和工作能力的发挥。而过重的工作负荷容易对教师产生不良影响，使教师身心俱疲，没有时间和精力进行自主学习和自主发展，影响教师对工作和生活的平衡把控。

## 三、核心概念

### (一)中小学教师

中小学教师是指普通小学、普通初中和高中具有教师资格证书和专门从事教育教学工作的学校专职人员，不包括学校专职行政人员和后勤人员。

### (二)教师工作负荷

工作负荷是指一个工作人员的实际工作任务，通常以工作时间来计算。教师工作负荷既包括工作时间的维度，也包括工作任务的维度。工作时间从工作总时间与法定工作时间之间的关系来考察，工作任务主要从教育教学工作和非教育教学工作两个维度来考察。工作任务具体包括教师围绕教育教学所开展的备课、上课、批改作业、开展研究和完成上级部门布置的其他工作。本书以面对学生数、在校时间、课时数和完成所有教学相关工作的具体时间来考量工作负荷。

### (三)工作负荷标准

为适应实施素质教育、促进学生全面发展和提高教育质量的要求，不同学段、不同岗位的教师应该承担合适的工作任务。工作负荷标准既包括总量的标准，也要包括不同类别工作的标准，使各类工作所占比重应该达到一个相对科学、合理的状态。工作负荷标准总体包括工作时间和工作任务两大维度，其中工作任务包括直接教学工作、间接教学工作、专业发展、学校行政工作及其他社会性事务工作。

## 四、研究设计

### (一)研究思路

本书从教师工作负荷重、职业倦怠等现实问题出发，在文献研究和比较研究的基础上，分析教师工作负荷研究的方法与路径，初步设计出旨在了解中小学教师工作负荷的总体情况、结构要素和态度认知三方面内容的调查问卷，并在北京、山东、宁夏等地选取 500 余位中小学教师，涵盖各个学段、各个学科和城乡地区，开展问卷和访谈的试调研，在试调研的基础上进一步修改和完善调查问卷，并最终确定问卷。本书随后在全国东、中、西部地区各选取一定数量的中小学教师进行调查，通过实地调研和网络调研相结合的方式开展全国范围的问卷调查，在调查结果的基础上，借鉴英国、美国、加拿大、澳大利亚、日本、芬兰等国的教师工作负荷标准及研究现状，构建具有中国特色、反映时代要求和立足教师本职工作的中小学教师工作负荷标准。

### (二)研究工具

#### 1. 文献收集方法

本书从中文文献和外文文献两个方面收集相关文献。一是以教师工作负荷、工作负荷等关键词为主题和篇名在中国知网进行搜索，并对文献进行筛选，遴选出与本研究问题密切相关的文献 30 余篇。二是以"teacher workload"为关键词在谷歌学术、ERIC、EBSCO 等数据库进行搜索，共搜集到 100 余篇相关文献。

#### 2. 问卷的设计

问卷的设计采用自上而下与自下而上相结合的方式，首先从文献中梳理出问卷的基本维度和具体问题，然后根据对一线中小学教师的访谈，进一步修改和完善问卷的基本维度和具体问题，如表 1-1 所示。

表 1-1  中小学教师工作负荷调查问卷

| 维度 | 一级指标 | 二级指标 | 问题点 |
|---|---|---|---|
| 工作负荷状况（客观情况） | 工作时间 | 工作日 | 您每天在学校的工作时间和回家工作时间 |
| | | 周末 | 周末工作时间 |
| | | 寒暑假 | 寒暑假工作时间 |
| | 工作任务 | 直接教学工作 | 任教几个学科 |
| | | | 任教几个班级 |
| | | | 每周的课时 |
| | | | 任教的班额 |
| | | 教学相关工作 | 备课、批改作业、学生管理、家校沟通、个别学生辅导、学生危机事件应对 |
| | | 教学无关工作 | 会议、材料、表格、检查、评比等 |
| | 工作满意度 | 工作负荷 | 教学工作 |
| | | | 教学相关工作 |
| | | | 非教学工作 |

续表

| 维度 | 一级指标 | 二级指标 | 问题点 |
|---|---|---|---|
| 工作负荷感知(主观认识) | 教学相关工作 | 工作负荷感知 | 总体工作负荷 |
| | | | 近几年的趋势 |
| | | | 非教学工作负荷 |
| | | | 横向比较 |
| | | 希望减轻的工作任务 | 备课，班级管理，家校沟通，行政事务(会议、检查、表格、材料等)，突发事件，舆论应对 |
| | 满意度 | 工作负荷满意度 | 总体满意度 |
| | | | 教学工作负荷满意度 |
| | | | 非教学工作负荷满意度 |
| | | 职业认同 | 再次选择 |
| | | | 向青年人推荐 |
| 工作负荷期待 | 工作任务 | 教学工作与非教学工作 | 课时 |
| | | | 上课与备课 |
| | | | 教学工作与非教学工作 |
| | | 控制和减少工作负荷 | 教育内部 |
| | | | 教育外部 |

### 3. 问卷的信度

本书采用 $\alpha$ 信度分析法获得整个问卷的信度为 0.843，基于标准化项的 $\alpha$ 系数为 0.893；工作负荷状况、工作负荷感知、工作负荷期待三个分量表的信度分别为 0.770、0.756、0.701。一般而言，教育类量表的信度在 0.8 以上为佳，分量表的信度在 0.6 以上为宜。整体而言，本量表具有较高的信度，分量表的信度较好。

进一步的分析显示，总量表和三个分量表之间的相关系数在 0.843～0.892，三个分量表之间的相关性在 0.597～0.698。这说明三个分量表与总量表之间有较高的一致性，三个分量表既相互联系，又具有一定的独立性。整体而言，整个量表具有较好的内部一致性，如表 1-2 所示。

**表 1-2 总量表与分量表内部一致性**

| 量表类型 | 总量表 | 认知认同量表 | 情感认同量表 | 行为认同量表 |
|---|---|---|---|---|
| 总量表 | 1 | | | |
| 工作负荷状况量表 | 0.843** | 1 | | |
| 工作负荷感知量表 | 0.862** | 0.615** | 1 | |
| 工作负荷期待量表 | 0.892** | 0.597** | 0.698** | 1 |

注：** 表示在 0.01 水平（双侧）上显著相关。

**4. 抽样方法**

本书采用分层抽样的方法，在全国除西藏和港澳台地区外抽取 15000 位教师作为样本，通过实地发放问卷和网络在线问卷相结合的方式，回收有效问卷 14672 份，问卷的有效率为 97.81%。

**5. 数据处理方法**

本书采用 SPSS19.0 对数据进行描述统计、差异分析、相关分析和回归分析。

## 五、研究对象

本书的研究对象是中小学教师，共有 30 个省（区、市）的中小学教师参与。其中东部、中部和西部教师分别占 46.63%、25.76% 和 27.60%；城区、镇区、乡村教师分别占 40.93%、34.36% 和 24.71%；小学、初中和高中教师分别占 34.21%、34.78% 和 31.00%；男教师和女教师分别占 40.38% 和 59.62%；普通教师、教研组组长、年级组组长、中层干部和校级领导分别占 56.71%、13.84%、7.99%、16.15% 和 5.30%；高中或中专、专科、本科和研究生学历的教师分别占 2.66%、11.00%、80.46% 和 5.88%；未评职称、三级教师、二级教师、一级教师、高级教师和正高级教师分别占 5.60%、8.91%、35.87%、34.97%、13.58% 和 1.06%；25 岁及以下、26～30 岁、31～35 岁、36～40 岁、41～45 岁、46～50 岁、51～55 岁和 56～60 岁教师分别占 4.03%、14.42%、19.80%、26.12%、20.58%、10.54%、4.09% 和 0.42%；担任班主任的教师占 53.99%；寄宿制学校教师占 47.38%。研究对象的基本情况如表 1-3 所示。

表 1-3  研究对象的基本情况

| 变量 | 类别 | 人数 | 比例(%) |
|---|---|---|---|
| 性别 | 男 | 5925 | 40.38 |
| | 女 | 8747 | 59.62 |
| 区域 | 东部 | 6842 | 46.63 |
| | 中部 | 3780 | 25.76 |
| | 西部 | 4050 | 27.60 |
| 学段 | 小学 | 5020 | 34.21 |
| | 初中 | 5103 | 34.78 |
| | 高中 | 4549 | 31.00 |
| 学历 | 高中或中专 | 390 | 2.66 |
| | 专科 | 1614 | 11.00 |
| | 本科 | 11805 | 80.46 |
| | 研究生 | 863 | 5.88 |
| 城乡 | 城区 | 6005 | 40.93 |
| | 县镇 | 5041 | 34.36 |
| | 乡村 | 3626 | 24.71 |
| 职称 | 未评职称 | 822 | 5.60 |
| | 三级教师 | 1308 | 8.91 |
| | 二级教师 | 5263 | 35.87 |
| | 一级教师 | 5131 | 34.97 |
| | 高级教师 | 1993 | 13.58 |
| | 正高级教师 | 155 | 1.06 |
| 年龄 | 25 岁及以下 | 592 | 4.03 |
| | 26～30 岁 | 2115 | 14.42 |
| | 31～35 岁 | 2905 | 19.80 |
| | 36～40 岁 | 3832 | 26.12 |
| | 41～45 岁 | 3020 | 20.58 |
| | 46～50 岁 | 1547 | 10.54 |

续表

| 变量 | 类别 | 人数 | 比例(%) |
|---|---|---|---|
| 年龄 | 51～55 岁 | 600 | 4.09 |
| | 56～60 岁 | 61 | 0.42 |
| 岗位 | 普通教师 | 8320 | 56.71 |
| | 教研组组长 | 2031 | 13.84 |
| | 年级组组长 | 1173 | 7.99 |
| | 中层干部 | 2370 | 16.15 |
| | 校级领导 | 778 | 5.30 |
| 班主任 | 是 | 7922 | 53.99 |
| | 否 | 6750 | 46.01 |
| 寄宿制学校 | 是 | 6952 | 47.38 |
| | 否 | 7720 | 52.62 |

注：本表格的百分比数据之和不是 100% 的，是按四舍五入方法处理的。本书其他图表数据也可以此为解释依据。

## 六、研究方法

### (一)文献研究法

本书通过文献研究法对教师工作负荷的基本内涵和要素进行研究，为调查问卷的设计提供基本思路和维度。

### (二)调查研究法

本书通过问卷星平台在线问卷调查、实地发放问卷调查、座谈和访谈等方法对我国中小学教师工作负荷状况进行研究。

### (三)比较研究法

本书通过比较研究法对英国、美国、加拿大、澳大利亚、日本、芬兰等国的教师工作负荷状况及标准进行研究。

### (四)政策研究法

本书主要对教师编制标准制度和教师工资制度进行历史变迁分析，明确当前教师编制标准制度的价值和理念以及教师工资制度的基本特点和不足，为改革创新教师编制标准制度和教师工资制度提供历史借鉴。

# 第三节 研究过程

回顾研究过程，本书大致经历了文献研究、理论研究、实证研究、分析研究和总结研究五个阶段。每一个阶段都有重点研究任务，每一个阶段都有新的研究发现，特别是在总结研究阶段，本书还需要总结、提炼和反思。

## 一、文献研究阶段

文献研究阶段着力解决的问题是充分掌握当前教师工作负荷研究的现状和趋势，把握已有研究的研究范式、研究方法和研究工具，以及已有研究所得出的基本观点和核心思想。通过对国内外研究文献的分析，本书有如下发现。

一是掌握教师工作负荷这一核心概念的基本要素，主要由工作时间和工作任务来体现。工作时间进一步划分为法定工作时间和私人时间，工作任务从总体上主要分为教育教学相关任务和教育教学无关任务。不同工作时间和工作任务的占比能够反映出教师工作负荷是否科学合理，是否符合教师职业的定位和职责使命。

二是掌握教师工作负荷的研究范式，主要通过调查问卷、工作负荷日志和教师工作负荷叙事等方式考察教师工作负荷的现实状况。

三是明确教师工作负荷加重的时代背景和经济社会发展因素。教师作为经济社会发展中的重要职业之一，必然受到时代发展和经济社会发展的影响。

文献研究为接下来的理论研究和实证研究奠定了坚实的基础，特别是为实证研究工作的设计和开发提供了基本思路与框架。

## 二、理论研究阶段

教师工作负荷的研究看起来没有什么含金量，似乎既没有学术含量，也没有决策含量，因为这个关键词是一眼就能望到底的概念。但是从理论的视角来看，教师工作负荷的研究涉及多个方面的理论。

首先，从大的背景来看，教师工作负荷的变化、工作时间的增加、工作任务的增多、工作压力的加重无不反映着经济社会发展的转型和变化。特别是进入 21 世纪以来，经济全球化、市场化的迅猛发展给各个领域和行业都带来了冲击与挑战，教师职业也不例外。这些冲击与挑战必然增加教师的工作负荷，使工作任务变得复杂。就像笔者在调研中发现，很多教师表示现在的工作没有前 10 年那么简单、那么单纯了。这句看似简单的话，其背后有更多深层的背景和原因。

其次，从工作要求—资源的视角来看，教师工作负荷体现的是教师工作的投入和付出，是教育这个大组织对教师提出的要求。工作负荷多体现的是政府、学校、家长和社会对教师工作提出的要求多、要求高，而对教师工作提供的支持性、支撑性条件和保障相对较少。

再次，从劳动过程理论来看，教师工作负荷重反映了对教师工作过程和细节的过多关注，没有给予教师作为专业人员应有的专业自主和专业自由，要求教师提交很多材料，要求教师呈现很多具体的过程等。

最后，从追本溯源的视角来看，教师作为履行教书育人的专业人员，教师的角色到底是什么，教师的职业使命到底是什么。而教师工作负荷恰恰应该回归教师的角色，回归教师应该做什么，不应该做什么。

## 三、实证研究阶段

这一研究阶段是本书的主体阶段，也是历时最长、任务最重、最烦琐的一个阶段。这个研究阶段也经历了几个过程，随着研究的推进和深入，不断调整和完善调研工具。

第一阶段是调查工具的试测阶段。笔者在北京、山东、宁夏、重庆等地选择 500 余位中小学教师开展问卷调查和个案访谈，主要验证调查工具的科学性和合理性，并根据调查结果和访谈结果，对研究工具进行表述方式、内容删减和格式调整等多个方面的改进。

第二阶段是借助暑期教师集中培训的机会，赴北京、天津、河北、吉林、福建、山东、安徽、湖南、云南、新疆等地开展实地调研，并与部分教师进行座谈访谈。回收有效问卷 8000 多份，座谈访谈教师 100 余位。

第三阶段是在前期研究的基础上，为进一步增加调研的覆盖面和代表性，借助问卷星网络调研平台，借助全国中小学教师继续教育网，在全国范围内开展问卷调查。回收有效问卷 6000 多份。除西藏之外，所有地区的教师均参与了研究调查。

综合以上三个基本阶段，实证研究阶段共回收有效调研问卷 1.4 万多份，座谈访谈教师 100 余位，收集 4 万多字的质性调研资料。

## 四、分析研究阶段

分析研究阶段主要是对实证研究阶段收集到的数据和质性资料进行分析。

首先，对量化数据进行基本清理和整理，剔除不合理数据和缺失数据，最终获得的有效样本量为 14672 个。

其次，运用 SPSS19.0 对量化数据进行频数、平均数、标准差等描述统计和单因素方差分析等差异分析以及相关分析和回归分析等。本书既呈现中小学教师工作负荷的整体状况，由此分析中小学教师工作负荷的差异，又考察教师工作负荷与相关因素之间的关系。

最后，对收集到的 4 万多字的质性资料进行分析。分析的基本思路是自上而下和自下而上相结合。本书根据前期文献研究设计好基本思路和维度，把教师工作负荷分为工作时间和工作任务两个维度。质性资料主要是工作任务的具体体现，同时夹杂着教师对不同工作任务的感知和情感。一方面是从质性资料中寻找证据来支撑已有的分析框架，另一方面是从质性资料中寻找新的观点及其论据。

## 五、总结研究阶段

在研究的最后一个阶段，研究看似已经结束了，实则还有许多工作需要做，需要全面总结前几个研究阶段的工作，充分提炼研究的发现，得出研究结论，还要根据研究提出有针对性、可行性的对策建议，特别是对现有的相关教师政策制度提出改革的意见和思路。

首先，全面把握中小学教师工作负荷的整体状况及有关差异。本书从平均值和频数两个方面反映中小学教师工作负荷的整体状况，同时考察教师工作负荷的地区、城乡、学段、群体差异。群体差异主要从职称、教龄、年龄、岗位和是否为寄宿制学校等几个方面呈现。

其次，深入分析中小学教师工作负荷现状背后的原因，特别是差异背后的原因。本书从教育内外两个系统分析教师工作负荷重的深层原因。

最后，借鉴国际经验，从教师编制标准制度、教师工资制度两方面系统考虑教师工作负荷相关政策制度的变革及改进。

# 第二章　理论视角下的中小学教师工作负荷

中小学教师工作负荷看似是一个简单的现实问题，但是这一现象的产生以及如何使其趋向合理，均有相关的理论给予解释。一方面通过教师工作转型和劳动过程理论解释为什么教师工作负荷越来越重；另一方面通过工作要求—资源理论和教师角色理论给予教师工作负荷科学的界定与规范，使教师工作负荷更加符合教师职业的性质和特点，保障教师在合适的工作负荷基础上践行自己的职业角色，实现自身持续专业发展，充分体验到教师职业的价值和意义。

前两节主要从理论的角度阐释为什么中小学教师工作负荷越来越重。这一现象是经济社会发展带来的对教育改革发展的新要求和新挑战的必然规律性体现，这一现象在世界各国不同程度地存在。后两节主要从工作要求—资源理论和教师角色理论来阐释教师职业本来的面目和要求，为减轻教师工作负荷提供理论依据。

## 第一节　中小学教师工作转型

进入 21 世纪以来，经济全球化成为一种强势的力量和趋势，影响着世界各国，波及每个国家的各行各业。不言而喻，经济全球化对教育改革发展和教师工作产生重要的影响。

## 一、经济全球化的过程及特征

经济全球化的力量正在彻底改变我们看待和思考学校教育的方式。日新月异的多种形式的信息技术、实时交流、国际资本等都对世界各国产生重要的影响。这意味着企业和政府面临前所未有的波动性、不确定性和不可预知性。为此，这些都要求社会做出截然不同的反应，包括工作组织方式和工作技能等与之前有很大的不同。

这些新的环境具有以下特征。①

①灵活的后福特主义生产形式和重组的工作场所组织。

②市场化管理取代规则、规章和集权的科层制的组织形式成为新的管理模式。

③更加强调将形象和印象管理作为吸引顾客的有效方式。

④在转移实现生产目标的责任的环境下重新集中控制。

⑤更多通过科技的方式来应对社会的不确定性。

⑥更加依赖科技解决复杂的、难以对付的社会、道德和政治问题。

就学校而言，以上变化构成完全不同的管理框架，以实施社会控制。控制模式发生转型，从直接、公开、科层制的管制变为更加隐蔽的管理方式。这种及时和整体的质量管理过程，更倾向于自我管理程序。

卡斯特尔斯(Castells)提出因经济全球化而产生的经济重组的三大特征：一是资本和劳动力之间关系的重组，使资本在生产中的获益份额更大。二是国家在公共领域中的新角色，不只是减少政府对经济的干预，更是改变参与方式。三是劳动力在全球范围内的重新分配，特别是廉价劳动力深刻塑造着发达国家发生的一切。

概括起来，因经济全球化而产生的经济重组有以下结果：一是通过科技创新而提高生产效率，工人的工资降低和社会福利减少，工作条件的安

---

① Smyth，J.，Dow，A.，& Hattam，R.，et al.，*Teachers' Work in a Globalizing Economy*，London，and New York，Falmer Press，2000，p. 3.

全性降低，生产去中心化，更加依赖非正式经济。二是伴随这一变化的不是政府的手退出经济领域，而是以一种新的干预形式出现，国家渗透到新的领域，对其他领域不予管理和推向市场。对许多活动取消管制，包括放松公共部门对工作场所的环境控制以及生产活动的萎缩和私有化，有利于企业和高收入群体的逆向税收改革。国家支持高科技研究和发展，领导工业领域、国防和国防相关工业的优先发展，以及应对福利的萎缩、财政紧缩以实现预算平衡。

这些变化都将影响学校的组织和管理方式以及对教师工作的影响。

## 二、经济全球化与中小学教师工作

经济全球化使教学工作发生重大变化。从现实来看，一方面，中小学教师强烈抵触经济全球化对教学工作带来的影响，另一方面又不得不逐步适应经济全球化带来的影响。在经济全球化剧烈变化的环境中，学校超越了其教育、培养和影响人的单纯职能，而被迫像私营企业一样谋求效率、追求可见的育人成果。因此，学校在市场化的生存环境中，为赢得办学资源、生源、社会名声和社会支持而不得不彼此竞争。这就使学校不断要求教师服从指令，并用商业部门的生存理念、实践模式和价值观念来实施管理，无暇顾及因自己的历史背景、价值追求和专业文化而从根本上不同于汽车厂、珠宝或快餐、奥特莱斯等企业的运营模式。

## 三、经济全球化带来的教学危机

塞登(Seddon)概述了教师工作发生的变化：工作关系的变化对教师工作造成巨大压力；教师的工资降低；社会和组织要求的增加使教师工作被强化；教师感到越来越不被重视，教师的工作变得越来越程序化，并受到问责；教育投入的减少，使教师工作场所的资源贫乏。①

教师生活在教育变革的海洋中。当前教育变革的速度是教育发展史上

---

① Seddon, T., "Who Says Teachers Don't Work?" *Education Links*, 1990(38), pp. 4-9.

前所未有的。不仅变革的速度非常重要，而且变革的方向和实质同样至关重要。为了更好地理解教育变革的具体过程，我们需要关注教学的具体过程及其到底发生了什么。康奈尔（Connell）指出教学是一种体现社会实践能力的工作。为此，我们需要关注教师的劳动过程，以明确教师在教育教学工作中到底做了哪些事情。首先，从人力资源的视角来看，教学工作是技术性的，教学生学会拼读。这毫无掩饰地作为勤奋、秩序和服从规则的象征。其次，教学是以文化、身份认同和交流为基础的。最后，教学体现一定权力的特征。①

经济全球化的深入发展给教师工作带来了一系列深远的影响，具体表现在以下几个方面：一是使教师工作中的不同具体任务不断整合。整合过程中更加强调教师的管理角色（如对学生和其他教育工作者的管理），弱化教师的教育角色，导致教师工作的强度不断增加。二是促进教师的再专业化。国家进一步加强对教师专业行为和能力的管理控制，并进行密切监管。三是削弱对教师工会的支持和保障，由此带来教师工资的降低。学校是经济发展所需人力资本的生产者，以提供受过训练的和多样化的劳动力。②

教学是"文化工作"的一种形式。③

教师工作的变化可以通过去专业化和再专业化进行描述。教师工作的变化不是教师作为个体去技能化和再培训技能这么简单，而是在学校层面的工作组织和教师身份认同的重组。在学校，工作关系被进一步重新调整。传统的课堂私人领域转向公众监督，并由从事教学和管理双重工作的教师进行内部监督。

---

① Connell, R., "Transformative Labor: Theorizing the Politics of Teachers' Work," In *the Politics of Educators' Work and Lives*, ed. Ginsburg, M., New York and London, Garland Publishing, 1995, pp. 98-100.

② Roertson, SL., "Teachers, Labour and Post-Fordism: An Exploratory Analysis," In *Economising Education: Post-Fordist Directions*, ed. Kenway, J., Geelong, Deakin University Press, 1994, pp. 144-145.

③ Anyon, J., "Book Reviews: Rank Discriminations: Critical Studies of Schooling and the 'Mainstream' in Educational Research," *Educational Researcher*, 1998 (3), pp. 32-33.

## 四、新工作秩序中的教学

传统的科层式的控制工作、还原论式的思维和行为方式逐步瓦解，更加开明、灵活、民主和赋权式的新型控制方式产生，学习文化、学习组织、伙伴关系、团队合作、辅导和协作等成为其关键要素。新工作秩序的逻辑是中层阶级的角色和责任将被转移到一线工作者。人们彼此成为更加投入的合作伙伴，承担有意义的工作，能够充分理解和控制自己的工作，监督自我，并通过积极交流知识和需求而提高自己的工作绩效。在这样的新工作秩序中的个体，领导不再是对他们进行命令，而是想方设法给予他们引导和支持，不断促进他们的职业发展。

控制是研究教师工作的关键词。教育场域也存在不平等的社会关系，因此冲突必然存在，权力大的群体试图控制权力小的群体。工作社会学将解释教师为什么被控制、如何被控制以及控制对教师产生的影响等。显而易见，从一定意义上看，公立学校教师向国家出售自己的劳动力，通过在特定的地区、一定教育教学条件的保障下教授学生而赚取一定的工资。从根本上讲，教师劳动的目标是实现学生社会实践能力的发展，即帮助学生获取学习策略，这些学习策略将在他们进入的社会中被使用并得到持续更新。[1] 学生学习策略的获得是在教师和学生的互动过程中实现的，这正是教师的劳动过程，更进一步地讲就是教师落实国家课程的过程。学生和教师联合的劳动过程是社会变革进程的重要组成部分，而课程变革和教学条件变革都将对社会变革产生影响。

---

① Connell，R.，"Transformative Labor：Theorizing the Politics of Teachers' Work，"In *the Politics of Educators' Work and Lives*，ed. Ginsburg，M.，New York and London，Garland Publishing，1995，p. 97.

## 第二节　劳动过程理论视角下的中小学教师工作

从劳动过程理论的起源出发，本书简要梳理该理论的历史变迁和主要观点，提出劳动过程理论的核心概念，进而呈现该理论在教育领域的研究和应用，并基于劳动过程理论的核心概念提出这一理论视角下的教师劳动分析。

### 一、劳动过程理论的起源及其变迁

从劳动过程理论的起源及其变迁来看，主要经历了三个主要阶段，分别是马克思的首次提出、布雷弗曼（Braverman）的研究推进和布洛维（Burawoy）的批判反思。

### (一)马克思的首次提出阶段

劳动过程理论(labor process theory)是劳工社会学的重要组成部分。劳动过程理论是从社会学的视角专门研究工人劳动过程的理论，该理论起源于马克思《资本论》的第一卷。劳动过程研究旨在呈现微观生产情境中的支配关系。马克思同时敏锐地指出，随着机器大工业时代的到来，工人成为机器的附庸，生产过程中的智力与体力劳动相分离，去技能化成为趋势。[①]劳动权利走向资本积累创造了工人和资本家之间的根本利益冲突。马克思认为，工人不可能尽最大努力实现资本利益最大化，因此需要对工人进行控制。强制控制能够在资本社会中工作的结构和经验，由此产生阶级斗争。对利益的追逐决定了资本主义劳动过程的组织，尤其是使劳动过程日益碎片化和去技能化，使脑力劳动和体力劳动分开。这一过程的产生是由于对劳动力成本的巨大节约。然而，劳动的分解和去技能化，加上前所未有的

---

① 马克思：《资本论》第一卷，郭大力、王亚南译，102 页，北京，人民出版社，1963。

资本聚集，导致了对劳动过程的协调、管理和控制。对劳动过程的控制从工人转向资本家。因此，体力劳动者的自治被改造为生产任务过程中技能水平的降低和对其执行过程管理控制的增加。这在泰勒（Tyler）的科学管理理论中得以实现。

### （二）布雷弗曼的研究推进阶段

关于劳动过程的关注和研究真正始于布雷弗曼的标志事件为1973年出版的《劳动与垄断资本：二十世纪中劳动的退化》。在这本书中，作者主要探讨和回答了以下问题：资本如何成功地榨取工人的剩余价值？资本家购买的只是工人的劳动力，而非劳动过程本身，那么如何避免工人偷懒、如何保证剩余价值，从布雷弗曼所谓"不情愿的劳动人口"中生产出来呢？[1]

布雷弗曼通过研究发现，个别分工、科学管理的持续改进、机械化和自动化技术的普遍运用、现代大公司的发展，不断使劳动过程中"概念"（conception）与"执行"（execution）分离。从制造业普工，到办公室职员、服务业工人，在垄断资本主义阶段，普遍出现了劳动技能的退化，导致工作的碎片化和专业化。这破坏了工人的完整技艺，削弱了工人控制劳动过程的能力，迫使工人在劳动过程中听命资本家及管理者的安排。即随着工人技艺的丧失（deskilling），劳动过程的管理发生了从"技术工人控制"向"管理者控制"的转变。[2]

产生这一变化的主要原因在于科学管理成为组织和控制劳动过程的重要手段。此前，管理部门控制劳动过程仅仅是规定和监督生产任务，而非直接对工人的生产过程加以干涉，工人仍然控制着劳动过程。因此工人仍然掌握着关于生产的大量知识和技艺。（而科学管理则摧毁了这种工匠传统：劳动过程不再依靠工人的技能，工人不再是作为一个工匠，而仅仅是一个生产工具。）布雷弗曼总结了科学管理的三个原则：使劳动过程和工人的技

① Michael Yates, "Braverman and the Class Struggle," *Monthly Review*, 1999(8), p. 2.

② Braverman, H., *Labor and Monopoly Capital: The Degradation of Work in the Twentieth Century*, New York and London, Monthly Review Press, 1974, p. 87.

术相分离；使概念和执行相分离；利用对知识的垄断来控制劳动过程。这三个原则是统一的，最关键的就是使概念和执行相分离。①

泰勒科学管理的核心概念是规划（planning）与执行之间的区分，即设计任务和执行任务之间的区分。劳动被分解和再分解，以至于每项任务被分割为最小的组成单元，以能被计时和测量。工作被去技能化，既为了有利于雇佣更廉价的劳动力，又能减少雇员因对知识的垄断而造成的限制性行为。工作的恶化包括以下步骤：一是普通工人失去设计和规划工作的权利；二是工作被分割为毫无意义的碎片；三是工作任务在没有技能和半技能的劳动力之间的重新分配以及劳动力价值的贬低；四是工作组织从工艺系统向现代、泰勒式的控制形式转型。泰勒主义不仅与自动化水平的增加相容，而且会进一步扩大自动化水平。这将进一步扩大其作为管理控制形式的普遍性，而且加深工人的去技能化和工作的碎片化。

与科学管理运动几乎同步的是科技革命带来的机械化。科学本来是中立的，却被垄断资本收编。科学的发展带来了大规模的机械化，这意味着泰勒用组织手段才能实现的控制，现在可以用机械手段实现了。以机器为中心组织劳动过程，结果不是人控制劳动过程，而是劳动过程控制了人。或者说，不是直接的生产者，而是占有机器的资本家控制劳动过程。②

### （三）布洛维的批判反思阶段

随后，众多学者对布雷弗曼的理论和观点进行批判，集中体现在布雷弗曼只关注到劳动过程，而忽视了劳动者即工人的主动性和反抗，也就是"工人都到哪去了"③（Where have the workers gone）。其中，布洛维对此的批判影响最大。他指出："任何工作场景都包含经济维度（物品的生产）、政治维度（社会关系的生产）和意识形态维度（对这些关系体验的生产），这三

---

① ［美］哈里・布雷弗曼：《劳动与垄断资本：二十世纪中劳动的退化》，方生、朱基俊、吴忆萱等译，103～112 页，北京，商务印书馆，1973。

② ［美］哈里・布雷弗曼：《劳动与垄断资本：二十世纪中劳动的退化》，方生、朱基俊、吴忆萱等译，137～221 页，北京，商务印书馆，1973。

③ Ida Simpson, "The Sociology of Work ：Where Have the Workers Gone？" *Social Force*，1989(3)，pp. 563-581.

个维度密不可分。"①此外，他还提出"生产的政治"(politics of production)，即资本主义生产并不只是涉及经济领域(生产产品的劳动过程)，这其中也夹杂着政治和意识形态因素，以保证资本家能够同时取得并掩盖剩余价值。劳动过程的政治效果和生产的政治规范工具共同构成了每个工厂独特的工厂政体(factory regime)或生产政体(production regime)。

## 二、劳动过程理论视角下的公立学校教师的劳动

20世纪80年代，劳动过程理论被引入教师工作研究。教师成为无产阶级，因为教师更像工业工人而不是专业人员，他们的工作因现代教育政策和实践变革而变得去技能化和强化(intensification)。

劳动过程理论的产生和应用更多地是在私有领域中进行的，这一理论是否适用于受雇于国家的公立学校教师呢？关于这一问题的研究主要集中在生产劳动和非生产劳动。②③ 从劳动过程的视角来看，问题的关键在于工人是否进行剩余劳动，生产出具有使用价值的产品。有研究者非常明确地提出，除高级官员之外，所有公立部门的劳动者均进行剩余劳动。就教师而言，通过参与培养未来劳动力而在社会整体生产过程中间接产生剩余价值。有研究者认为，学校教育在本质上是通过资格认证过程与资本主义劳动力市场联系在一起的，更直接地是通过传授能够提高劳动力的生产效率的技能和知识。从这个意义上讲，学校教育间接产生了剩余价值。④

如上文所述，控制是劳动过程理论的核心，控制是指"资本家或管理者

---

① Michael Burawoy, *The Politics of Production*：*Factory Regimes under Capitalism and Socialism*, London, New Left, 1985, p. 39.

② Harris, K., *Teachers and Classes*：*A Marxist Analysis*, London, Routledge and Kegan Paul, 1982, pp. 192-203.

③ Harris, K., *Teachers*：*Constructing the Future*, London, Falmer Press, 1994, p. 108.

④ Freeland, J., "Australia：the Search for a New Educational Settlement," In *Capitalist Crisis and Schooling*：*Comparative Studies in the Politicis of Education*, ed. Sharp, R., Melbourne, Macmillan, 1986, pp. 212-236.

从工人身上实现预期工作行为的能力"①，然而教育劳动过程理论文献却忽视了这一关键点。工作组织形式使规划和执行不断分离，从而使教师去技能化，并使教师工作的强度不断增加。教育领域的学者更加关注控制的效果而不是控制的目的和形式。我们可以通过私人部门的工厂工人的劳动过程来理解控制这一理念。私人部门的生产过程需要劳动力通过生产工具，如工厂和设备对原材料进行加工，以提供相应的产品和服务。

一个工人进入劳动力市场时，他必须找到愿意为其技能、知识或体力支付工资和薪水的雇主。劳动力具有商品的属性，与市场关系相似，购买者和出售者的利益或初衷是对抗的。在劳动力市场，雇员将尽最大努力获取尽可能好的工资和条件，而雇主则希望将劳动力成本降低。劳动力一旦购买成功，资本家将自己组织劳动过程。在这个过程中，劳动力与生产工具和原材料建立联系，以生产有用的产品和服务。这一过程的最终是出售劳动力产品，资本家将他的财产转化为货币。如果资本家最终获得的金钱大于最初的投入，那么资本家就盈利了。

对劳动过程分析的核心是管理者如何将工作潜能（劳动力）转化为工作努力（劳动）。教师工作虽然由政府决定，而不是由市场上的竞争决定，但最终结果是相同的。这就需要对教师工作进行控制。如同私人部门的工人，教师也出售他们的劳动力，并归入雇主的权力。当教师出售自己的劳动力时，他们因对某些管理举措不够认同，在工作过程中会对自己的知识、能力和付出有所保留。

### (一)生产视角下的教师劳动

从生产过程的生产工具、原材料和劳动力三要素的视角来看，在教育领域，生产工具包括学校中的各种教育资源，如工厂、设备和教学资源，其所有权为政府，并由财政税收支付。原材料是学生，由家长或看护者拥有，也会因为是国家现在和未来的公民而为国家所有。原材料还包括教育

---

① Edwards, R., *Contested Terrain：The Transformation of the Workplace in the Twentieth Century*, New York, Basic Books, 1979, p. 17.

体制设法传授的知识和文化资本。政府通过在劳动力市场购买而拥有教师的劳动力。政府作为雇主，将这些因素组织起来形成一种"生产关系"。正是这种组织构成教学的劳动过程。生产过程的目的是将作为原材料的学生和知识融合起来，以便培养出适应劳动力需求和文化需求的公民。正规教育是为学生增值的过程，教育的产品是公民和未来的工人。

康奈尔提出教师工作的目标是发展学生的社会实践能力。社会实践能力包括经济、思想和政治的维度，具体包括劳动的能力，社会交往能力，文化、自我认同的形成和交流，以及追求权力的能力，即参与政治生活的能力。①

教育有一定的目标，由利益相关者共同决定教育的目标。教育的目标是培养社会实践能力，包括经济、思想和政治等各个方面的实践能力。教育必须以既定的组织方式来保证这一目标的实现。这一目标要是通过国家课程来实现的。国家通过规定课程来控制教师的劳动过程，同时教师的劳动包括种类和数量繁多的活动。

### (二)课程是对教师劳动控制的关键因素

公立学校教师的劳动过程包括两个方面：一是关系维度，包括教师与教育领域的他人，即管理者、行政管理者、非教学职工、家长和学生之间的一系列社会关系。二是时间维度，包括作为雇主的政府将生产要素组成生产关系。教师利用自己的技能和可用的教育资源努力实现培养学生的社会实践能力的目标。教师通过参与很多活动，如教学和评价、管理、辅导学生、课外活动、开会和备课等来实现这一目标。尽管这些活动的种类和数量繁多，但有固定的模式。教师工作以特定的方式进行组织以实现教育的目标。这些组织模式的共同特征是将学生根据年龄进行分组，为每组学生提供独立的空间和独立的教师，将知识分解为学科或课程领域的互相联系的知识群，将教师根据其掌握详细的学科知识或更通识的学科知识进行

---

① Connell, R., "Transformative Labor: Theorizing the Politics of Teachers' Work,"In *the Politics of Educators' Work and Lives*, ed. Ginsburg, M., New York and London, Garland Publishing, 1995, p. 100.

划分。

将所有活动聚合在一起的关键因素是课程。正式课程包括不同的要素，如目标、内容、顺序、方法和评价，不仅仅是对学生学习目标的描述。课程建立在非正式课程（隐性课程）的基础上，组织、安排和确立教育系统、学校和课堂的正确运行方式。课程是对教师的控制方式和路径，课程决定教师的劳动过程。

## 三、公立学校教师承受的控制

教师从事的生产领域，虽然不直接增加价值，但是通过提高未来劳动力的技能和素质而促进经济发展。在私人领域，资本家为了获取利润而对工人的劳动过程进行控制。国家举办公立学校并不是为了盈利，为什么还需要控制教师？一旦国家购买了教师的劳动力，就面临从教师中获取劳动潜力的挑战。首先，国家需要控制教师及其工作行为以确保教师能够确实完成一定的工作，如保证教师按时去上班，按时完成既定任务，按规定上课等。其次，国家控制教师是为了降低教育“生产”成本。无论处于怎样的经济社会发展条件下，政府均需要控制公共成本，通过降低教师工作的价值而降低教师劳动力的成本，降低教师工作的技能或雇佣大量准专业人员。还有一种方式是教师工作负荷，通过重组工作实践或者让教师付出更多，如增加班额或增加教学工作任务，由此会使教师面临新的挑战或抵抗工作的强化。因此，政府降低教育公共支出，同时加强对教师的控制策略。最后，国家控制教师是基于教育的政治属性。培养社会实践能力是教育生产的目标，这一目标与物质资料如汽车和钢材生产的目标截然不同。关于不同实践能力的相对重要性和意义存在持续的激烈竞争。比如，美国公立教育始终是为下一代传递怎样的价值观或国家的未来应该坚持哪些价值观和优先事项的竞技场。既然学校课程是文化界定和传承的主要工具，这些斗争的目标则是控制课程知识。①

---

① Cornbleth, C., "Controlling Curriculum Knowledge: Multicultural Politics and Policy Making," *Journal of Curriculum Studies*, 1995(2), pp. 165-185.

国家在其中扮演的并不是中立的角色。政府作为中间人来协调竞争各方达成一致，由此需要保证其雇员即教师能够实施规定的课程。政府不确定教师能否严格执行课程，因此需要采取一定的控制策略。公立学校作为国家的机构，需要在强烈的压力下按照特定的方式运行。教育在发挥为资本积累和民主实践创造条件的相互矛盾的职能中扮演重要的角色。①

政府在购买教师的劳动力时，购买了拥有特定特征和兴趣的人的劳动力。教师向政府出售自己的劳动力，在这个意义上教师也属于工人阶级，但教师的工作又不同于普通工人的工作。教师的工资更高、社会身份更受人尊重、工作任务更加多样化和复杂化，拥有相对更多的自主权和自由。

检查社会实践的恰当能力是否得到培养，奖励和惩罚教师，以建立控制制度。控制制度用于协调以下三个因素：一是规定课程。使用一定的方法或机制指导教师实施既定的课程，包括课程内容、教学顺序、教学方法和教学评价。二是监测和评价教师。根据课程标准监测和评价教师的教学表现是否恰当。三是确定训练和奖励教师的方式，以征求同意和执行规定的课程。总体而言，教师承受的控制主要包括以下五种。

### （一）市场控制

教育对学生、家长和雇主等消费者具有使用价值，对教师有交换价值。生产者和消费者之间具有交换关系，生产者个体之间具有竞争关系，生产者和消费者都有预期的角色行为，如生产者需要提高竞争性，消费者需要使商品效用最大化。市场竞争成功的关键是消费者的需求和满意度，而只有商品满足消费者的需求和期望时，生产者才能成功。就教育领域而言，需要教授合适的课程，以适应市场需求的方式，增加学生的价值。如果不这样的话，就会承担在市场中失败的风险。因此，市场这只看不见的手时刻在控制着生产者，只有满足消费者的需求的生产者才能取得成功和获取利润。

---

① Carnoy，M. & Levin，H.，*Schooling and Work in the Democratic State*，Stanford，CA，Standford University Press，1985，p. 30.

事实上，公立教育并不是在纯粹的自由市场中运行的。资本与社会通常对教育有特定的期望，如果难以实现，那么政府会介入干预。政府干预的程度取决于教育满足消费者的需求的程度，以及占主导地位的契约方的要求。因此，市场可以通过明确课程规范、设计监测和评价教师绩效的方式、实施诸如奖励和惩罚等激励教师的机制进行控制。鲍尔（Ball）这样描述自由市场和政府干预之间的整合：市场是规范的体系，教育是消费产品。学生及其成绩被作为商品进行交易和交换。学校之间的关系关键是竞争，竞争过程不断激励学校和激发努力。这一竞争过程的本质是消费者选择的驱动，以及生产者的效仿、竞争和替换。因此，与生产成本（学科时间、班级规模、资源要求等）相比，国家不断根据学生学业成就的测量结果看待和评价教师工作。①

### （二）技术控制

许多控制体制体现在结构中而不是人的因素中。阿普尔（Apple）曾提出管理体制、基于还原行为的课程、预先确定的教学能力、程序和学生反应、前后测整合的控制。② 技术控制是课程形式本身的基础。关于教师发展的材料决定教学内容和教学方式、教学顺序、评价形式和实践、教学速度等。这些材料是通过昂贵的课程创新项目获得的。虽然教师可以忽略或修改部分材料，但是这一行为却受到标准化测试的限制。

### （三）科层制控制

20 世纪主要的控制方式是科层制控制。如同技术控制，科层制控制也源于教育体制的结构，而不是来源于管理者和工人之间的关系。不同于技术控制嵌入教学材料和资源，科层制控制镶嵌在教育制度的社会和组织结

---

① Ball, S., *Education Reform: A Critical and Post-Structural Approach*, *Buckingham*, Open Universtiy Press, 1994, p. 51.

② Apple, M., *Teachers and Texts: A Political Economy of Class and Gender Relations in Education*, New York, Routledge and Kegan Paul, 1986, p. 32.

构中。① 它通过职位类型、工作准则、晋升程序、纪律、工资差异、职责说明等进行控制。科层制控制是层级权力的制度化。科层制控制的基础在于高度分层化的劳动力。随着时间的推移，根据学科专业、经验和工作年限、职责和技能等方面来划分教师，建立校长、副校长、助理校长和课程协调者组成的管理等级制度。每个工作都被置于精细化的工资结构中，不同的工作被分为不同的小组，并对应不同的工资等级。不同等级中的人，其工资、工作自主、对他人的权力、工作条件和晋升机会不同。根据相关规章制度而不是某个管理者个人的指令来决定工作目标、监督机制、评价标准等。

科层制控制与科学管理具有很多的共同特征。它通过分离规划与执行来控制教学的专业知识，为了达到客观评价和监测的目的详细规定每个工人的工作，使管理本身接受管理控制。与科学管理相似，科层制控制既是制度实践的一种结构，也是一种思维方式。

### (四) 管理控制

虽然科层制控制是 20 世纪的主要控制方式，但是过去 10 年它已经变为另一种公司管理控制体制。在经济全球化的推动下，国家开始重新定位公共部门，使其不再是国家的福利部门，而成为促进国家竞争的动力。这一控制方式集中于经济而不是社会产品，最终导致公共部门深刻的行政和理念变革。在竞争的准市场环境中，公务员成为用降低成本获取更多利润的经济管理者。在管理特权的影响下，公共服务的组织文化被重组。公司管理控制包括市场看不见的手、集中的规定课程控制、由特定价值观规定的思想、竞争和选择以及校长的直接权威等。

### (五) 思想控制

以一种更加细微的理念对教师进行控制，不是存在于某个人或结构中，而是存在于一般流行、广为认可或大肆宣传的观点、语言和信仰中。思想

---

① Smyth, J., Dow, A., & Hattam, R., et al., *Teachers' Work in a Globalizing Economy*, London and New York, Falmer Press, 2000, pp. 41-42.

控制的首要目的是使教师认可主流教育的价值观，支持教育改革的战略决策和执行具体的教育改革举措。思想控制包括两种方式：一种是与霸权信念、观念和价值的确立有关，如官方描述的"好教师"，科学理性的优先和效率概念、特定的价值观。另一种是与生产和再生产这些观念与价值相关，如职前教师培养、在职培训和发展、行政管理结构的男权特色，特定课程的优先、使用特定语言和专业主义的理想等。① 教育体制可能明确规定"好教师"的素质，并在教师的职前培养、选拔和晋升标准、激励程序和政策中使用这些素质标准。

## 四、教师工作的变化

与过去相比，教学涉及更多的工作、学生和更少的时间，工具性更强，其表达性、有效性、满意度和专业性均降低。

劳动过程理论认为，教育的变化是资本主义后福特主义时代转型的一部分。后福特主义对教育的启示是密切联系教育与工业。② 教育与企业工业目标的联系意味着教师工作性质的转型。这一转型过程被定义为"强化"。哈格里夫斯(Hargreaves)将教师工作的强化描述为"官僚主义导向下对教师工作内容和工作时间压力、期待和控制的升级"。这一工作的强化的特征包括五个方面：一是缺少时间，没有时间休息，没有时间更新技能；二是持久工作超负荷；三是照顾学生的时间被用于满足行政需求；四是强制掌握

---

① Blackmore, J., "In the Shadow of Men: The Historical Construction of Educational Administration as A 'Masculinist' Enterprise," In *Gender Matters in Educational Administration and Policy*, eds. Blackmore, J. & Kenway, J., Geelong, Victoria, Deakin Press, 1993, pp. 27-48; Barton, L., Barrett, E., & Whitty, G., et al., "Teacher Education and Teacher Professionalism in England: Some Emerging Issues in England," *British Journal of Sociology of Education*, 1994(4), pp. 529-543; Elliott, B. & Maclennan, D., "Education, Modernity and Neo-conservative School Reform in Canada, Britain and the US," *British Journal of Sociology of Education*, 1994 (2), pp. 165-185.

② Watkins, P., "The Fordist/Post-Fordist Debate: The Educationalist Implications," In *Economising Education: The Post-Fordist Directions*, ed. Kenway, J., Geelong, Deakin University Press, 1994, pp. 65-74.

多元化技能；五是生产整套课程和教育学。①

## (一)教师工作的去技能化

从劳动过程理论的视角出发，控制对教师工作产生的最大影响是导致教师工作的去技能化。由于课程决策越来越由学校外的管理层来决定，教师失去使其工作理论化的能力，更多地集中在落实他人观点的技术型工作任务上。从这个意义上讲，教师的工作去技能化。通过使概念与执行分离，教师过去常常拥有的一些非常关键的技能，如课程审议与规划、教学设计等不再有用武之地。教师仅仅是将学校外专家的课程目标和课程设计付诸实施，而无须进行一些顶层思考或设计的工作。因此，他们的专业技能不断退化。去技能化并不是工人发展变化的一个附带结果，而是工作的碎片化和分工化带来的必然结果。由于工作的碎片化和分工化，工人被控制的程度更高，劳动力的价值降低，工作的生产力更高。在财政危机期间，政府通常尽一切可能来节省教育成本。因此，政府可能通过降低教师工作的技能水平而使其劳动力的价值被贬低，进而降低教师的工资收入。不过，归根结底，政府对教师的控制更多地出于确保教师能够更好地实现特定课程目标的考虑。这一控制过程既是使教师再技能化，也是使教师去技能化。教学工作的不断分化（如分科教学、分学段教学和学生咨询等具体工作任务的产生）可能加深特定领域的技术技能和专业技能。

控制使教师工作日益碎片化和分化，导致教师本身的去技能化和再技能化。阿普尔从两个方面使用再技能化这一概念。首先，很多教师的有些技能的水平降低，同时他们的有些技能的水平也有所提高。例如，科技化课程材料通常要求教师具备一定新的技能才能有效落实这一课程。因此，教师在提升科技技能的同时，降低了思想水平。其次，通常有一小部分教师的技能会随着课程改革的进程而不断得到提升，因为他们可能被遴选为

① Hargreaves, A., *Changing Teachers, Changing Times: Teachers' Work and Culture in the Postmodern Age*, New York, Teachers College Press, 1994, pp. 24-29.

课程开发的成员，或者他们被聘为其他教师实施课程的导师顾问。①

**（二）教师工作的强化**

教师工作的强化使教育工作者的工作权利受到损害。为了提高教师工作的效率，或者作为多样化控制的策略，教师通常被期待在拥有同等资源或更少资源的情况下做更多的工作。工作的强化对教师产生了一系列影响。比如，教师没有时间去进行自我专业学习，因此难以跟上本领域发展的最新进展，更加依赖专家提供的思想和过程，进而破坏了学校职工的社会性，使休闲和自主时间消失。工作控制降低了教师的工作士气以及对组织的承诺，这进一步导致管理者实施更严格的控制，使问题不断恶化。②

除以上提到的对教师的外在影响之外，还有很多思想意识形态上的影响。教师工作的自主权降低。课程是教师教学劳动过程的核心。教师劳动过程的对象是学校内外不同群体参与政治活动的结果。课程不是静态的物体，是伴随激烈争辩的社会构建过程。课程建构者的目的绝不停留在构建出一定的课程，而是希望其构建的课程能够得到很好的落实。教师一直以来受到各种各样的控制。关于教师劳动过程的视角为理解和分析教学工作的组织及其发展历史提供了一个不同的窗口。塞登认为，教学作为生产过程和教师作为工人参与政治生产活动。如同其他白领工作一样，旨在提高生产效率的控制技术的采用会带来教师工作实践的重组。康奈尔认为，教师工作似乎是一个特别的劳动过程，可以被无限扩展，可以被无限加强。

哈格里夫斯认为，教师工作的强化具有如下一系列特征。

一是工作的强化导致教师在工作日没有休息放松的时间，甚至都没时间吃午饭。

二是工作的强化导致教师没有时间去更新自己的知识技能，难以跟上本领域的最新进展。

---

① Apple，M.，*Teachers and Texts：A Political Economy of Class and Gender Relations in Education*，New York，Routledge and Kegan Paul，1986，p. 32.

② Buswell，C.，"Pedagogic Change and Social Change," *British Journal of Sociology of Educationl*，1980(3)，pp. 293-306.

　　三是工作的强化导致慢性而持久的工作超负荷，减少了教师个人自由，限制了参与和控制了长期规划，使教师更加依赖外部资源和专业技能。

　　四是工作的强化导致教师工作服务质量降低。

　　五是工作的强化导致教师专业技能和责任义务的多样化，以弥补个人的不足，进一步增加了对外部资源和专业技能的依赖，导致工作质量降低。

　　六是工作的强化减少了教师工作准备的时间。

　　工作的强化导致教师工作去专业化和去技能化，而不是使教师多才多艺(multiskilled)。教师不得不使教学工作合理化和例行化。教师越来越被控制。教师教授专业领域之外的学科，没有时间与学生进行有效的交流，没有时间参加专业活动。教师没有任何选择权和自由。教师的角色被大大拓展，要求承担一系列的任务。①

　　虽然教师不断受到经济理性主义的影响，但是他们一直怀揣着专业发展的理想。

　　如果经济理性主义在学校存在，那么其只能作为专业理论的辅助。教师工作任务的数量和种类确实大幅增加，且教师作为一位专业教师和高效的管理者面对互相冲突的要求。

　　经济理性主义覆盖教学的专业文化。工作负荷的增加将会导致教师做出反应：有的教师会降低对专业教学工作的投入来应对日益增加的工作负荷；有的教师会选择兼职工作。

　　教师不断努力以满足所有学生的需要，满足所有行政管理的要求，与此同时，大大降低了对学生的服务水平。对学生服务的减少会给教师带来最大的压力感和负罪感。

　　工作负荷的增加和工作任务的拓展增加了工作的复杂性。同时由于教师忠于专业主义，关心学生和维持学术标准会进一步增加工作的复杂性。

　　综合以上，劳动过程理论为我们深入思考和理解中小学教师工作提供

---

① Robertson, SL., "Teachers Labour and Post-Fordism: An Exploratory Analysis," In *Economising Education: Post-Fordist Directions*, ed. Kenway, J., Geelong, Deakin University Press, 1994, p. 144.

了一个崭新的视角，让我们更加明白为什么中小学教师的工作那么烦琐、复杂、多样。同时，劳动过程理论也为我们减轻中小学教师工作负荷提供了新的视角。工作负荷重的根本原因在于教师受到的控制比较多，一个角度或者层面的控制意味着教师在工作上的专门投入和付出。如上文所提到的六种控制都会对教师工作负荷产生深远影响。

## 第三节　工作要求—资源模型理论视角下的中小学教师工作

工作要求—资源模型理论主要用于解释中小学教师工作究竟应该处于一种怎样的平衡状态，从组织或政府层面应该给予教师工作怎样的资源保障和条件支持，并且使资源保障和工作要求相匹配。据多项调查表明，岗位的工作特征对员工的身心健康（如工作压力、工作投入、职业倦怠等）和组织结果（如工作满意度、缺勤、离职倾向等）有着重要影响。[①] 从这一理论出发，能够审视中小学教师工作负荷的合理性，也对基于教师工作负荷的相关政策制度重构具有一定的启示意义。

### 一、工作要求—资源模型理论概述

本部分主要从工作要求—资源模型理论的起源及其变迁出发，梳理出该理论的核心理念，并从该理论的视角认识和解释中小学教师工作负荷的状况。

#### （一）工作要求—资源模型理论的起源与变迁

工作要求—资源模型（Job Demands-Resources Model，JD-R Model）是当前工作压力领域中一个重要的理论模型，被广泛地应用于各项职业中。自 20 世纪 70 年代起，一些学者开始从工作特征的角度来思考工作压力对员工的影响，提出了一些颇具影响的理论模型。卡拉塞克（Karasek）首次提出

---

① 蒯义峰：《班主任离岗意愿研究》，博士学位论文，华东师范大学，2017。

工作要求—控制模型（Job Demand-Control Model，JDC Model），随后琼森（Jonson）把它拓展为工作要求—控制—社会支持模型（Job Demands-Control-Support Model，JDCS Model）。这两个模型关注工作要求和特定的工作资源（工作控制与社会支持）对人的压力效应。① 2001 年，国外学者提出了一个更具有普遍意义的理论模型，即工作要求—资源模型。

　　实际上，工作要求—资源模型是在批判与反思哈克曼（Hackman）和奥尔德曼（Oldham）提出的工作特征模型、卡拉塞克提出的工作要求—控制模型的基础上发展起来的。哈克曼和奥尔德曼为了探讨工作特征是如何影响人们工作行为的，于 1975 年正式提出工作特征模型，总结出工作特征的分析维度。这些分析维度包括工作完整性、技能多样性、工作自主性、工作反馈性、工作重要性五个核心维度，以及来自他人的反馈和处理与他人的关系两个辅助维度。②③ 但这些分析维度均是关于积极的工作特征，忽视了工作的消极特征。④ 为此，为进一步提高这一理论模型的科学性，卡拉塞克提出工作要求—控制模型，认为工作压力来源于两个重要因素——工作要求与工作控制的相互作用。⑤ 工作要求是指存在于工作情境中反映员工所从事的工作任务的数量和困难程度的因素，即压力源，如工作负荷、角色冲

① 夏福斌、林忠：《工作特征压力模型：理论述评及其应用》，载《中国人力资源开发》，2013(3)。

② 在工作特征模型中，工作完整性是指工作要求完成一项完整任务的程度；技能多样性是指一项工作要求员工使用各种技术和才能从事多种不同活动的程度；工作自主性是指员工自主安排工作进度和方法的程度；工作反馈性是指员工得到自己工作效果的明确信息的程度；工作重要性是指员工的工作对其他人的生活或工作产生影响的程度。来自他人的反馈及处理与他人的关系两个辅助维度有助于更好地理解员工的工作以及员工对工作的反应。来自他人的反馈是指员工从上级或同事处清楚得知个人绩效信息的程度；处理与他人的关系是指员工在执行任务的过程中需要与他人紧密配合的程度。

③ Hackman, J. R. & Oldham, G. R., "Development of the Job Diagnostic Survey," *Journal of Applied Psychology*, 1975(2), pp. 159-170.

④ 蒯义峰、马和民：《班主任工作特征的维度建构及量表开发》，载《全球教育展望》，2017(4)。

⑤ Karasek, R. A., "Job Demands, Job Decision Latitude, and Mental Strain: Implications for Job Redesign," *Administrative Science Quarterly*, 1979(2), pp. 285-308.

突和问题解决要求等；工作控制反映员工能够对工作行为施加影响的程度或者称为工作决策的幅度。①

工作要求—资源模型克服了以上这两种模型的缺点，认为每一种工作的特征都可以归为工作要求和工作资源两大类，但却没有将其限定于任何一种特定的工作要求和工作资源②，也就是说每个工作的具体要求和资源可以根据工作的实际情况加以确定。如此，这个模型就很好地处理了共性和个性的问题，增加了灵活性和综合性。③

但随着研究的深入，不少学者发现工作要求—资源模型忽视了个人资源在其中所发挥的作用。因此，在之后的研究中，学者们在运用此模型的过程中，尤其是在对工作资源的分析中，加入了对个人资源的考虑，思考个人在工作中的主观作用。也有学者在随后的研究中指出，不同的工作要求所带来的工作压力是不同的。国外学者将工作要求分为挑战性工作要求与障碍性工作要求，提出工作要求—资源的三维模型。④

### (二)工作要求—资源模型理论的核心内容

工作要求—资源模型的核心内容主要包括以下几个方面。

1. 理论基础——资源保存理论

工作要求—资源模型的理论基础是资源保存理论（conservation of resource theory）。霍布福尔（Hobfoll）在 1989 年提出了资源保存理论，主要用于描述资源在个人和社会环境之间发生交互作用的过程。该理论的基础假设是人们总是在积极努力地维持、保护和构建他们认为的宝贵资源；这

---

① 姜文锐、马剑虹：《工作压力的要求—控制模型》，载《心理科学进展》，2003(2)。

② 蒯义峰、马和民：《班主任工作特征的维度建构及量表开发》，载《全球教育展望》，2017(4)。

③ 蒯义峰、马和民：《班主任工作特征的维度建构及量表开发》，载《全球教育展望》，2017(4)。

④ Van den Broeck, A., De Cuyper, N., & De Witte, H., et al., "Not All Job Demands Are Equal: Differentiating Job Hindrances and Job Challenges in the Job Demands-Resources Model," *European Journal of Work and Organizational Psychology*, 2010(6), pp. 735-759.

些资源的潜在或实际损失，对他们而言是一种威胁。霍布福尔将资源定义为"个体特征、条件、能量等让个体觉得有价值的东西或者获得这些东西的方式"。① 这些资源分成四类：一是物质性资源，其与社会经济地位直接相关，是决定抗压能力的一个重要因素，如汽车、住房等。二是条件性资源，可以为个体获得关键性资源创造条件，决定着个体或群体的抗压潜能，如朋友、婚姻、权力。三是人格特质（尤其是积极的人格特质），是决定个体内在抗压能力的重要因素，如自我效能和自尊。四是能源性资源，是帮助个体获得其他三种资源的资源，如时间、金钱与知识。由此可见，社会关系、社会支持、工作发展机会、参与决策的程度、乐观的个性、自主性、回报等都可被个体视为有价值的资源。②

资源保存理论有两个核心原则。第一个原则是资源损失比资源获得的影响更大，防止资源损失比获得资源更难；当发生资源损失时，所损失的资源比获取的资源更多③，即资源保护的首要性与资源获取的次要性。④ 第二个原则是为了获取资源或防止资源损失，必须投入其他资源。这表明需要从外部系统投入可利用的资源。⑤ 由这两个核心原则可以推导出四个推论：一是拥有较多资源的个体不易受到资源损失的攻击，并且更有能力获得资源，反之亦然；二是缺乏资源的个体不但容易受到资源损失的攻击，而且这些资源损失会由此带来更多的资源损失；三是拥有资源的个体不但更有能力获得资源，而且这些资源获得会由此带来更多的资源获得；四是

---

① 曹霞、瞿皎姣：《资源保存理论溯源、主要内容探析及启示》，载《中国人力资源开发》，2014(15)。

② 曹霞、瞿皎姣：《资源保存理论溯源、主要内容探析及启示》，载《中国人力资源开发》，2014(15)。

③ Hobfoll, S. E. & Lilly, R. S., "Resource Conservation as a Strategy for Community Psychology," *Journal of Community Psychology*, 1993(2), pp. 128-148.

④ 曹霞、瞿皎姣：《资源保存理论溯源、主要内容探析及启示》，载《中国人力资源开发》，2014(15)。

⑤ Hobfoll, S. E. & Lilly, R. S., "Resource Conservation as a Strategy for Community Psychology," *Journal of Community Psychology*, 1993(2), pp. 128-148.

缺乏资源的个体会采取防守的姿态以保护已有的资源。① 因此，工作中的个体为了保护自己的资源，会采取应对策略，这就激发了个体工作的内驱力。在资源保存理论的基础上，国外学者提出了工作要求—资源模型。

### 2. 两个核心概念

工作要求—资源模型包括两个部分：工作要求与工作资源。工作要求是指工作中的物质、心理、社会或组织方面的要求。这些要求需要持续不断的身体或心理上的努力或技能，并因此与一定的生理、心理消耗相关。其操作指标包括情绪要求、人际要求、工作负荷、时间压力、工作职责、角色冲突、工作与家庭间的冲突、工作物理环境等。工作资源是指工作中的物质、心理、社会或组织方面的资源，有助于达成工作目标，减轻工作要求及相关身心消耗，激励个人成长、学习和发展。其操作指标包括工作控制、社会支持、反馈、报酬、职业机会、任务的重要性、监督指导、组织公正等。②

### 3. 双过程假设

在资源保存理论的基础上，工作要求—资源模型的核心假设是无论何种职业，工作要求高及工作资源有限的情况，会导致员工产生职业倦怠的情况。③ 这其中涉及两方面的影响因素：工作要求和工作资源。④ 同时也从工作要求、工作资源两方面提出产生倦怠的"双过程"假设路径。

一是过高的工作要求会引起职业倦怠，称为"疲劳过程"⑤。在面对工作

---

① 房巧玲、王晓丽：《注册会计师职业倦怠"工作要求—资源"模型及其应用——基于资源保存理论的视角》，载《会计与经济研究》，2013(1)。

② 吴亮、张迪、伍新春：《工作特征对工作者的影响——要求—控制模型与工作要求—资源模型的比较》，载《心理科学进展》，2010(2)。

③ Evangelia Demerouti, Arnold Bakker, & Friedhelm Nachreiner, et al., "The Job Demands-Resources Model of Burnout," *Journal of Applied Psychology*, 2001(2), pp. 499-512.

④ 吴亮、张迪、伍新春：《工作特征对工作者的影响——要求—控制模型与工作要求—资源模型的比较》，载《心理科学进展》，2010(2)。

⑤ 杨明、温忠麟、陈宇帅：《职业胜任力在工作要求—资源模型中的调节和中介作用》，载《心理科学》，2017(4)。

要求时，员工会持续地通过各种努力来满足所感受到的工作要求，在应对过程中会逐渐地耗尽自己的能量。这个能量耗损的过程，加之逐渐增加的压力慢慢地使员工感受到精疲力竭，进而会产生各种疾病，因而它能引发起损害员工健康的过程(health impairment process)。①

二是缺乏工作资源也会引起职业倦怠。丰富的工作资源能带来高工作投入，故称"激励过程"②。工作资源能培养员工外在的工作动机，因为它是员工处理工作要求、达成个人目标和促进个人发展所必需的资源。另外，它通过满足员工的自主、归属和胜任的基本心理需要，激发员工的内在动机，因而它能激发动机驱动过程(motivation-driven process)。在这个过程中，随着员工的潜在动机被激发，员工的工作投入将会增加，最终会获得积极的工作结果。③

实际工作中，任何员工的倦怠状态、工作投入状况均是由工作要求与工作资源共同产生影响的。因此，工作要求与工作资源之间还存在交互作用。第一个交互作用为工作资源可以减轻工作要求对工作压力的影响。工作资源(如社会支持、行业反馈、职业发展机会)可以减轻工作要求(定量要求、情绪要求)对倦怠的影响。第二个交互作用为工作要求可能会增强工作资源对工作投入的积极影响。当有高工作要求时，工作资源对工作投入产生最强烈的积极影响。尤其是当员工面临挑战性的工作要求时，工作资源变得有价值并且能促进员工完成眼前的工作任务。④ 工作要求—资源模型的整个核心内容如图 2-1 表示。

---

① 夏福斌、路晓东：《工作要求—资源理论研究的新进展》，载《特区经济》，2014(3)。

② 杨明、温忠麟、陈宇帅：《职业胜任力在工作要求—资源模型中的调节和中介作用》，载《心理科学》，2017(4)。

③ 杨明、温忠麟、陈宇帅：《职业胜任力在工作要求—资源模型中的调节和中介作用》，载《心理科学》，2017(4)。

④ 张雅图：《基于工作要求—资源模型的中小学教师工作投入研究》，硕士学位论文，福建师范大学，2017。

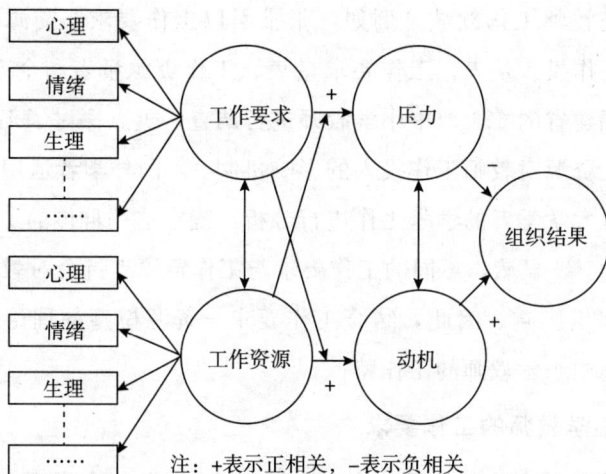

注：+表示正相关，−表示负相关

**图 2-1　工作要求—资源模型①**

## 二、工作要求—资源模型理论之于教师工作

从以上讨论可以发现，工作要求—资源模型理论从工作特征出发去探讨在不同职业中起关键作用的工作要求与工作资源对工作压力的影响，有助于加深我们对特定职业的压力源的了解。该模型理论对职业的工作特征没有进行明确的限定，使该模型理论具有较好的适用性。我们也发现该模型被广泛地运用于各行各业，如公司员工②③、护士④⑤、创业女性⑥、教

① 夏福斌、路晓东：《工作要求—资源理论研究的新进展》，载《特区经济》，2014(3)。

② 李爱梅、王笑天、熊冠星等：《工作影响员工幸福体验的"双路径模型"探讨——基于工作要求—资源模型的视角》，载《心理学报》，2015(5)。

③ Xanthopoulou, D., Bakker, A. B., & Fischbach, A., "Work Engagement Among Employees Facing Emotional Demands the Role of Personal Resources," *Journal of Personnel Psychology*, 2013(2), p. 74.

④ 李洁楠：《护士工作投入的工作要求—工作资源模型研究》，硕士学位论文，郑州大学，2011。

⑤ 李洁、黄仁辉、申荷永等：《护士群体工作倦怠的工作要求—资源模型探索》，载《中国临床心理学杂志》，2014(5)。

⑥ 岳春光：《基于工作要求—资源模型的创业女性工作资源与创业绩效关系研究》，硕士学位论文，浙江大学，2009。

师等，尤其是教师工作领域。例如，张雅囡以工作要求—资源模型为理论基础，采用工作投入量表、工作要求量表、工作资源量表和个人资源量表，对河南省与福建省的 624 位中小学教师进行调查，重点探讨了工作要求、工作资源、个人资源对教师工作投入的影响机制。① 国外学者运用该模型对澳大利亚 296 位大学学者的学术工作进行分析，确定这一群体的工作是如何影响组织承诺的。② 显然，不同的工作要求与工作资源支持会对教师工作投入及职业倦怠产生影响。因此，结合工作要求—资源模型的理论内容，我们分析当前我国中小学教师的工作特征。

**（一）中小学教师的工作要求**

依据该模型理论对工作要求的界定，实际上它包含了三种劳动形式，即体力劳动、脑力劳动和情绪劳动。同时我们也可以从概念界定中看出，工作要求其实就是工作中潜在的压力源。之所以说工作要求只是潜在的压力源，是因为工作要求并不一定会对个体产生消极影响。只有当满足相关工作要求需要个体付出极大的努力而个体又无法从中充分恢复时，工作要求才会转化为现实的压力源。此时，这些工作要求就会引发员工产生一些消极反应，如沮丧、焦虑或者倦怠。常见的工作要求有工作超负荷、角色冲突、角色模糊、工作转换、情绪要求等。③

走入当前中小学教师的工作场域，他们的工作同样也包括这三种劳动形式。一是体力劳动。（实际上，当前我国中小学教师的工作时间往往超过了《中华人民共和国劳动法》所规定的八小时的工作日时间，甚至还要将未完成的工作带回家继续加班。）同时，他们的工作职责包括从课堂教学、学生管理到家校沟通，应付各种检查评比，可以说工作内容多，职责广泛。这些均是需要体力进行支撑的。二是脑力劳动。中小学教师需要在自己的

① 张雅囡：《基于工作要求—资源模型的中小学教师工作投入研究》，硕士学位论文，福建师范大学，2017。

② Boyd, C. M., Bakker, A. B., & Pignata, S., et al., "A Longitudinal Test of the Job Demands-Resources Model Among Australian University Academics," *Applied Psychology*, 2011(1), pp. 112-140.

③ 蒯义峰：《班主任离岗意愿研究》，博士学位论文，华东师范大学，2017。

知识结构的基础上将教材的知识点转化为口头语言，通过课堂教学传授给学生；需要对自己的教学过程及情况进行反思总结……这些均是教师脑力劳动的体现。三是情绪劳动。教育教学既是科学，又是艺术。教师是艺术家。上课需要教师表演，需要教师调动情绪来更好地感染学生，甚至有时需要伪装自己的情绪来保证维持正常上课的状态。[1] 再加上教师所面对的学生都是心智尚未成熟的未成年人，更需要教师在任何时候均以良好的情绪应对学生。显然，教师职业对情绪要求是较高的。

我们具体分析教师职业的工作职责，在本书中可以将教师的工作要求分为如下几部分：一是教学工作时间与工作负荷，包括教师用于直接教学工作（如课堂教学）与间接教学工作（如备课、批改作业、学生管理、与家长沟通、专业发展等）的时间和任务量。这是中小学教师职业的主体工作，也是教师职业合法性的基础。二是非教学工作时间与工作负荷，包括教师兼任的行政工作，应对各种评比及检查，处理临时非教学任务。我们从多项研究调查中发现，当前大多数中小学教师的工作被大量非教学工作挤占，也是造成当前中小学教师超负荷工作的一个重要因素。而这些工作要求一旦超出了教师个体的承受范围，极易造成教师个体在体力、脑力及情绪方面的压力，引起职业倦怠，甚至成为教师不愿从教的原因之一。

### （二）中小学教师的工作资源

在工作要求—资源模型中，工作资源被定义为"工作中身体、心理、社会或组织等方面的资源"。可以看出，工作资源的价值一方面在于它有助于员工应对工作上的各种要求，能更好地处理工作中的各项事务；另一方面它本身对个体就具有重要意义。从资源的类型来看，员工在工作中可以获得的外在资源有组织层面的资源（如工资水平、职业发展机会、工作安全等），人际关系层面的资源（如领导支持、同事支持、组织氛围等），工作组织层面的资源（如角色清晰度、参与决策等）和任务层面的资源（如技能多样

---

① 张雅图：《基于工作要求—资源模型的中小学教师工作投入研究》，硕士学位论文，福建师范大学，2017。

化、任务统一性、任务重要性、工作自主性、绩效反馈等)。①

　　教师在所处的工作场域中，可以获得的资源包括如以下几方面。一是社会支持，具体指上级、同事与家人或朋友给予教师的支持。社会支持不仅促进工作投入，而且减弱工作要求与工作投入的负面关系。② 也可以说是社会其他主体对教师职业的期望与要求。二是工作自主性，指教师教学工作与管理方式的自主性和决策权，以及参与学校管理的民主权。实际上是指教师自主进行教育教学、科学研究、管理学生、民主参与学校管理等方面的权利。三是工作回报，指工作所带来的物质层面与社会层面的回报，如经济收入、职称评审的机会。③ 经济收入是教师生活的基本保障，是激励教师积极工作的重要因素。教师通过努力工作所获得的职称晋升的机会，以及教师群体在社会中的地位都是教师积极投入工作的重要资源。因此，在中小学教师的工作场域中，这些工作资源均是需要我们关注的。

**(三)中小学教师的工作要求与工作资源的交互作用**

　　工作要求—资源模型的双过程假设路径包括：一是过高的工作要求引起职业倦怠，称为"疲劳过程"；二是缺乏工作资源会引起职业倦怠，反之丰富的工作资源能带来高工作投入，故称"激励过程"。第一个过程是能量损耗过程(energetic process)，或称为健康损害过程(health impairment process)；第二个过程在本质上是动机性的，可称为动机激发过程(motivational process)。④

　　正如之前所述，现实中的工作要求与工作资源是共同起作用的，它们会发生交互作用。首先，工作中充足的工作资源会减少工作要求带来的资源消耗，促进工作目标的达成和满足个体的心理需求。这会促使员工更积极地投身于自己的工作，即激发了员工的工作积极性，进而带来积极的组

　　① 蒯义峰：《班主任离岗意愿研究》，博士学位论文，华东师范大学，2017。
　　② 张雅囡：《基于工作要求—资源模型的中小学教师工作投入研究》，硕士学位论文，福建师范大学，2017。
　　③ 张雅囡：《基于工作要求—资源模型的中小学教师工作投入研究》，硕士学位论文，福建师范大学，2017。
　　④ 蒯义峰：《班主任离岗意愿研究》，博士学位论文，华东师范大学，2017。

织结果，如更高的绩效表现、更高的工作满意度、更低的离职倾向等。其次，如果外部环境缺乏相应的工作资源，员工就难以减少高工作要求可能带来的潜在消极影响，难以达成工作目标，也没有满足心理需求。在这种情境中，减少工作投入就成了一种重要的自我保护机制，因为它既避免了个体已有资源的进一步损失，也能使个体免于遭受由于没有达成工作目标而带来的挫折。①

从当前中小学教师的工作情况来看，中小学教师所面对的工作要求是极高的。工作时间超长，工作职责的多样性及对教师职业行为及道德的高标准，会消耗教师大量的体力、脑力及情绪。比如，超长的工作时间和无休止的加班要求会消耗教师的时间和精力，甚至以牺牲家庭的职责来满足教师角色的要求；成绩压力和学生安全问题会使教师时时焦虑，如履薄冰；角色冲突使教师无所适从，影响其对工作意义的感知等。而生理和心理资源的持续消耗会导致个体产生职业倦怠，进而对个体的身心健康和组织结果产生消极影响。② 另外，教师所获得的工作资源在理论上应该能使其有效地应对各种工作要求，减缓工作要求所带来的资源消耗。比如，家长对教师工作的理解能使其更好地应对学生的各种行为和学习问题。③ 但是现实相反，家长的不理解，甚至提出苛刻的要求，使教师产生了对职业的疑惑。部分教师所获取的工作资源无法减缓高工作要求带来的消耗。例如，教师的工资收入与工作付出多的不平衡，使教师心理不平衡，对工作投入产生消极影响，甚至出现离职的状况。

总之，本书运用工作要求—资源模型理论去分析当前中小学教师工作负荷的情况具有较强的指导性，借助其框架结构深入地探讨中小学教师工作负荷的现状，探究其背后深层次的原因，特别是为如何使中小学教师工作负荷走向合理化提供了较强的理论支撑。

---

① 蒯义峰：《班主任离岗意愿研究》，博士学位论文，华东师范大学，2017。
② 蒯义峰：《班主任离岗意愿研究》，博士学位论文，华东师范大学，2017。
③ 蒯义峰：《班主任离岗意愿研究》，博士学位论文，华东师范大学，2017。

## 第四节　教师角色理论视角下的中小学教师工作

教师角色理论的价值在于更好地界定教师究竟需要践行怎样的职业角色，从事哪些具体的工作任务，以使教师成为合理的存在。教师角色理论旨在为当前中小学教师工作负荷的复杂局面正本清源。

### 一、教师角色理论概述

#### （一）教师角色理论的起源

角色（role）又称"脚色"，源于戏剧演员扮演的剧中人物。现代心理学一般把角色定义为"个体在特定的社会关系中处于一定位置时所执行的职能"。目前，对角色较普遍的定义是，任何一种社会地位或身份的人，都有一整套由其身份所规定的行为方式；当个体在执行与其社会地位、身份相适应的社会职能时，其心理与行为必然要符合相应的心理规范与行为方式，即扮演相应的角色。[①] 20世纪20年代，美国著名社会心理学家米德（Mead）首次将角色概念引入社会心理学理论，称其为社会角色。社会角色是根据人们的社会地位决定的，是社会所期望的行为模式。它包括三种基本含义：第一，它是一套社会行为模式。每一种社会行为都是特定的社会角色的体现。第二，它是由人们的社会地位和身份所决定的。角色行为真实地反映出个体在群体生活和社会关系中所处的位置。第三，它是符合社会期望的，按照社会所规定的行为规范、责任和义务等去行动。任何一种社会行为，不仅反映出角色扮演者的社会地位及身份，而且体现出个体心理、行为与群体心理、行为及规范之间的相互关系。[②] 显然，身处社会系统中的角色行

---

① 饶从满、杨秀玉、邓涛：《教师专业发展》，1页，长春，东北师范大学出版社，2005。

② 肖梅梅：《聚焦中国新课改：新课改之教师角色》，4页，乌鲁木齐，新疆青少年出版社，2009。

为及表现方式，深受社会规范及社会大众期望的影响。

随后，角色理论被运用到教育领域中，教师角色理论也随之兴起。人们运用教师角色理论来阐释教育活动中各种社会关系对教师行为的重要影响。教育社会学家比德尔(Biddle)在前人的基础上将教师角色界定为以下三种类型：其一，教师角色即教师行为；其二，教师角色即教师的社会地位；其三，教师角色即对教师的期望。① 目前，学界普遍将教师角色定义为处在教育系统中的教师所表现出来的由其特殊地位决定的符合社会对教师期望的行为模式。②③

根据教师角色的定义，在真实的教育场域及社会环境中，教师身处的环境不同，其扮演的角色就有所不同；受到的角色期待有所不同，所表现出来的行为也有所差异。教师角色的内涵涉及的概念众多，与本书相关的概念如下：一是教师角色规范，即个人或团队对于教师角色行为的要求；二是教师角色期望，即个人或团队预期教师角色可能表现出的某类行为；三是教师角色行为，即教师所实际表现出来的行为；四是教师角色一致，即教师的行为与本人和社会所持角色观念是一致的；五是教师角色冲突，即不同社会成员对教师角色期待不同，所引起的教师个人角色紧张的状态。④

### (二)教师角色理论流派及变迁

随着教师角色理论的产生，国内外学者对其展开了持续有价值的研究。不同的理论流派从不同的视角探讨分析教师在社会系统中所应该扮演的角色，对教师教育理论的发展及教师在实际工作生活中的成长具有重大的影响。回顾教师职业的发展历程，我们可以发现教师角色定位是在不断变化的。

---

① 周青山：《对教师角色的新解读》，载《教育探索》，2003(6)。
② 冉祥华：《试析教师角色及其角色丛》，载《黄淮学刊(社会科学版)》，1995(4)。
③ 饶从满、杨秀玉、邓涛：《教师专业发展》，2页，长春，东北师范大学出版社，2005。
④ 余宏亮：《教师作为知识分子的角色重构研究》，博士学位论文，西南大学，2014。

## 1. 国外教师角色定位的变迁

西方传统的教师角色定位深受当时专制集权的社会政治体制和科学主义思想的影响。因此，西方传统的教师角色定位是建立在教师中心和控制儿童的基本理念基础上的，其基本内涵为：教师是"专家"，是"学生行为的塑造者"，是"教育环境的设计师和规定者"，是"知识的传授者"。[①] 国外传统的教师角色定位如表 2-1 所示。

**表 2-1　国外传统的教师角色定位[②]**

| 教师角色定位分类 | 专家 | 学生行为的塑造者 | 教育环境的设计师和规定者 | 知识的传授者 |
|---|---|---|---|---|
| 理论基础 | 科学理性主义 | 行为主义 | 技术主义 | 社会文化—教师—学生关系的定位 |
| 理论内容 | 教育的本质是个体进入其文化传统的文化适应过程 | 学习是行为的变化过程，其本质是环境刺激与学习者有机体反应之间条件反射的形成；教育过程是学习者为生存而塑造行为的过程 | 教育是有机体塑造其控制环境行为的过程 | 教育的一个核心任务是传授人类长期积累下来的知识；各种课程便是这些知识的载体 |
| 学生角色 | 学者 | 被塑造的对象 | 能塑造其环境的有机体 | — |
| 角色定位内容 | 教师作用的充分发挥将直接推动学生接受各种文化传统中有价值的知识，顺利完成文化适应过程 | 课程是被塑造行为的序列；学生是被塑造的对象；教师的职责是使具有可塑性的人类有机体的行为达到课程规定的标准 | 课程是被塑造的工具使用行为的顺序；社会是环境中作为潜在工具或刺激源泉的他物；教师是学习环境的"设计师和规定者" | 教师就是知识的活的载体，是知识的拥有者；在教育活动中，教师的一个重要职责就是向学生传授系统的知识 |

---

① 饶从满、杨秀玉、邓涛：《教师专业发展》，5 页，长春，东北师范大学出版社，2005。

② 饶从满、杨秀玉、邓涛：《教师专业发展》，5～6 页，长春，东北师范大学出版社，2005；蒋衡：《西方二十世纪七十年代以来关于教师角色的研究》，载《高等师范教育研究》，2002(6)。

尽管国外传统的教师角色定位从不同的理论基础展开，但是它们都呈现出一些共同的倾向：一是突出教师的中心地位。在教育活动中，教师由于具有年龄、学识、经验以及接受了专门的训练等方面的优势而被赋予主动权，学生只能接受教师的教育和领导①，学生处于完全被动接受的地位。二是教师除了是掌握知识的权威外，还是社会的代言人，按照一定社会的要求引导学生适应社会生活，以使社会不断地向前发展。②

随着社会经济的发展，西方传统的教师角色定位已不能适应教育的发展。20 世纪 70 年代以来，兴起于西方的一些重要理论流派对教师角色进行了深入的探讨。建构主义理论、人本主义理论、实用主义理论、批判教育理论从不同的维度和情境出发来审视现代教师的角色，使教师角色研究逐步走向深入。③ 我们将这几个理论流派关于教师角色的见解梳理成表 2-2，以便清晰地展现西方现代的教师角色定位。

表 2-2　西方现代的教师角色定位④

| 理论基础 | 理论派别 | 代表人物 | 教师角色定位 | 教师角色内容 |
| --- | --- | --- | --- | --- |
| 建构主义 | 认知建构主义 | 皮亚杰 | 促进者 | 教师是通过以相互矛盾的事物引起学生认知的不平衡，引导他们完成解决问题的活动，监测他们发现后的反思 |
|  | 社会建构主义 | 维果茨基 | 合作者 | 作为学生建构知识的合作者，应引发并适应学生的观念（包括错误观念），参与学生的开放性探究，引导学生掌握真正的研究方法和步骤 |

---

① 饶从满、杨秀玉、邓涛：《教师专业发展》，6 页，长春，东北师范大学出版社，2005。

② 饶从满、杨秀玉、邓涛：《教师专业发展》，6 页，长春，东北师范大学出版社，2005。

③ 饶从满、杨秀玉、邓涛：《教师专业发展》，7 页，长春，东北师范大学出版社，2005。

④ 饶从满、杨秀玉、邓涛：《教师专业发展》，7～9 页，长春，东北师范大学出版社，2005；蒋衡：《西方二十世纪七十年代以来关于教师角色的研究》，载《高等师范教育研究》，2002(6)。

续表

| 理论基础 | 理论派别 | 代表人物 | 教师角色定位 | 教师角色内容 |
|---|---|---|---|---|
| 人本主义 | — | 罗杰斯 | 促进者 | 以学生为中心,教师帮助学生明确他们要学习什么,安排适当的学习活动和材料,发现他们所学内容的个人价值,建立并维护能促进学习的心理气氛;教师要成功地承担起促进者的角色须具备三个条件:诚实、接受和理解 |
| 实用主义 | — | 乔斯夫·斯克瓦布和唐纳德·萧恩 | 反思型实践者 | 教师应该在教学实践中不断地对自己和工作进行反思 |
| 批判教育 | 非学校化运动 | | 权力的仆人、国家的直接行动者 | 教师是国家官僚机构的成员,是教育的技术人员 |
| | 新马克思理论 | — | | 教师在课堂结构和社会经济再生产过程中占有客观位置;教师的作用就是监控、管理和调教未来服务于资产阶级的工人 |
| | 阶级文化理论 | — | | 教师是积极参与并且逐步改变其工作环境的角色 |

从以上对教师角色的不同描述来看,实际上当代西方教师扮演着四类角色:一是社会角色,即教师促进国家社会和经济发展的角色;二是学校角色,即教师作为学生家长、同事、教学管理人员(如校长等)和社区的合伙人,或者说合作者的角色;三是课堂教学角色,即教师作为教学专家和学生学习的引领者;四是自我职业角色,即自我职业认同和自我角色重塑。[①] 我们可以发现,此时的教师不再处于绝对的中心地位,尤其是在人本主义的倡导下,以学生为中心成为当代西方教育的中心思想,教师成为学生学习的共同建构者、促进者,同时教师在职业发展道路上要注重反思,要成为反思实践者。而这些都是从微观的角度去定义教师所应扮演的角色。

---

① 饶从满、杨秀玉、邓涛:《教师专业发展》,9~10 页,长春,东北师范大学出版社,2005。

批判教育理论从宏观的社会背景去定义教师角色，强调教师是国家主流文化与社会规范的代言人。这一点无论是在西方传统的教师角色定位中，还是在现代的教师角色定位中都不曾有过变化。

2. 国内教师角色定位的变迁

与国外一样，我国教师角色定位同样经历了从传统到现代的演变。学者们选择从不同的角度去描述教师角色定位。我国传统教师角色定位往往以"隐喻"的方式呈现，最为典型的形象是蜡烛，以"春蚕到死丝方尽，蜡炬成灰泪始干"这样的诗句塑造教师无私奉献的形象。将教师"神圣化""圣人化"是我国传统教师角色定位的最大特点。现将我国传统教师角色定位的"隐喻"形象进行梳理，具体见表 2-3。

表 2-3　我国传统教师角色定位的"隐喻"形象①

| 教师角色定位 | 内容 | 积极意义 | 消极意义 |
| --- | --- | --- | --- |
| 蜡烛论 | 以蜡烛比喻教师，强调教师的无私奉献精神 | 有利于提高教师在社会中的地位，促进尊师重道的传统社会风气形成 | 将教师无限拔高而带有将教师抽象为"圣人"的倾向，忽视了教师的物质生活和经济地位 |
| 工程师论 | 教师的主要职责是按照一个固定的标准去塑造各不相同的学生的灵魂，不仅要传授知识、培养能力，而且要关注学生心灵的发展 | 教师的工作不仅是向学生灌输知识和培养能力，而且更为重要的是发展学生的心灵，促进其人格的发展 | 曲解了师生关系，夸大了教师在教育活动中的作用，不恰当地把教师提升到一个神圣的境地，可以按照一定的方案塑造学生的精神；教师仅作为既定方案的执行者，难以发挥自身的主动性和创造性 |

① 饶从满、杨秀玉、邓涛：《教师专业发展》，12～14 页，长春，东北师范大学出版社，2005。

续表

| 教师角色定位 | 内容 | 积极意义 | 消极意义 |
|---|---|---|---|
| 园丁论 | 学生是教育活动中的主人，他们可以自由地思考和探索，获取他们认为有用的知识；教师的作用是帮助学生进行各种活动，包括创设环境、准备工具，在学生需要的时候给予帮助并努力引导和发展其兴趣，引导他们逐步走进更为深入的探索活动 | 承认学生有自己既定的认知结构；教师的教学应该建立在了解学生现有知识水平和认知发展水平的基础上，在教学中提供适合学生的知识结构和内容 | 在注重学生在学习中的地位的同时，弱化了教师的作用 |
| 一桶水论 | 教学的主要方式是教师对学生进行知识的灌输；学生被当成被动的容器，教师成为知识的注入者 | 教师的知识储备和能力的培养成为决定教学成败的关键因素；反映教育对教师职业能力在量的方面的要求 | 学习观念狭窄，认为学生所学习的知识主要是学校内、课堂上、书本上和教师拥有的知识，没有看到学习内涵的丰富性；从师生关系方面来看，将教师和学生分别看成了"倒水者"和"接水者"，使学生在学习中处于被动地位，忽略了学生作为独立学习者和终生学习者的能动性和实际需求 |

从以上四种教师角色定位的"隐喻"来看，社会大众心目中所塑造出的教师形象是完美的，是带有强烈的理想主义色彩的，这在一定程度上对形成尊师重教的社会风气是具有积极意义的。但是"蜡烛论""工程师论"及"一桶水论"过于夸大教师的作用，甚至将教师的形象神圣化。今天仍塑造教师"完人"的形象，而忽略教师作为普通人的属性。社会各界不断地给教师增加要求，认为教师是完人，不允许教师有任何差错或过失。

　　近年来，随着我国素质教育的推进和基础教育新课程改革的深入，学者们从不同的视角对教师角色定位进行重新阐释，主要呈现出三种视野中的教师角色定位：一是社会学视野中的教师角色。教师角色可以概括为人类文化的传递者、灵魂的塑造者、学生心理的保健医生、学习者和学者、人际关系的艺术家以及教学的领导者等。[①]　二是师生关系视野中的教师角色。当前，随着工业社会向信息社会转换，教育发生了深刻的变化，"以人为本""以学生发展为本"成为时代教育的最强音。从构建新型师生关系的视角出发，新时期的教师应该担当起学生的引导者、能力的培养者、学习方法的给予者和因材施教者等新角色。[②][③]　此时所倡导的师生关系是平等的，与传统的师生关系相比有了质的改变。三是专业化视野中的教师角色。教师作为专业人员的地位在《中华人民共和国教师法》中得到确认。它不仅标志着我国教师的劳动性质发生了根本意义上的变化，而且表明教师的角色开始从传统的教书匠转变为从事教育教学的专业工作者。[④]

　　无论是国外还是国内，关于教师角色的研究都带有一种倾向：从结构功能主义出发，设置一种外在于教师的、具有特定功能的角色系统，将教师形象引向完美主义和理想化，使其成为一种可望而不可即的"虚像"。教师总是作为一种被规范、被要求、被塑造的对象，造成了严重的角色冲突和主体性的缺失。[⑤]　这往往忽视教师的人的属性，一直只关注教师的职业属性。

---

　　①　饶从满、杨秀玉、邓涛：《教师专业发展》，14 页，长春，东北师范大学出版社，2005。

　　②　饶从满、杨秀玉、邓涛：《教师专业发展》，15～16 页，长春，东北师范大学出版社，2005。

　　③　霍力岩：《教育的转型与教师角色的转换》，载《教育研究》，2001(3)。

　　④　饶从满、杨秀玉、邓涛：《教师专业发展》，18 页，长春，东北师范大学出版社，2005。

　　⑤　阮成武：《专业化视野中教师形象的提升与统整》，载《教育研究》，2003(3)。

## 二、理想的教师角色塑造与现实的教师工作冲突

### (一)教师角色丛

教育是一种特殊的社会领域，学校是一种特殊的社会机构，教学是一种特殊的社会活动。在这种特殊的社会领域、机构和活动中，教师始终是不可替代的核心人物，扮演着举足轻重的社会角色。① 与其他职业相比，教师职业面对的对象是一群群有鲜活生命的独立个体，而这群个体的知识结构、世界观与价值观都会受到教师教育的深远影响。甚至教师本人也直接以言行来影响学生。因此，教师职业有着极大的特殊性。自古以来，教师就被认为是传递文化、施行教化、培养人才的社会角色：从传递文化的角度来讲，教师既是旧文化的维护者，又是新文化的启蒙者；从施行教化的角度来讲，教师既要扮演学者，又要扮演圣者；从培养人才的角度来讲，教师既是知识的传授者、道德的示范者与纪律的执行者，又是学生集体的领导者与心理困扰的治疗者；从教师自身来讲，既是社会化的承担者，又是社会化的承受者，既是特殊的社会成员，又是普通的社会成员。② 而这些仅仅是教师处于教育系统中所需要扮演的角色，尚未提到他们在家庭中还需要扮演着为人子女，为人丈夫、妻子，为人父母等角色。教师身上无疑承载着多重角色。

"角色丛"是角色扮演中的一个最重要的概念。在戈夫曼(Goffman)看来，个体要在生活中扮演多种角色，这些角色称为"角色丛"。③ 显然，教师更甚，不是扮演一种角色，而是多种角色的集合体。社会对教师的要求是多样的，赋予教师的角色也具有多重性。仅从教师职业的使命来说，教师要将学生培养成一个合格的社会人，就要面临很多不同的情境，在不同的

---

① 余宏亮：《教师作为知识分子的角色重构研究》，博士学位论文，西南大学，2014。

② 董泽芳：《社会转型期的教师角色冲突》，载《华中师范大学学报(哲学社会科学版)》，1996(6)。

③ 林振华：《社会学视野下的教师角色研究》，硕士学位论文，山东师范大学，2009。

情境中扮演不同的角色。在课堂教学中，教师是课堂的主导者；在学生的矛盾面前，教师是判断是非的法官；在处理学生违纪的问题上，教师是一个地地道道的"警察"。同时，社会对教育的不同要求也是教师角色的多样性的根源，社会需要将学生塑造为一个"有用"的人，教师就是授业者；社会需要管理学生的行为，教师就是控制者与惩罚者。①

### （二）教师角色的行为规范

社会为具有特定的地位、身份、职位的个体规定了一系列的规范要求，人们必须按照这些与自己的地位、身份、职位相一致的规范要求来指导自己的行为。社会学把处于社会关系中特定的地位、身份、职位及其相应的行为规范模式叫作角色。② 角色的基本特征为：每一类角色都有一组由社会为之规定的，由角色行为规范模式决定的，与其所处地位、身份、职位相符合的特殊行为。不同角色相互区别的关键就在于它们各自具有一组特殊的行为，这些特殊的行为共同构成行为规范模式。所以，行为规范模式也是社会赋予特定角色的各种规范形态的总和。行为规范是角色的基本要求。教师政治法律规范、教育教学职业技术规范、教师道德规范、学校组织规章制度和纪律要求等，是教师角色必须遵守的特有规范。它构建了教师行为模式的基本框架，是教师角色与其他角色相区别的基本特征。③

在现实中，我们可以发现教师角色的行为规范是极其严苛的，这与教师职业本身的特征及对学生发展的深远影响是分不开的。社会对教师提出了高期望、严要求，由之构成了教师独特的行为规范模式。教师的行为符合这些行为规范要求，则成为合格的教师。符合特定的行为规范模式与否，成为评价教师角色是否合格的基本标准。就教师行为而言，教师必须遵从相应的政治法律规范、道德规范、纪律规范、教育教学规范、职业技术规

①　林振华：《社会学视野下的教师角色研究》，硕士学位论文，山东师范大学，2009。
②　傅显捷、袁刚：《教育社会学断想——教师角色理论探析》，载《涪陵师范学院学报》，2004(1)。
③　傅显捷、袁刚：《教育社会学断想——教师角色理论探析》，载《涪陵师范学院学报》，2004(1)。

范、校园生活规范等要求。① 需要注意的是，受我国自古以来的尊师重教的传统文化观念影响，社会大众往往以"蜡烛"来塑造教师无私奉献的形象。因此，社会对当今中小学教师所提出的期望与要求往往过高。除此之外，教师身上还承载着其他角色期待，也有着相应的行为规范。例如，作为孩子的家长，要扮演好父母的角色；作为父母的儿女，要扮演好儿女的角色。但在现实中，教师扮演其他角色所需要遵循的行为规范往往被忽视，或被弱化，使有的教师需要在工作与家庭中做出选择。

### （三）教师角色的社会地位

每一种角色都处于社会关系网络之中，占据一个特殊的位置（地位），社会关系网络支配和决定角色行为。每一个人作为角色都在社会关系网络中占据着一个或多个社会为之规定的位置，如男人、教师、儿子、丈夫等，这样的位置叫作地位。② 教师角色是由角色所在的社会地位和身份所决定的，教师角色的行为真实地反映出个体在群体生活和社会关系中所处的位置。社会地位是由政治地位、经济地位等方面所构成的。

在特定的组织环境中主要的社会关系赋予了个体主要的社会地位和角色，被社会学家们称为"首要地位"或"首要角色"。这种"首要地位"或"首要角色"通常表现了个体的组织身份和社会身份。例如，一个现役军人，无论他是官还是兵，是何兵种，驻扎哪个地区，军人身份就是他的组织身份、职业身份、社会身份，决定了其主要角色特征。教师也一样，无论是进入哪一所学校，还是教何专业，抑或是教研组长，抑或是优秀教师；不管是男还是女，民族、出生怎样，教师身份是他们主要的组织身份、职业身份、社会身份。在校园里，与教师接触的人们首先是以教师身份来认可、对待他们；无论他们对教师地位、角色的态度怎样，社会的基本看法和期待是

---

① 傅显捷、袁刚：《教育社会学断想——教师角色理论探析》，载《涪陵师范学院学报》，2004(1)。

② 傅显捷、袁刚：《教育社会学断想——教师角色理论探析》，载《涪陵师范学院学报》，2004(1)。

不变的。① 人们总是突出教师角色丛中的首要角色——教师身份，而忘记了教师身上所承载的其他角色。

我国中小学教师的政治地位在《中华人民共和国教师法》中以专业人员的身份而得以确立。实际上，教师的政治地位还应该包括他们作为普通公民所享有的权利和地位。受教师首要角色的固有思维，尤其是我国传统教师角色定位的"蜡烛论"等的影响，教师无私奉献的形象深入骨髓，社会及各界人士往往忽视教师所应该获得的经济地位。工资收入低，使教师职业的经济地位岌岌可危，无法为教师提供良好的生活保障，这也是部分教师选择离开教师岗位的一个重要原因。

### (四)教师角色冲突

"角色冲突"是社会学角色理论中的一个重要概念。由于个人在复杂的社会活动中往往需要同时扮演若干个角色，当这些角色对个人的期待发生矛盾、难以取得一致时，就会出现角色冲突。角色冲突分为两种：一是角色间冲突，即个人同时承担两种以上的角色时，因角色规范的要求不同而引起的冲突；二是角色内冲突，即个体在承担某一社会角色时，因这一角色自身的各种规范相互矛盾，在行动时左右为难，或者角色扮演者因在角色领悟与角色行为之间存在差距而引起的冲突。② 基于此，在教师角色转变的过程中，教师的行为与本人和社会的期待不一致，称为教师角色冲突。

正如之前所述，教师职业的特殊性、多样性，使教师必须扮演多种角色，是角色丛的集合体，是复合型角色的扮演者。因此，这也使教师职业容易出现角色间冲突的问题，以工作与家庭关系冲突为甚。例如，寄宿制学校的教师需要24小时在学校扮演教师角色，这极有可能使教师忽视自身在家庭关系中所应扮演的角色。两种角色之间是有冲突的。随着经济技术的发展，大众对教育有了更高的追求，随之对教师的期待与要求也越来

---

① 傅显捷、袁刚：《教育社会学断想——教师角色理论探析》，载《涪陵师范学院学报》，2004(1)。

② 董泽芳：《社会转型期的教师角色冲突》，载《华中师范大学学报(哲学社会科学版)》，1996(6)。

高，甚至苛刻。当教师的教育理念与家长的看法不同时，当教师的行为无法达到外界所期待的高标准时，教师角色内冲突就会产生。

总之，教师角色理论有利于我们更好地厘清中小学教师在现实生活中的角色特征、角色行为表现、角色期待及所发生的角色冲突，更清晰地展现当前中小学教师工作负荷的现状。

本章主要从三个方面的理论来认识、解释、归因和应对中小学教师工作负荷的现状。劳动过程理论主要用于解释当前中小学教师工作负荷的现状，即中小学教师工作负荷重的原因和表现。工作要求—资源模型理论主要用于如何从组织层面上应对中小学教师工作负荷重的现实问题。教师角色理论主要从认识和理念的层面上树立科学的教师观，明确教师应有的职业要求和行为规范。

# 第三章　中小学教师工作负荷的直观体现

　　中小学教师工作负荷的直观体现也就是教师工作负荷的显性工作任务，具体表现为教师教多少名学生和教多少门课，教多少名学生似乎更能体现教师的工作负荷。教师服务的学生的数量决定了教师的备课、上课、批改作业、学生管理、家校沟通等一系列工作任务。经济合作与发展组织的《教育概览》采用教师工作时间和教师任教班级的班额来反映教师工作负荷。本章主要基于我国中小学班级授课的条件，从教师服务对象的数量的角度来呈现教师工作负荷，从生师比和班师比两个具体指标来呈现服务对象。①

## 第一节　基于生师比的教师工作负荷状况

　　生师比是从教育的整体场域来看，每位教师面对和服务的学生的数量。以学生为单位的教师工作任务主要包括批改作业、师生沟通、个别辅导、家校沟通等具体工作。本书从小学、初中和高中三个学段生师比的现状及变化情况来反映教师工作负荷。从总体趋势来看，小学、初中、高中的生师比均呈现出总体不断下降的趋势，体现出教师配置越来越充足。

---

　　①　由于在教师座谈和访谈中，很多教师提到近 10 年来，感觉工作任务越来越多，工作压力越来越重，也基于数据的完整性，本章主要从近 10 年的统计数据来分析研究。如无特殊说明，本章的数据均来自历年中国教育统计年鉴。

## 一、小学教师工作负荷减少近四成

从统计数据来看，1978 年，全国小学阶段的生师比为 27.99：1，意味着一名小学教师要服务近 28 名学生，要负责 28 名学生的备课、上课、批改作业、师生沟通、个别辅导和家校沟通等工作；到 2017 年，小学阶段的生师比降至 16.98：1，如图 3-1 所示。由此可见，小学教师工作负荷大幅减少。

但从本书的实地调查和座谈访谈结果来看，大部分教师表示近 10 年来教师工作负荷、工作任务和工作负担都呈现出逐年上升的趋势，越来越难以有时间做好备课、上课和批改作业等本职工作。

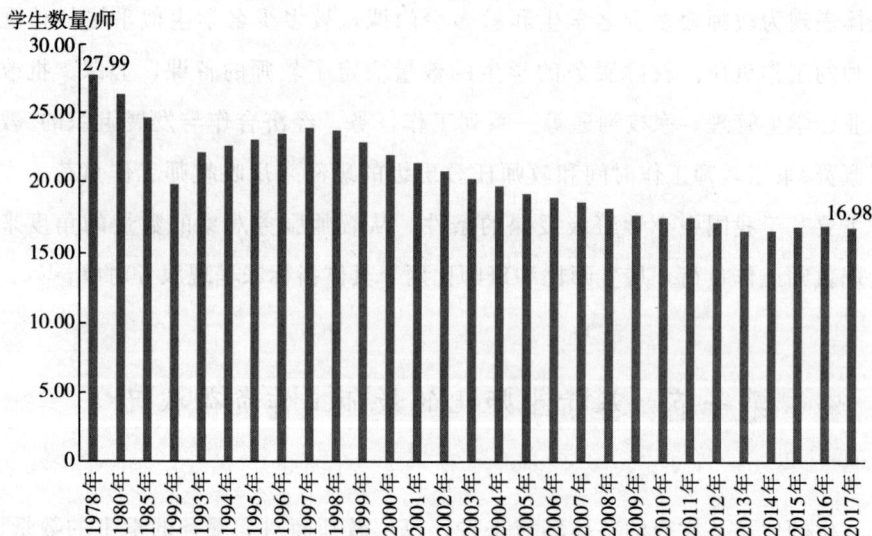

**图 3-1　改革开放 40 年以来全国小学的生师比的学生数量变化趋势①**

从城乡小学的生师比的变化趋势来看，城乡变化趋势不同。1998 年，生师比由高到低依次是乡村、县镇和城区（这与当时的教师编制标准相关，教师编制标准为城区高于乡村），说明乡村教师工作负荷最重，其次是县镇教师，城区教师工作负荷最轻。随着教育改革发展的深入推进，到 2017 年，

———————————

① 从数据的可获得性来分析，2003 年初中和高中的专任教师未分开，只有普通中学教师的数量，包括初中和普通高中。

小学阶段的生师比从高到低依次为城区、县镇和乡村。由此说明城区教师工作负荷最重，其次是县镇，乡村教师工作负荷最轻，如图 3-2 所示。

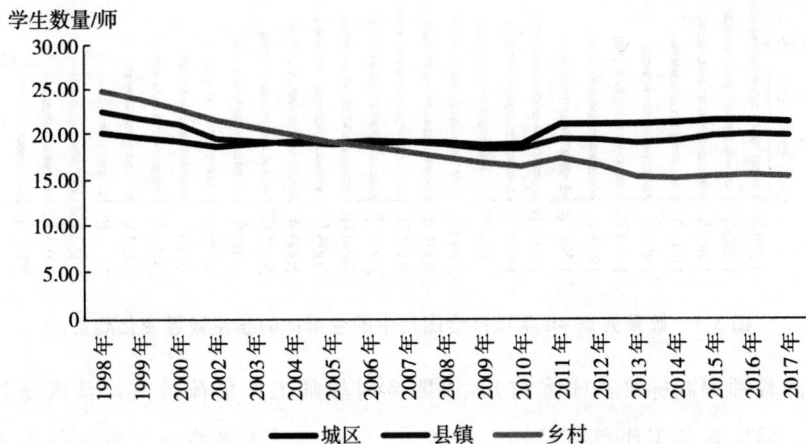

**图 3-2 城乡小学的生师比的学生数量变化趋势**

但本书的问卷调查结果显示，乡村教师工作负荷最重，其次为县镇教师，城区教师工作负荷最轻。原因分析如下文所述。此外，还说明一个问题，就是以学生为单位带来的这些工作量或者工作任务对教师工作负荷的影响较小。教师一般不将这些任务视为工作负荷，而对教师造成更大影响的是那些难以量化的额外工作要求。

## 二、初中教师工作负荷减少近四成

从统计数据来看，1978 年，全国初中阶段的生师比为 20.47：1，意味着一名初中教师要服务近 21 名学生，要负责 21 名学生的备课、上课、批改作业、师生沟通、个别辅导和家校沟通等工作；到 2017 年，初中阶段的生师比降至 12.52：1，如图 3-3 所示。由此可见，初中教师工作负荷大幅减少。但从本书的实地调查和座谈访谈结果来看，大部分教师表示近 10 年来教师工作负荷、工作任务和工作负担都呈现出逐年上升的趋势，越来越难以有时间进行备课、上课和批改作业等。

从城乡初中的生师比的变化趋势来看，城乡变化趋势不同。1998 年，生师比由高到低依次为乡村、县镇和城区（这与当时的教师编制标准相关，

学生数量/师

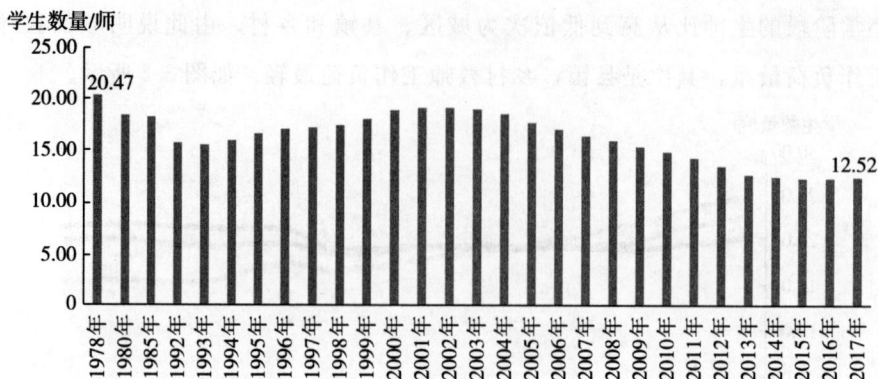

图 3-3　改革开放 40 年以来全国初中的生师比的学生数量变化趋势

城区的教师编制标准高于乡村），说明乡村教师工作负荷最重，其次是县镇教师，城区教师工作负荷最轻，如图 3-4 所示。随着教育改革发展的深入推进，到 2017 年，初中阶段的生师比从高到低依次为城区、县镇和乡村。由此说明城区初中教师工作负荷最重，其次是县镇初中教师，乡村初中教师工作负荷最轻。

学生数量/师

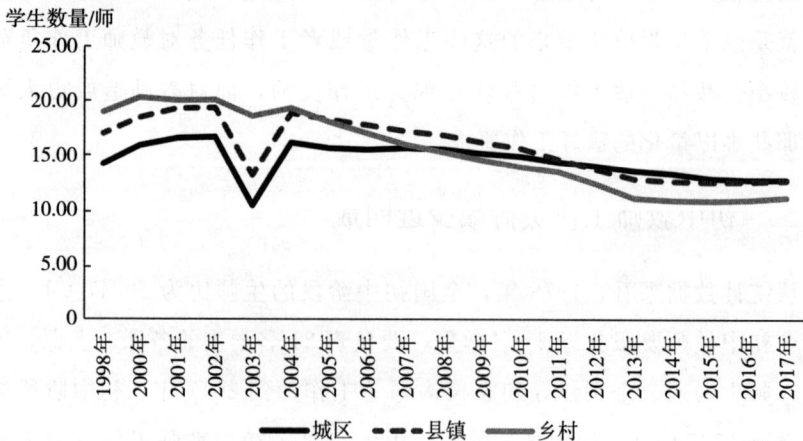

──城区　┅┅县镇　──乡村

图 3-4　城乡初中的生师比的学生数量变化趋势

## 三、高中教师工作负荷减少近四成

从统计数据来看，1978 年，全国普通高中阶段的生师比为 20.95∶1，意味着一名初中教师服务近 21 名学生，要负责 21 名学生的备课、上课、批改作业、师生沟通、个别辅导和家校沟通等工作；到 2017 年，普通高中阶段的生师比降至 13.39：1，如图 3-5 所示。由此可见，高中教师工作负荷大幅减少。但从本书的实地调查和座谈访谈结果来看，大部分教师表示近 10 年来教师工作负荷、工作任务和工作负担都呈现出逐年上升的趋势，越来越难以有时间进行备课、上课和批改作业等。

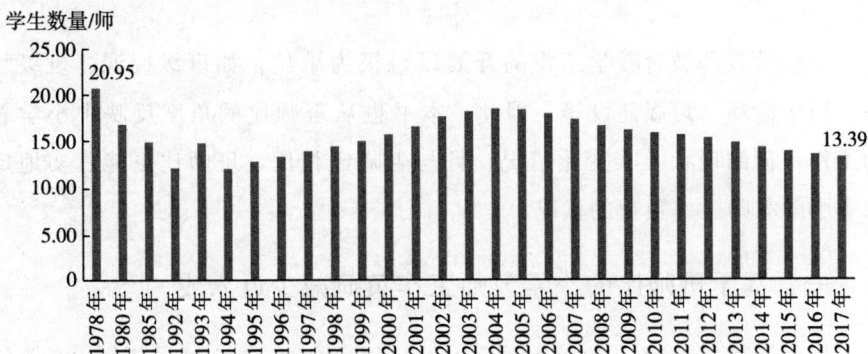

图 3-5　改革开放 40 年以来全国高中的生师比的学生数量变化趋势

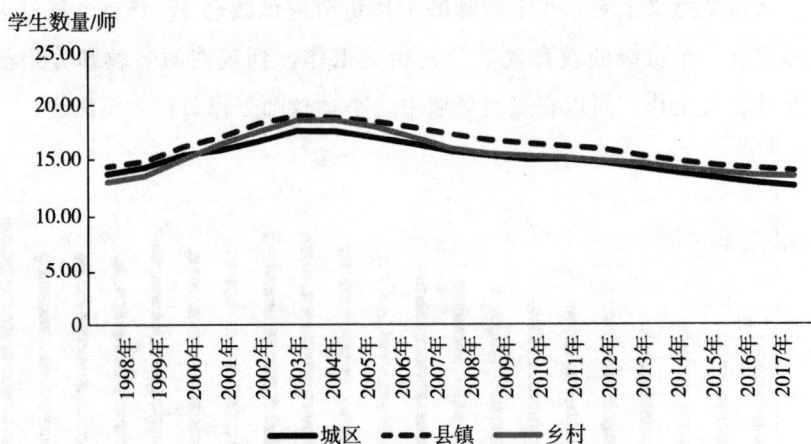

图 3-6　城乡普通高中的生师比的学生数量变化趋势

从城乡普通高中的生师比的变化趋势来看，城乡变化趋势不同。1998年，生师比由高到低依次是县镇、城区和乡村（这与普通高中的城乡布局结构有关），说明县镇教师工作负荷最重，其次是城区教师，乡村教师工作负荷最轻，如图 3-6 所示。随着教育改革发展的深入推进，到 2017 年，高中阶段的生师比从高到低依次为县镇、乡村和城区。由此说明县镇高中教师工作负荷最重，其次是乡村高中教师，城区高中教师工作负荷最轻。

## 第二节　基于班师比的教师工作负荷状况

中小学教师教育教学工作的开展以班级为单位，如班级授课、班级管理、班级活动、班级建设等。因此，本书也从班师比的角度反映中小学教师工作负荷的现状及其变化情况。且与生师比相比，班师比更能真实地反映中小学教师工作负荷的状况。

### 一、基于班师比的小学教师工作负荷减少近六成

从统计数据来看，小学阶段班师比从 1997 年的 1∶1.41，变为 2017 年的 1∶2.22，即每个班级的教师从平均一人之多增加到两人之多，如图 3-7 所示。从这个意义上看，小学教师的工作负荷应该减轻 57.45％。从过去一名教师负责一个班级的教育教学及其相关工作，到现在两名教师分担教育教学及其相关工作。所以在班级场域中，小学教师工作负荷大幅减少。

教师数量/班

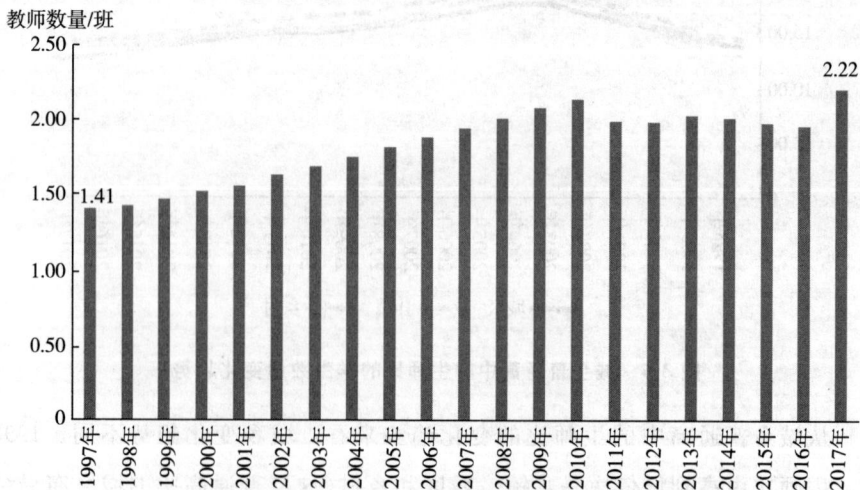

图 3-7　小学的班师比的教师数量变化趋势

从城乡小学的班师比变化趋势来看，城乡之间的差距逐步缩小，如图3-8所示。1997年，城区小学的班师比显著低于县镇和乡村，城乡之间的差距大，即小学教师工作负荷的城乡差异显著。随着教育改革的深入推进，城乡之间的差距逐步缩小，2017年县镇小学的班师比最低，与城区接近，乡村小学的班师比最高。由此可见，就目前而言，乡村小学教师工作负荷显著高于城区和县镇小学教师，这是由我国师资配置模式决定的。随着城镇化进程的加快，大量学生涌入县镇或城区读书，留在乡村的学生越来越少。我国师资配置主要基于生师比的标准进行，学生数量越少，教师越少。而现实中的教育教学工作都是以班级为单位、分年级、分学科进行的，这就决定了乡村小学教师身兼多学科、身兼多职的现象。

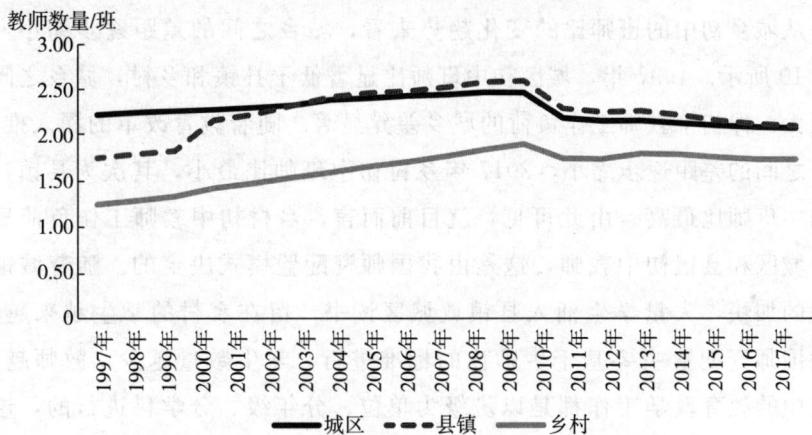

图 3-8　城乡小学的班师比的教师数量变化趋势

## 二、基于班师比的初中教师工作负荷减少两成多

从统计数据来看，初中阶段班师比从1997年的1∶3.10，变为2017年的1∶3.74，即每个班级的教师数量从平均三人增加到接近四人，如图3-9所示。从这个意义上看，初中教师的工作负荷应该减轻20.65％。由过去三名教师负责一个班级的教育教学及其相关工作，到现在近四名教师分担教育教学及其相关工作。所以在班级场域中，初中教师工作负荷大幅减少。

教师数量/班

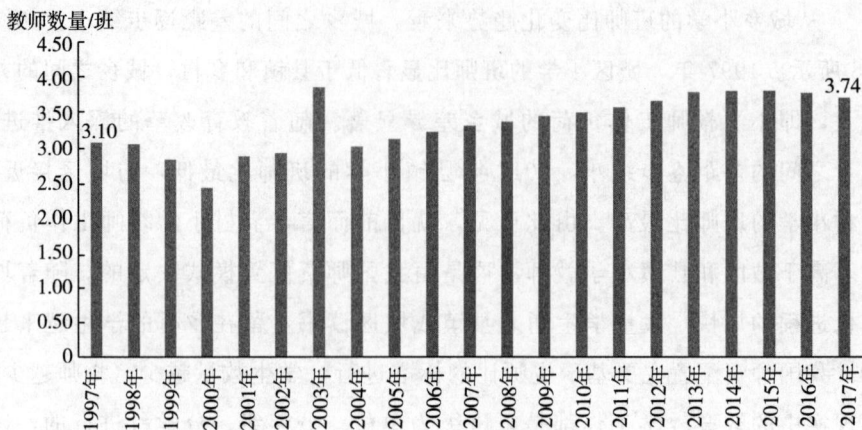

图 3-9    初中的班师比的教师数量变化趋势

从城乡初中的班师比的变化趋势来看，城乡之间的差距逐步缩小，如图 3-10 所示。1997 年，城区初中班师比显著低于县镇和乡村，城乡之间的差距大，即初中教师工作负荷的城乡差异显著。随着教育改革的深入推进，城乡之间的差距逐步缩小，2017 年乡村初中班师比最小，其次为县镇，城区初中班师比最高。由此可见，就目前而言，乡村初中教师工作负荷显著低于城区和县镇初中教师，这是由我国师资配置模式决定的。随着城镇化进程的加快，大量学生涌入县镇或城区读书，留在乡村的学生越来越少。而我国师资配置主要基于生师比的标准进行，学生数量越少，教师越少。现实中的教育教学工作都是以班级为单位、分年级、分学科进行的，这就决定了城区初中教师身兼多学科、身兼多职的现象。

教师数量/班

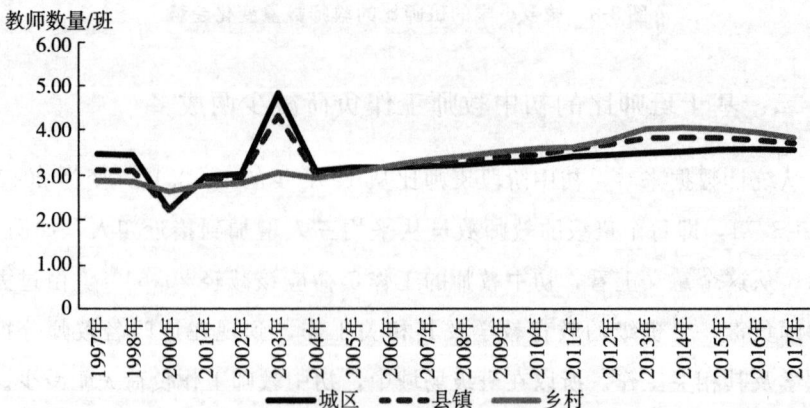

城区　　　县镇　　　乡村

图 3-10    城乡初中的班师比的教师数量变化趋势

### 三、基于班师比的高中教师工作负荷减少 3.47%

从统计数据来看，高中阶段班师比从 1997 年的 1∶3.75，变为 2017 年的 1∶3.88，即每个班级的教师从平均三人增加到接近四人，如图 3-11 所示。从这个意义上看，高中教师的工作负荷基本没变。由过去三位教师负责一个班级的教育教学及其相关工作，到现在近四位教师分担教育教学及其相关工作。所以在班级场域中，高中教师工作负荷大幅减少。

教师数量/班

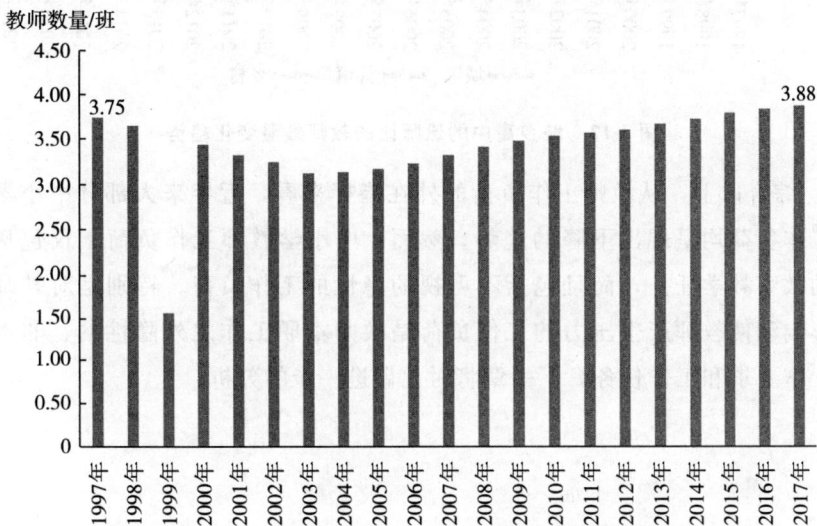

**图 3-11　高中的班师比的教师数量变化趋势**

从城乡高中的班师比的变化趋势来看，城乡之间的差距逐步缩小，如图 3-12 所示。1997 年，城区高中班师比显著高于县镇和乡村，城乡之间的差距大，即高中教师工作负荷的城乡差异显著。随着教育改革的深入推进，城乡之间的差距逐步缩小，2017 年乡村高中班师比最高，其次为县镇，城区高中班师比最低。由此可见，就目前而言，乡村高中教师工作负荷显著高于城区和县镇高中教师，这是由我国师资配置模式决定的。随着城镇化进程的加快，大量学生涌入县镇或城区读书，留在乡村的学生越来越少。我国师资配置主要基于生师比的标准进行，学生数量越少，教师则越少。现实中的教育教学工作都是以班级为单位、分年级、分学科进行的，这就决定了乡村教师身兼多学科、身兼多职的现象。

教师数量/班

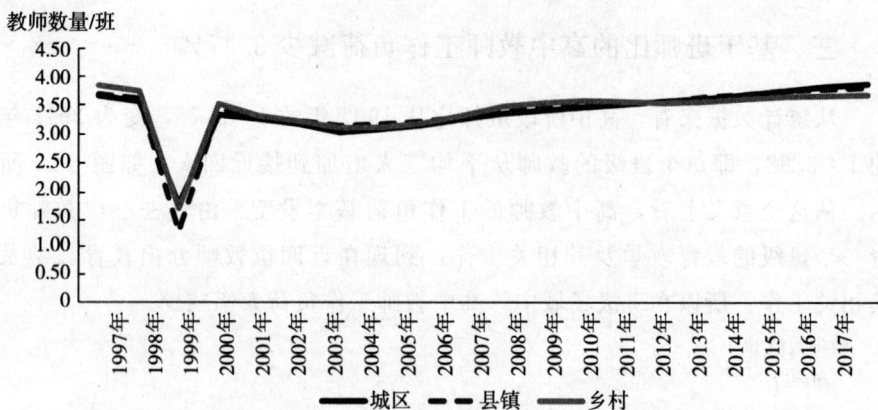

图 3-12  城乡高中的班师比的教师数量变化趋势

综合以上，从教师工作负荷的外在指标来看，近年来大部分中小学教师工作负荷均呈现出下降的趋势。然而，中小学教师工作负荷不仅包括可视的教育教学任务，而且包括不可视的隐性的工作负荷。特别是对教师造成影响和使教师产生压力的工作负荷是教师本职工作之外隐性的、非本职的工作要求和工作任务，下一章将对此做进一步的分析。

# 第四章 中小学教师工作负荷的现实概况

中小学教师究竟承载怎样的工作负荷，其客观情况和主观感受如何是本章着力回答的问题。本章主要从工作时间及工作任务、教师对工作负荷的认知、教师对合理工作负荷的期待以及教师工作负荷的差异等方面，基于面向全国范围内中小学教师的调查数据，以定量的数据呈现中小学教师工作负荷的总体概况。

## 第一节 中小学教师工作时间较长且工作任务繁重

中小学教师工作负荷不仅体现在工作时间的总量上，而且体现在工作时间的具体分配上，即不同类型的工作任务所占据工作时间的比重。教育教学及其相关工作占据时间越多，说明教师工作负荷更加合理。如果非教育教学工作占据工作时间太多，那么说明教师工作负荷不够合理。

### 一、教师的周均工作时间约为 60 小时，是法定工作时间的 1.5 倍

本书从平均值和频率分布两个方面呈现教师工作时间的基本概况。本书的调研结果显示，大部分中小学教师平均每周的工作时间为 59.89 小时，其中工作日在校的工作时间为 10 小时左右，下班后回家平均工作的时间为 1 小时左右，周末通常用于工作的时间为 2 小时左右。

## （一）中小学教师工作日平均在校工作 10 小时左右

从频率分布来看，仅有 18.52％的中小学教师工作日工作 8 小时及以下，44.16％的教师工作 9～10 小时，21.45％的教师工作 11～12 小时，8.37％的教师工作 13～14 小时，7.50％的教师工作 14 小时以上，如图 4-1 所示。通过个别访谈发现，陕西、贵州、河南、河北等地的寄宿制学校教师每天 7：00 前到校，22：00 之后才可以离校，工作时间长达 15 小时。由此可见，大部分中小学教师工作日在校工作时间都超过 8 小时。

比例（％）

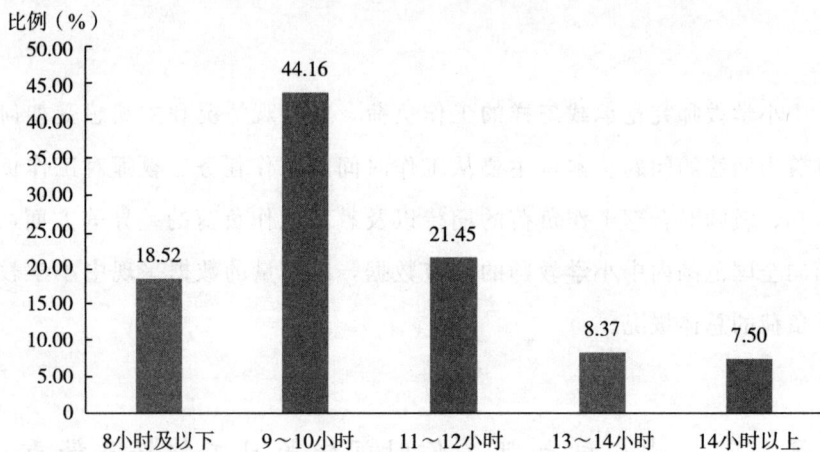

**图 4-1　中小学教师工作日在校工作时间的分配比例**

## （二）中小学教师工作日下班后平均加班 2.5 小时

从频率分布来看，仅有 4.86％的教师工作日下班后无须加班，39.63％的教师每天要加班 1 小时及以下，44.23％的教师要加班 2～3 小时，6.17％的教师要加班 4～5 小时，5.10％的教师要加班 5 小时以上，如图 4-2 所示。通过座谈访谈发现，大部分教师均表示备课、批改作业等专业性工作需要在家完成，白天在单位没有时间，也难以静下心来去备课，所以工作日下班后加班成为常态。还有教师表示为了照顾学生，自己的孩子却成了"留守儿童"。

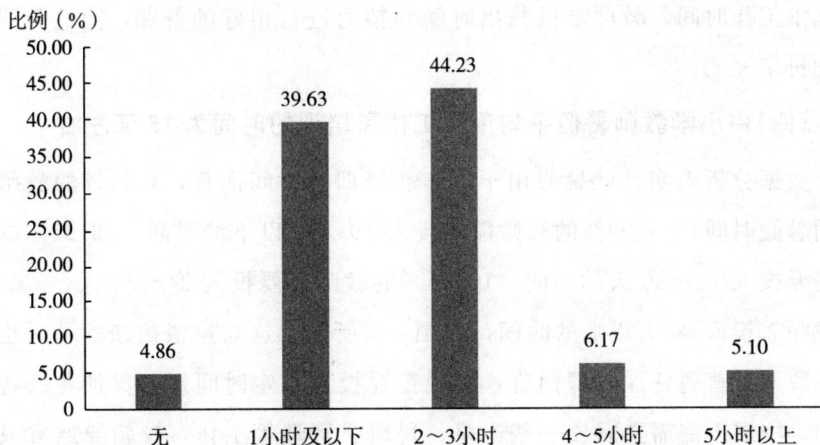

**图4-2 中小学教师工作日下班后工作时间的分配比例**

### (三)中小学教师周末通常需要工作2小时

从频率分布来看，8.82%的教师周末无须加班，32.18%的教师周末需要工作2小时及以下，31.70%的教师周末需要工作3~4小时，12.44%的教师周末需要工作5~6小时，14.90%的教师周末需要工作6小时以上，如图4-3所示。

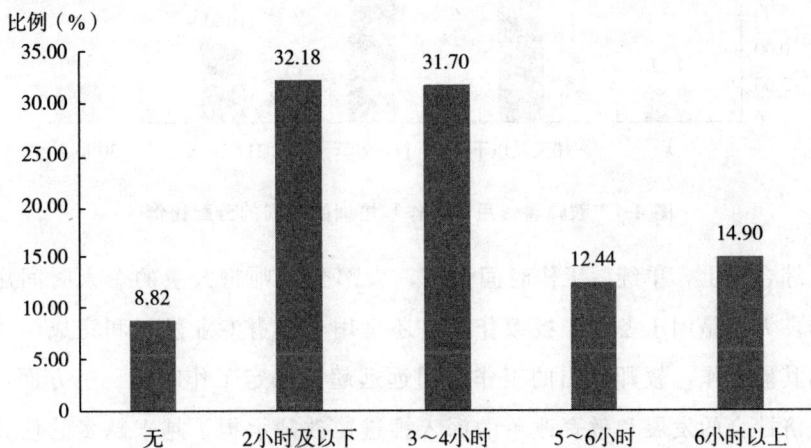

**图4-3 中小学教师周末工作时间的分配比例**

通过进一步的座谈访谈发现，大部分教师周末加班通常是完成备课、批改作业、专业学习、相关培训等任务。因为平时在学校大量事务性工作占据了工作时间，教师难以腾出时间和精力进行很好的备课，因此只能周末加班来完成。

### (四)中小学教师暑假平均用于工作和培训的时间为 15 天左右

数据分析表明，就暑假用于工作和培训的时间而言，4.52％的教师不占用暑假时间，45.99％的教师需要投入 10 天及以下的时间，33.25％的教师需要投入 11～20 天的时间，10.91％的教师需要投入 21～30 天，5.30％的教师需投入 30 天以上的时间，如图 4-4 所示。这与座谈访谈的结果也高度一致。就普通任课教师而言，暑假需要投入一定时间用于参加各级各类培训，中层干部需要完成一些人事、科研、管理等工作，校领导通常只有 7～14 天的休息时间，将其他暑假时间用于开展学校的各项工作。

比例（%）

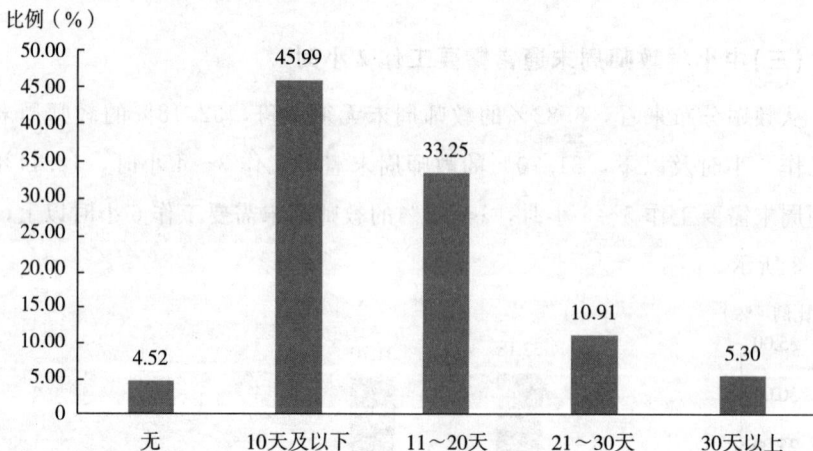

图 4-4 教师暑假用于工作和培训的时间的分配比例

综合以上，单纯就工作时间而言，大部分教师将大量的个人时间用于工作。无论是用于备课、批改作业，还是用于自身专业发展和完成学校安排的其他工作，教师付出的工作时间远远超出法定工作时间。一方面，随着经济社会的发展和教育改革的深入推进，教师承担了越来越多的任务和职责。另一方面，教师也不完全像人们通常认为的工作非常轻松，享受着三个月的假期那样。

## 二、中小学教师教学工作任务存在超课时、多学科和大班额的现象

总体而言，在工作任务维度，大部分中小学教师工作负荷存在超课时、多学科和大班额三个突出现象。当然，这三个现象在中小学教师不同群体中的具体表现有所不同。

### （一）乡村教师普遍存在超课时和多学科教学的现象

就中小学教师群体而言，平均周课时为 15 节左右。通过进一步的分析发现，中小学教师的周课时存在显著的城乡差异。就乡村教师而言，其工作负荷主要体现在超课时和多学科的现象。随着城镇化进程的加快和农村学校布局结构调整的实施，乡村学校的发展呈现出规模小、距离远、学生少的三大特征。鉴于当前和过去一段时间内师资配置主要基于学生数量，依据生师比和班师比的具体指标来配置，学生数量少，自然配置的教师数量也少。现实中的教育教学是分年级、分班级和分学科进行的，因此乡村教师就要承担多学科的教学，其课时量自然也会超出标准。

数据统计显示，城区中小学教师的周课时平均为 11 节，县镇中小学教师的周课时平均为 12 节，乡村中小学教师的周课时为 16 节，明显高于城区和县镇中小学教师，如图 4-5 所示。

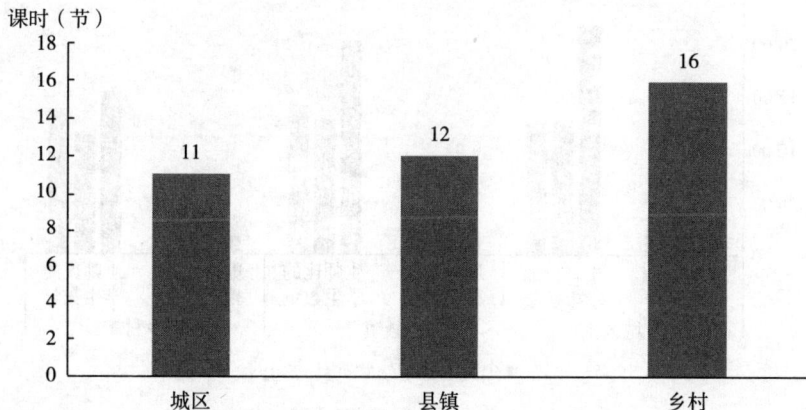

**图 4-5 中小学教师的周课时的城乡差异**

　　同时，从任教科目数来看，乡村中小学教师的任教科目平均为 3 个，明显高于城区和县镇中小学教师，如图 4-6 所示。从座谈访谈中发现，西部乡村教师承担 3 门学科的教学，每周课时量在 20 节左右；1 人要完成多科教学的任务，以及手写教案、二次备课的任务。

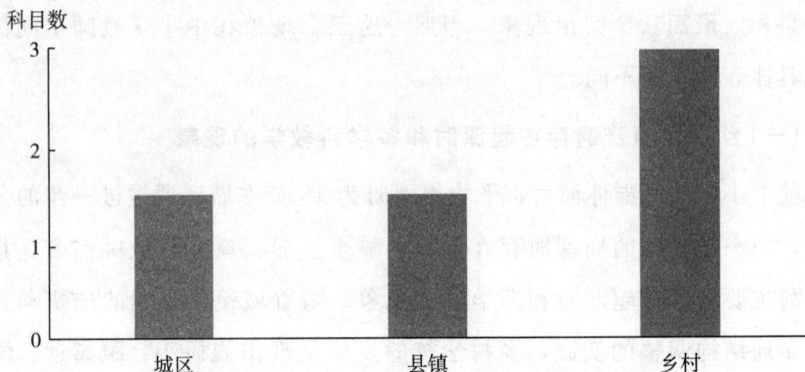

图 4-6　中小学教师任教科目数的城乡差异

　　从统计数据来看，就 2017 年而言，乡村的班师比显著高于城区和县镇，乡村的生师比显著低于城区和县镇，如图 4-7 所示。总体而言，在城乡学校开设同样的课程的前提下，乡村学校教师人均周课时及所承担的学科数量必然多于城区和县镇的教师。

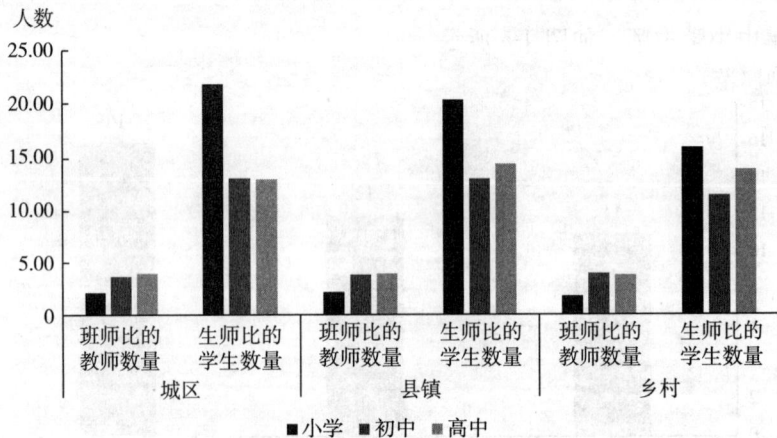

图 4-7　2017 年中小学班师比的教师数量和生师比的学生数量的城乡差异

## (二)县镇中小学教师的大班额教学任务突出

调研数据显示,县镇中小学的班额最大,平均在 55 人,明显高于城区和乡村,如图 4-8 所示。通过座谈访谈发现,县镇中学的班额平均在 60 人以上,有的教师任教的班额高达 90 人。

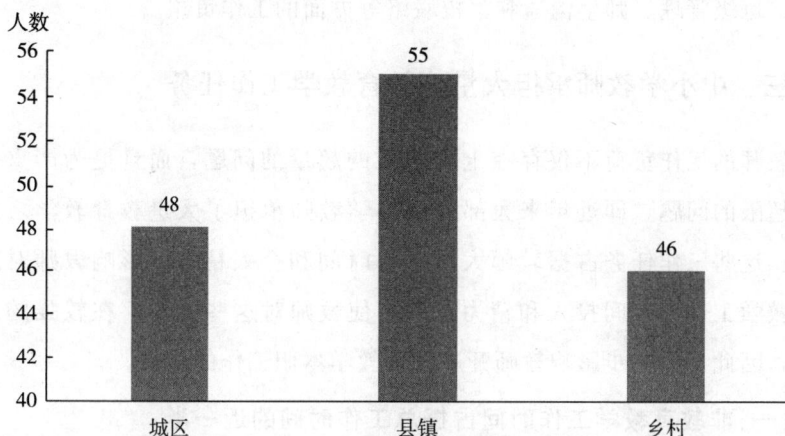

**图 4-8 中小学教师任教班额的城乡差异**

从统计数据来看,就 2017 年而言,除小学段外,初中和高中的班额均是县镇显著高于城区和乡村,如图 4-9 所示。由此验证了调研中的发现:县镇的大班额现象突出,大部分县镇教师承担大班额带来的备课、批改作业、班级管理、家校沟通等方面的工作负荷重。

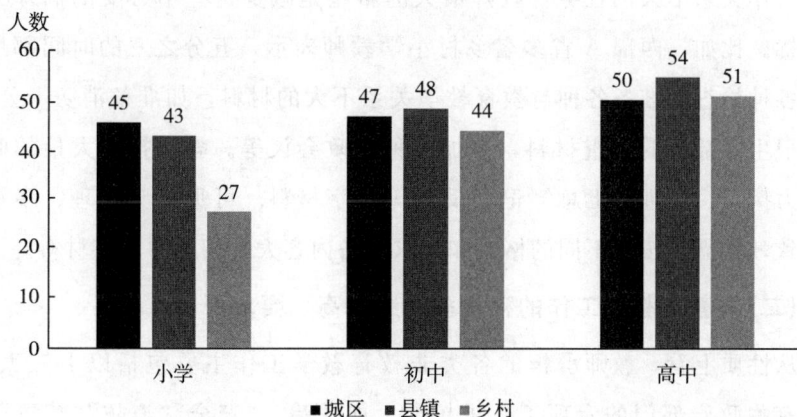

**图 4-9 2017 年全国中小学班额的城乡差异**

综合以上，无论是从调研数据和访谈资料来看，还是从统计数据来看，大部分中小学教师教育教学工作任务均存在超量的问题，特别是表现在乡村学校教师超课时、多科目的教学任务上，这对教师的备课、批改作业等工作产生重要影响。县镇学校教师的大班额教学任务，加重了教师的批改作业、班级管理、师生沟通和家校联络等方面的工作负担。

### 三、中小学教师承担大量非教育教学工作任务

教师的工作负荷不仅存在上文论及的超量的问题，而且更为严重的是存在超限的问题，即近年来大部分中小学教师承担了大量教育教学之外的工作。这些工作任务占据教师大量工作时间和个人精力，影响教师对正常教育教学工作的时间投入和精力投入，使教师对这些工作存在较强的反感情绪，因此又进一步影响教师开展教育教学本职工作的情绪。

#### （一）非教育教学工作时间占据总工作时间的近一半

调查显示，大部分教师周平均课时在 15 节左右。按每节课 45 分钟计算，教师每周的教学时间为 11.25 小时，仅占工作时间的 18.78%。此外，教师平均每天备课、批改作业和管理学生所用的时间分别为 1 小时、1 小时和 2 小时，因此每周教学相关工作的时间为 20 小时，占所有工作时间的 33.33%。通过座谈访谈发现，各地大部分教师都集中反映存在大量与教育教学工作关系不大的任务，教师最大的希望是减少这些不必要的额外工作的干扰。比如，西部 A 省多名乡村小学教师表示，五分之三的时间都用于应付各种检查和准备各种与教育教学关系不大的材料，如准备消防、公安、食品卫生等部门的检查材料，参加各种行政会议等。教师投入大量的时间和精力撰写、整理、汇总笔记和反思等文字材料。可见多头管理、多重评价导致教师需要按照不同的格式和要求准备内容大致相同的文字材料。

#### （二）非教育教学工作的种类多、频率高、要求严

从性质上看，教师承担的各类非教育教学工作主要包括以下三大类：一是有关政府部门的专项工作进校园，如法治、"安全""消防""禁毒""防艾""卫生""创城"等社会其他领域的工作任务，通过制度设计、政策驱动，

要求学校重点抓起，领导负责落实，教师组织实施，学生全面参与。因此跟进考评检查、召开主题会议、开展宣传演练、准备过程资料、迎接随时抽检等任务占据教师大量的时间和精力，甚至超过教育教学工作投入时间（有的教师表示非教育教学工作任务占据工作时间的 60% 以上）。二是有关部门以教育系统便于组织、覆盖面大等为由，将很多工作转嫁给学校，让教师下载各种手机应用，甚至让教师组织家长完成手机应用上的答卷、人物评选投票等工作。比如，卫生部门将采集有关人口健康数据、各类满意度调查、各类模范人物评选投票等任务都强制推给学校，学校安排给教师，再由教师组织学生及家长开展答题或投票；教师还要收集有关答题情况进行上报。这类工作占据了教师大量的时间和精力，严重干扰了部分教师正常开展教育教学工作。三是部分教师需要参与相关社会重大事务。比如，教师要以包保贫困户的方式参与攻坚扶贫任务，定期开展留守儿童校外关注工作；每名教师帮扶 3~4 名留守儿童。教师每月进行一次家访，承担"留守儿童之家"的器材管理、网络管理工作以及创城建设执勤工作等。

综合以上，本节利用定量数据从工作时间和工作任务两个角度呈现了中小学教师工作负荷的客观情况。可见中小学教师工作负荷比较重。

## 第二节　中小学教师对工作负荷持消极看法

如上文所述，中小学教师工作负荷表现出工作时间超长、工作任务繁重的双重特征。中小学教师是如何认识这一客观情况的？

### 一、中小学教师对工作负荷持消极态度

大部分中小学教师对工作负荷状况持消极态度，集中表现在认为工作负荷过重，特别是非教育教学工作多严重影响教育教学本职工作的开展，同时影响自身专业发展和自我身心健康。

#### （一）中小学教师认为工作负荷过重

就工作负荷感知的平均值而言，大部分教师都认为工作负荷比较重，

这与前面的结果也高度吻合，如图 4-10 所示。

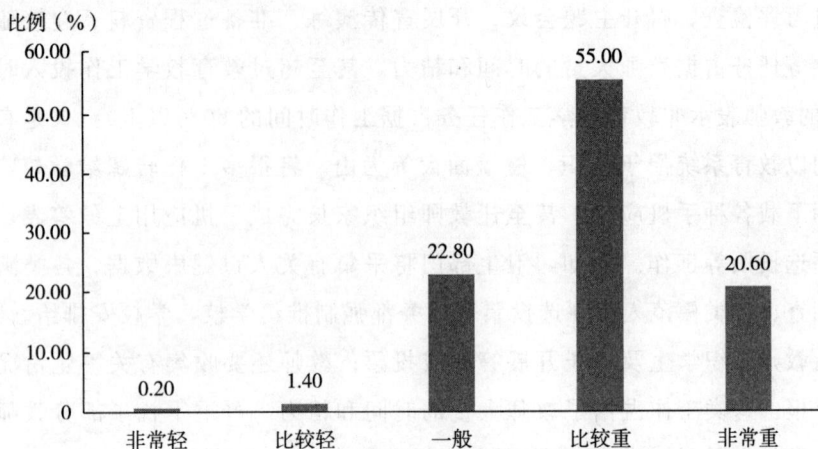

**图 4-10 教师工作负荷感知**

从频率分布来看，0.20％的教师认为工作负荷非常轻，1.40％的教师认为自身总体工作负荷比较轻，22.80％的教师认为自身总体工作负荷一般，55.00％的教师认为总体工作负荷比较重，20.60％的教师认为总体工作负荷非常重。

从回归分析结果来看，工作时间、教学任务、教学相关任务和教学无关任务都对工作负荷的感知具有解释力，且回归系数均显著。同时教学无关任务的回归系数最大，教学任务的回归系数最小，如表 4-1 所示。由此说明，教师对工作负荷的感知主要受到教学无关任务多少的影响，教学任务对工作负荷感知的预测力最小。

表 4-1 工作负荷感知与工作时间及工作任务各变量之间的回归分析

| 变量 | 回归系数 | *T* 值 | *P* 值 |
|---|---|---|---|
| 工作时间 | 0.139 | 16.138 | 0.000 |
| 教学任务 | 0.116 | 14.984 | 0.000 |
| 教学相关任务 | 0.214 | 24.621 | 0.000 |
| 教学无关任务 | 0.383 | 47.414 | 0.000 |

注：回归系数在 0.00 水平上显著。

## (二)中小学教师认为工作负荷呈现增长趋势

就工作负荷的变化趋势而言，0.50％的教师认为近年来工作负荷明显减少，4.80％的教师认为工作负荷有所减少，30.00％的教师认为近年来工作负荷基本没变，43.90％的教师认为工作负荷有所增加，20.70％的教师认为工作负荷明显增加，如图4-11所示。

比例（％）

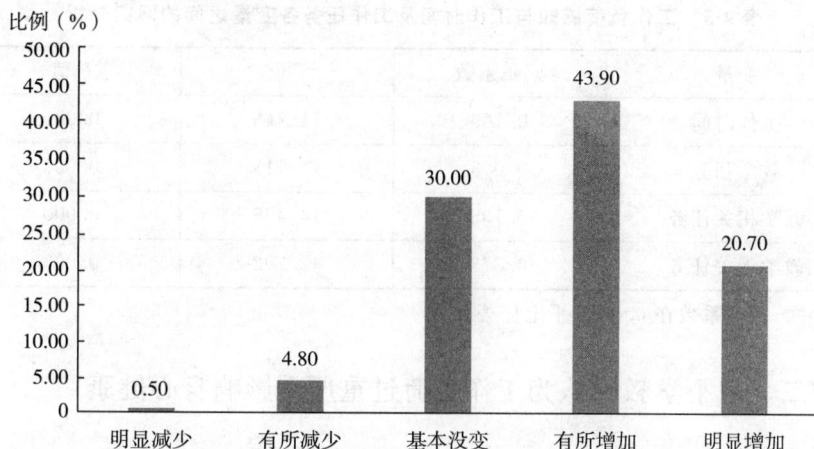

**图 4-11 近年来教师非教学工作负荷的变化情况**

通过进一步的相关分析发现，工作负荷变化与工作时间、教学任务、教学相关任务及教学无关任务之间均具有显著的正相关，即工作时间越长，工作任务越多，大部分教师认为近几年工作负荷增加越多。从相关系数来看，工作负荷变化与教学无关任务之间的相关系数最大，为0.468，显著高于与其他相关因素之间的相关系数，如表4-2所示。

**表 4-2 工作负荷变化与工作负荷相关因素之间的相关关系**

| 变量 | 工作负荷变化 | 工作时间 | 教学任务 | 教学相关任务 | 教学无关任务 |
|---|---|---|---|---|---|
| 工作负荷变化 | 1 | | | | |
| 工作时间 | 0.312** | 1 | | | |
| 教学任务 | 0.205** | 0.186** | 1 | | |
| 教学相关任务 | 0.330** | 0.460** | 0.231** | 1 | |
| 教学无关任务 | 0.468** | 0.324** | 0.155** | 0.330** | 1 |

注：**表示在0.01水平（双侧）上显著相关。

从回归分析结果来看，工作时间、教学任务、教学相关任务和教学无关任务都对工作负荷的感知具有解释力，且回归系数均显著。同时教学无关任务的回归系数最大，其次为教学相关任务，然后是工作时间，教学任务的回归系数最小，如表4-3所示。由此说明，教学无关任务对教师工作负荷感知的预测力最大。

表 4-3　工作负荷感知与工作时间及工作任务各变量之间的回归分析

| 变量 | 回归系数 | $T$ 值 | $P$ 值 |
|------|---------|--------|--------|
| 工作时间 | 0.109 | 11.748 | 0.000 |
| 教学任务 | 0.093 | 11.113 | 0.000 |
| 教学相关任务 | 0.135 | 14.465 | 0.000 |
| 教学无关任务 | 0.373 | 42.792 | 0.000 |

注：回归系数在0.00水平上显著。

## 二、中小学教师认为工作负荷过重严重影响身心健康

就平时工作中的心理压力而言，0.87%的教师感觉非常小，3.76%的教师感觉比较小，25.91%的教师感觉压力一般，52.06%的教师感到压力比较大，17.40%的教师感到压力非常大，如图4-12所示。

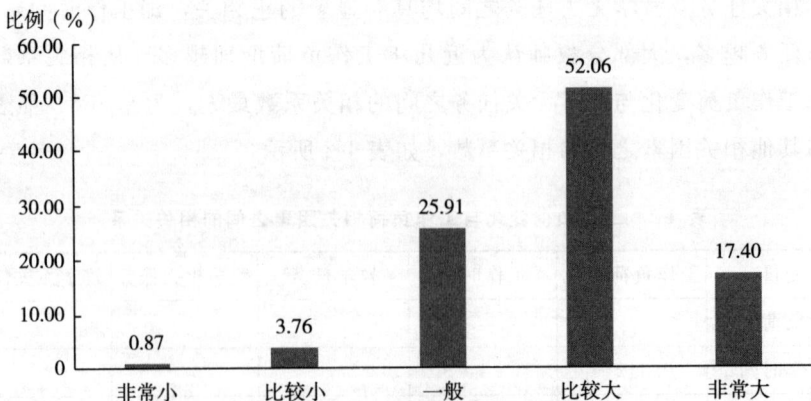

图 4-12　教师平时工作中的心理压力

以心理压力为因变量，以工作时间、教学任务、教学相关任务和教学无关任务为自变量进行回归分析，结果发现四个自变量的回归系数均显著，

如表 4-4 所示。从统计结果来看，教学无关任务对心理压力的解释力最大，其回归系数为 0.311；教学任务对工作压力的解释力最小，其回归系数仅为 0.040。四个自变量的系数均显著。

**表 4-4　心理压力与工作时间及工作任务各变量之间的回归分析**

| 变量 | 回归系数 | $T$ 值 | $P$ 值 |
| --- | --- | --- | --- |
| 工作时间 | 0.106 | 11.256 | 0.000 |
| 教学任务 | 0.040 | 4.782 | 0.000 |
| 教学相关任务 | 0.224 | 23.754 | 0.000 |
| 教学无关任务 | 0.311 | 35.291 | 0.000 |

注：回归系数在 0.00 水平上显著。

就下班后的身心疲惫感而言，0.68％的教师没有感觉，6.59％的教师偶尔会有疲惫感，32.23％的教师有时会有疲惫感，44.05％的教师经常有疲惫感，16.44％的教师天天有疲惫感，如图 4-13 所示。

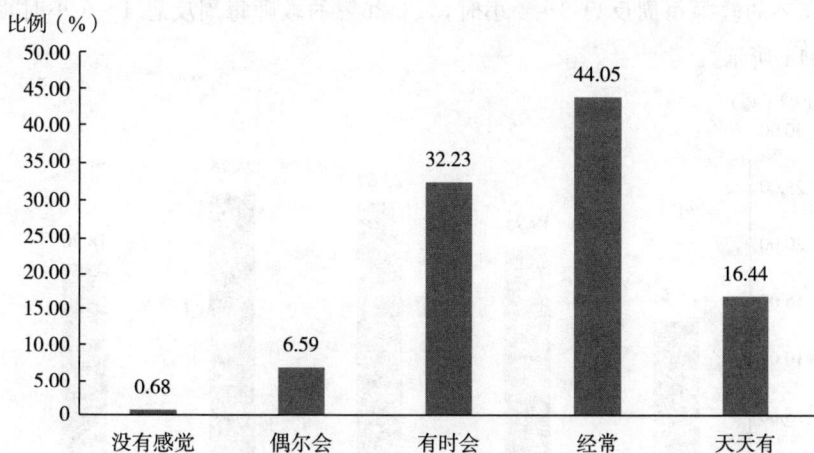

**图 4-13　教师下班后的身心疲惫感**

以下班后的身心疲惫感为因变量，以工作时间、教学任务、教学相关任务和教学无关任务为自变量进行回归分析，结果发现四个自变量的回归系数均显著，如表 4-5 所示。从统计结果来看，教学无关任务对身心疲惫感的解释力最大，其回归系数为 0.218；教学任务对身心疲惫感的解释力最小，其回归系数仅为 0.052。四个自变量的系数均显著。

表 4-5　身心疲惫感与工作时间及工作任务各变量之间的回归分析

| 变量 | 回归系数 | T 值 | P 值 |
|------|---------|------|------|
| 工作时间 | 0.077 | 7.642 | 0.000 |
| 教学任务 | 0.052 | 5.789 | 0.000 |
| 教学相关任务 | 0.195 | 19.297 | 0.000 |
| 教学无关任务 | 0.218 | 23.224 | 0.000 |

注：回归系数在 0.00 水平上显著。

## 三、中小学教师认为无暇顾及自身专业发展

从均值来看，中小学教师平均每周的教学反思时间为 2 小时左右，用于读书和学习的时间为 3 小时左右。

从频率分布来看，13.30％的教师每周的教学反思时间在 1 小时以内，19.95％的教师每周反思 1～2 小时，23.69％的教师每周反思 2～3 小时，24.76％的教师每周反思 3～4 小时，18.26％的教师每周反思 4～5 小时，如图 4-14 所示。

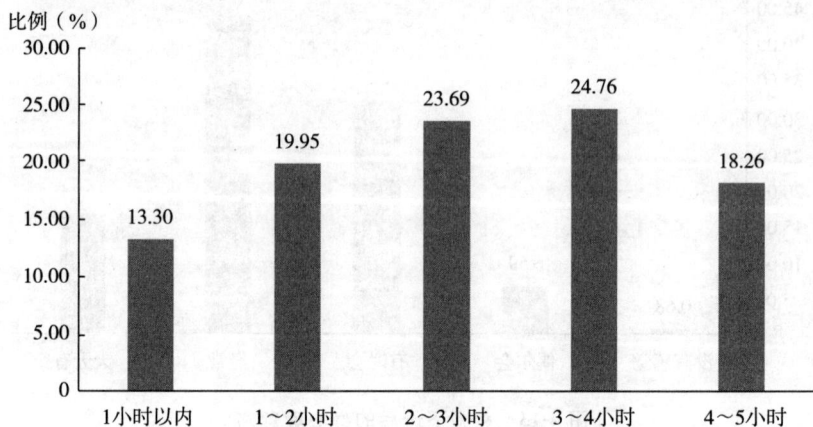

图 4-14　中小学教师每周教学反思时间的分布情况

就自主阅读和学习时间而言，26.30％的教师每周学习 1 小时以内，11.40％的教师每周学习 1～2 小时，15.87％的教师每周学习 2～3 小时，19.83％的教师每周学习 3～4 小时，26.56％的教师每周学习 4～5 小时，如图 4-15 所示。

比例（%）

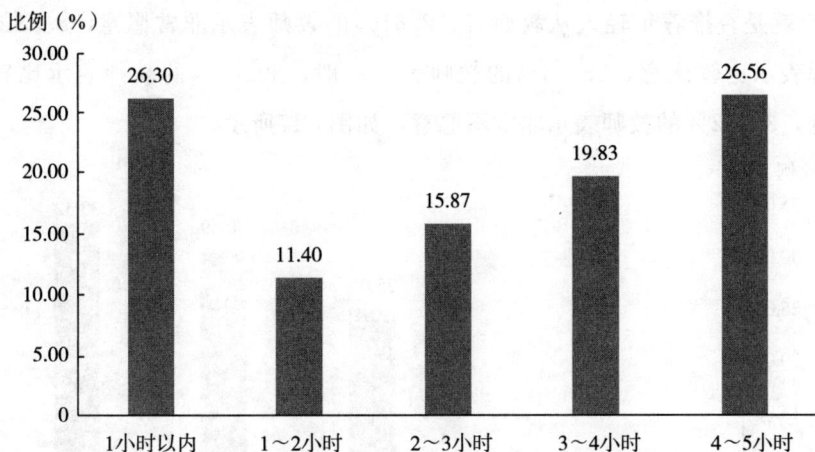

**图 4-15　中小学教师每周自主阅读和学习时间的分布情况**

## 四、中小学教师对工作负荷的满意度较低

### (一)中小学教师职业认同不高，部分教师会再次选择教师职业

调研数据显示，就再次选择是否还会选择教师职业而言，5.98%的教师表示非常愿意，17.38%的教师表示比较愿意，29.77%的教师表示一般，27.75%的教师表示比较不愿意，19.12%的教师表示非常不愿意，如图4-16所示。

比例（%）

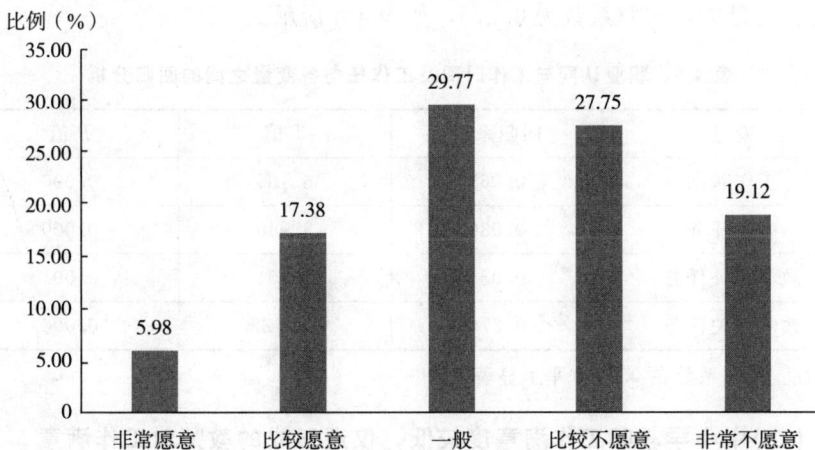

**图 4-16　再次选择是否还会选择教师职业的情况**

就是否推荐年轻人从教而言，2.61％的教师表示非常愿意，8.33％的教师表示比较愿意，25.05％的教师表示一般，30.69％的教师表示比较不愿意，33.32％的教师表示非常不愿意，如图4-17所示。

比例（%）

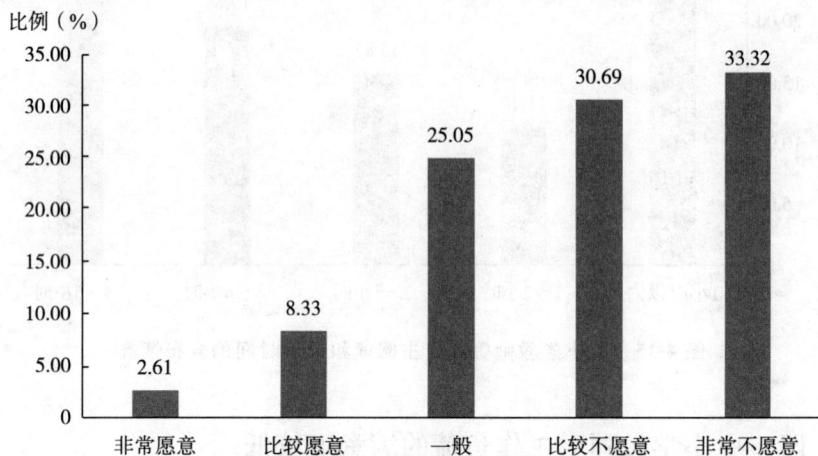

**图 4-17　是否推荐年轻人从教的情况**

综合以上，大部分中小学教师职业认同不高，仅有53.13％的教师再次选择时依然会选择教师，35.99％的教师会推荐年轻人从教。

以职业认同为因变量，以工作时间、教学任务、教学相关任务和教学无关任务为自变量进行回归分析，结果表明教学无关任务对教师职业认同的解释力最大，回归系数为0.275，如表4-6所示。

**表 4-6　职业认同与工作时间及工作任务各变量之间的回归分析**

| 变量 | 回归系数 | $T$ 值 | $P$ 值 |
|---|---|---|---|
| 工作时间 | 0.063 | 6.105 | 0.000 |
| 教学任务 | 0.036 | 3.945 | 0.000 |
| 教学相关任务 | 0.034 | 3.301 | 0.001 |
| 教学无关任务 | 0.275 | 28.425 | 0.000 |

注：回归系数在 0.00 水平上显著。

### (二)中小学教师工作满意度较低，仅近三成的教师对工作满意

数据分析显示，7.20％的教师对工作非常不满意，29.71％的教师对工

作不满意，34.62％的教师对工作的满意度说不清，24.33％的教师对工作比较满意，4.10％的教师对工作非常满意，如图 4-18 所示。

比例（％）

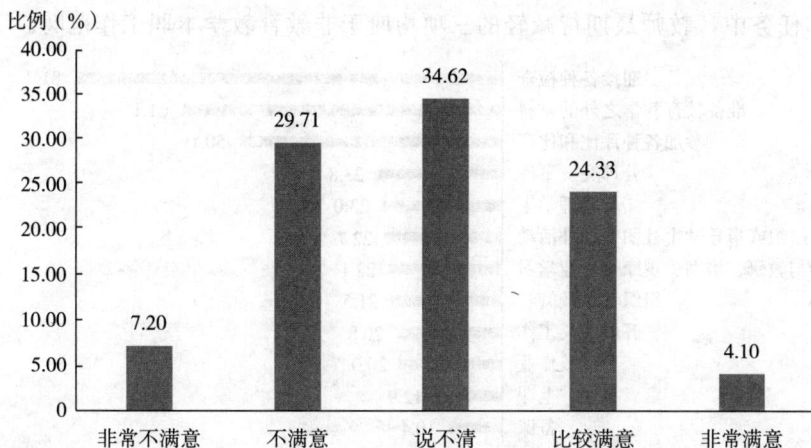

图 4-18 教师工作满意度

综合以上，大部分中小学教师对当前的工作负荷持消极态度，主要体现在教师认为工作负荷过重且呈现出持续增长的趋势；过重的工作负荷严重影响教师的身心健康及工作情绪；工作负荷对教师职业认同和工作满意度均具有较强的负向解释力。

## 第三节 中小学教师对工作负荷的期待

面对工作负荷的这一现实情况，中小学教师对其有怎样的期待和愿望呢？调查发现，中小学教师对自身工作负荷具有明确的期待：他们期待承担更少的教育教学之外的任务，期待有更多的实践和精力开展教育教学本职工作。这一期待符合作为专业人员的教师的职业期许。

### 一、中小学教师期待大幅减少非教育教学工作任务

数据分析表明，在教师最期待减轻的工作任务中，迎接各种检查、准备教育教学之外的材料与参加各种评比和比赛是教师期待减轻的工作任务

中居于前三位的工作任务。由此可见，这类教育教学无关工作占据了教师大量的时间和精力，给教师造成不良影响。如图 4-19 所示，在列举的这些工作任务中，教师最期待减轻的三项均属于非教育教学本职工作范畴。

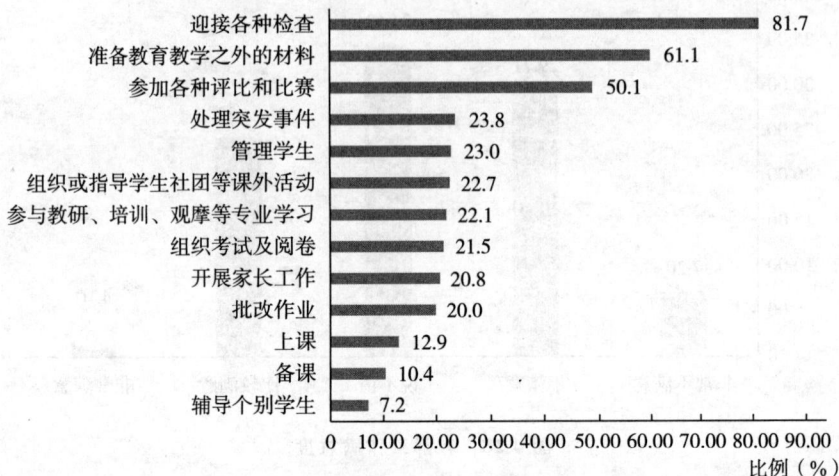

图 4-19（柱状图）：

- 迎接各种检查　81.7
- 准备教育教学之外的材料　61.1
- 参加各种评比和比赛　50.1
- 处理突发事件　23.8
- 管理学生　23.0
- 组织或指导学生社团等课外活动　22.7
- 参与教研、培训、观摩等专业学习　22.1
- 组织考试及阅卷　21.5
- 开展家长工作　20.8
- 批改作业　20.0
- 上课　12.9
- 备课　10.4
- 辅导个别学生　7.2

横轴：0　10.00　20.00　30.00　40.00　50.00　60.00　70.00　80.00　90.00　比例（%）

**图 4-19　中小学教师期待减轻的工作任务**

## 二、中小学教师期待有充足的时间来完成教育教学任务

就教师期待的每周课时量而言，51.26% 的教师选择 10 节及以下，44.67% 的教师选择 11～15 节，3.47% 的教师选择 16～18 节，0.42% 的教师选择 19～20 节，0.18% 的教师选择 20 节以上，如图 4-20 所示。由此可见，九成多的教师希望每周课时量为 10～15 节。

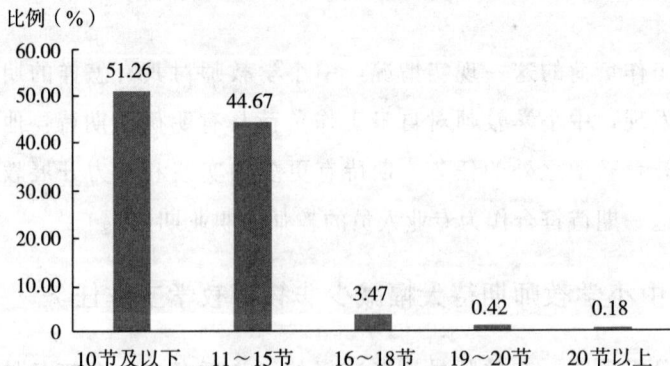

图 4-20（柱状图）：

比例（%）

- 10 节及以下　51.26
- 11～15 节　44.67
- 16～18 节　3.47
- 19～20 节　0.42
- 20 节以上　0.18

纵轴：0　10.00　20.00　30.00　40.00　50.00　60.00

**图 4-20　中小学教师期待的每周课时量**

　　就上课与备课之间的时间比例而言，8.43％的教师希望是 3∶1，16.56％的教师希望是 2∶1，16.68％的教师希望是 1∶1，34.03％的教师希望是 1∶2，24.31％的教师希望是 1∶3，如图 4-21 所示。由此可见，有七成多的教师希望备课时间等于甚至要多于上课时间。

比例（％）

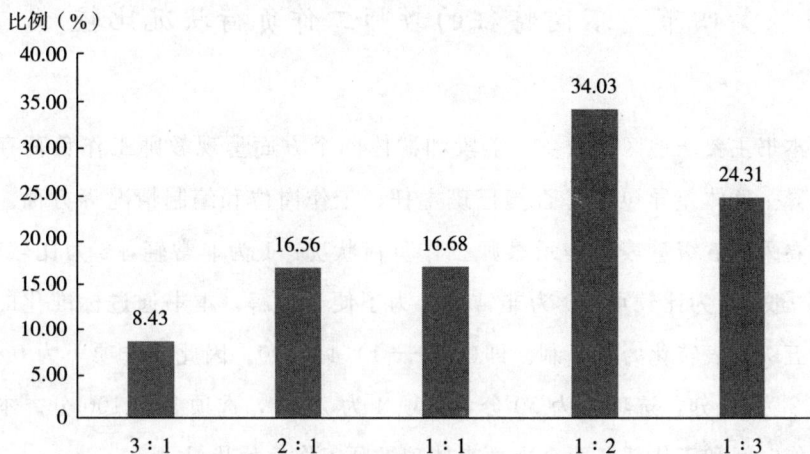

**图 4-21　上课与备课之间的时间比例**

　　就教学工作与非教学工作之间的时间比例而言，29.66％的教师选择 5∶1，14.28％的教师选择 4∶1，23.25％的教师选择 3∶1，17.02％的教师选择 2∶1，15.80％的教师选择 1∶1，如图 4-22 所示。由此可见，大多数教师希望以教学工作为主，希望有更多的时间来保证教育教学工作的质量。

比例（％）

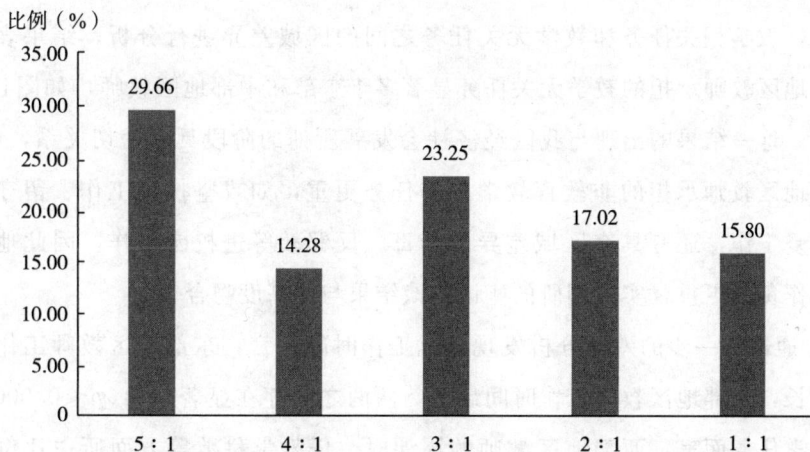

**图 4-22　教学工作与非教学工作之间的时间比例**

综合以上，大部分中小学教师对工作负荷的期待还是比较理性的，对于增减的内容的认识比较科学，也符合教师的身份。

## 第四节　不同特征的教师工作负荷状况比较

本书主要从地区、城乡、学段和群体四个方面呈现教师工作负荷存在的差异。群体差异包括是否担任班主任、工作岗位和编制情况等方面。调查问卷采用五级量表来表示教师工作负荷状况：1为非常轻，2为比较轻，3为一般，4为比较重，5为非常重。为了便于理解，本书通过标准化的方式将五级量表转化为百分制。即（得分－1）/4×100。因此，选项1为0分，选项2为25分，选项3为50分，选项4为75分，选项5为100分。本书从工作时间和工作任务两个方面来体现教师工作负荷状况。

### 一、区域差异方面，西部地区教师工作负荷最重

数据分析表明，中小学教师工作负荷存在显著的地区差异。西部地区教师工作负荷最重，显著高于东部地区教师，中部与西部地区教师之间没有显著差异，如图4-23所示。对教师工作负荷的二级指标工作时间、教学任务、教学相关任务和教学无关任务之间的区域差异进行分析，结果表明西部地区教师承担的教学无关任务显著多于东部和中部地区教师，如图4-24所示。这一结果的出现与我国经济社会发展所处的阶段具有密切关系，中、西部地区教师承担的非教育教学工作任务更重，如攻坚扶贫工作、留守儿童关爱工作，还有具有区域差异的禁毒、反邪教等进校园工作。因此他们的工作负荷更重，实地调研的座谈访谈结果与此高度吻合。

通过进一步的差异分析发现，就工作时间而言，东部地区教师工作时间最长，西部地区教师工作时间最短，两两之间存在显著差异（$p < 0.000$）。就教学任务而言，西部地区教师的周课时、任教学科数等方面所占比例最多，东部地区最少，这取决于师资配置情况。就教学相关任务而言，中部

比例（%）

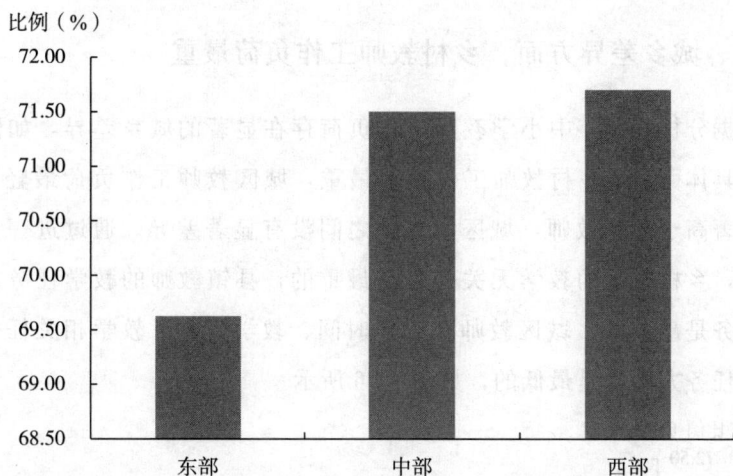

**图 4-23　东部、中部、西部地区中小学教师工作负荷状况**

地区教师所占比例最多，东部地区教师最少。就教学无关任务而言，西部
地区教师所占比例最多，东部地区教师最少。这一结果与实地座谈访谈结
果相一致，西部地区教师承担更多的社会性事务，诸如攻坚扶贫、留守儿
童关爱、企业招工等。

比例（%）

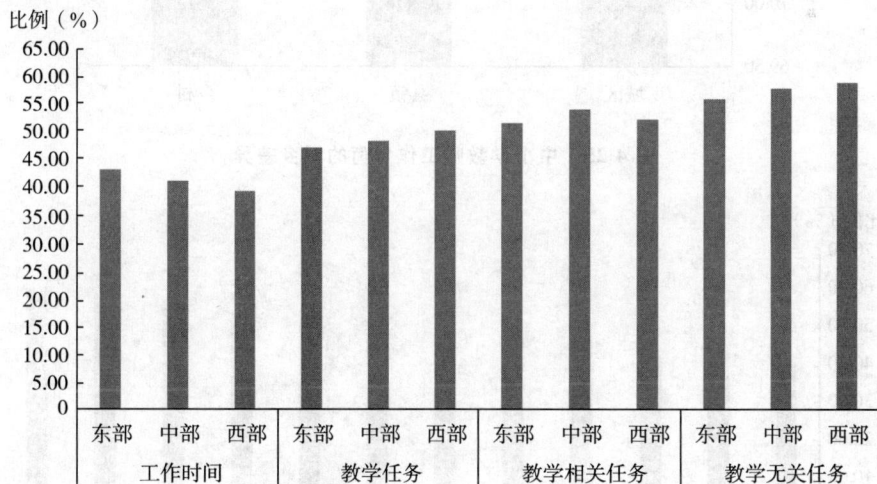

**图 4-24　中小学教师工作负荷的东、中、西部差异**

## 二、城乡差异方面，乡村教师工作负荷最重

数据分析表明，中小学教师工作负荷存在显著的城乡差异，如图 4-25 所示。具体而言，乡村教师工作负荷最重，城区教师工作负荷最轻，乡村教师显著高于县镇教师，城区和县镇之间没有显著差异。通过进一步的分析发现，乡村教师的教学无关任务是最重的，县镇教师的教学任务及教学相关任务是最重的，城区教师在工作时间、教学任务、教学相关任务和教学无关任务方面都是最低的，如图 4-26 所示。

比例（%）

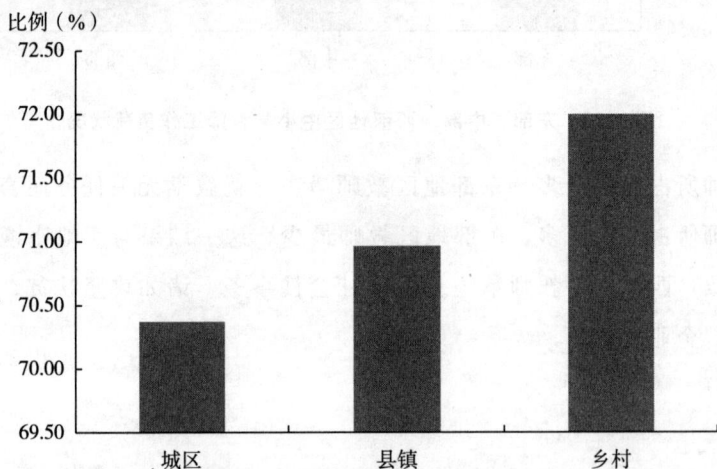

图 4-25　中小学教师工作负荷的城乡差异

比例（%）

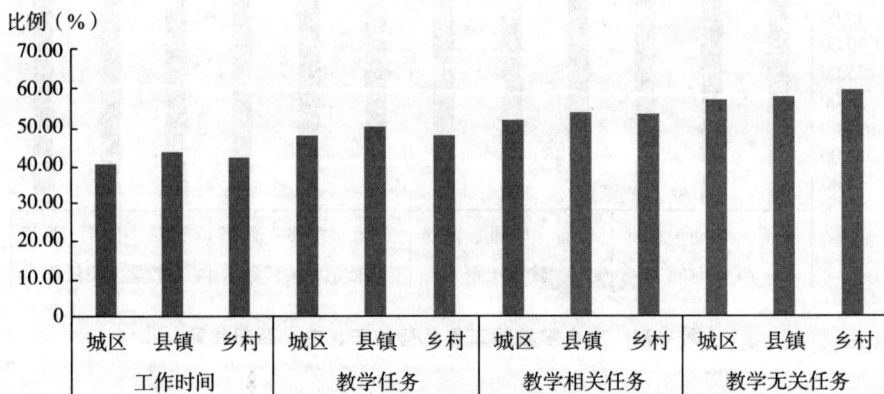

图 4-26　中小学教师工作时间及工作任务各变量的城乡差异

乡村教师工作负荷重主要体现在两个方面。一方面，乡村教师任教科目和每周课时量显著多于城区和县镇教师。主要原因在于，基于生师比的教师编制标准和配置模式对于乡村小规模学校非常不利，决定了乡村学校很难保证每个科目都有教师。因此，每位教师要承担多门科目的教学，每周课时量自然就会大。另一方面，乡村学校规模虽然小，但也需要接受各种检查，应对各种社会性事务，完成既定的各种工作任务。相比较而言，乡村学校规模相对较小，特别是村小、教学点的学生较少，教师自然也相对较少。而乡村教师所需要完成的各种事务与城区、镇区教师相比并不少，因此每位教师身上担负的工作任务就多。为此，乡村教师承担的教育教学之外的工作和迎接各种检查等的任务显著多于县镇和城区教师，因为县镇和城区教师总量大，平摊到每位教师身上的任务就相对减少。县镇教师工作负荷比城区教师工作负荷重，主要体现在教学任务和教学相关任务最重，这与县镇学校的大班额现象突出密切相关。

通过进一步的差异分析发现，工作时间、教学任务和教学相关任务三个方面，均呈现出县镇教师显著多于城区和乡村教师。在教学无关任务方面，乡村教师显著高于城区和县镇教师（$p < 0.000$）。这一结果的出现主要与城镇化进程的加快有关。随着城镇化进程的加快，大量乡村学生涌入城区和县镇地区，随之出现大班额现象，由此教师在备课、上课、批改作业、班级管理、家校沟通等方面的工作负荷加重。

## 三、学段差异方面，小学教师工作负荷最重

调查结果显示，小学教师工作负荷最重，如图 4-27 所示。通过进一步分析发现，小学教师的教学任务是最重的，如图 4-28 所示；小学教师的任教科目和每周课时量是最多的，平均任教科目在 2 门以上，每周课时量在 15 节以上。

与此同时，小学教师的职责比较广泛。小学生处于正规教育的初始阶段，每名小学生都如一张白板，他们的家长都对他们充满了期待。教师不仅要教授学生一定的知识和技能，而且要培养他们的良好习惯。由于小学

生的自理能力较弱，小学教师既要做学生知识的传授者、习惯的培养者，而且要对他们给予一定的生活照顾。因此，小学教师工作负荷最重。

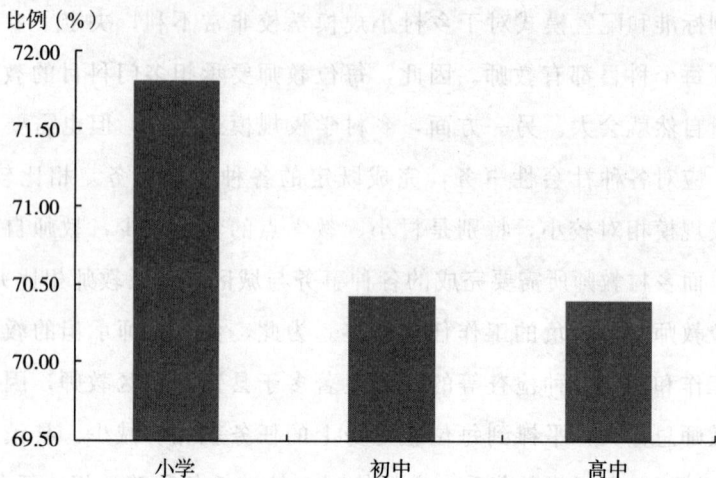

比例（%）

图 4-27　教师工作负荷的学段差异

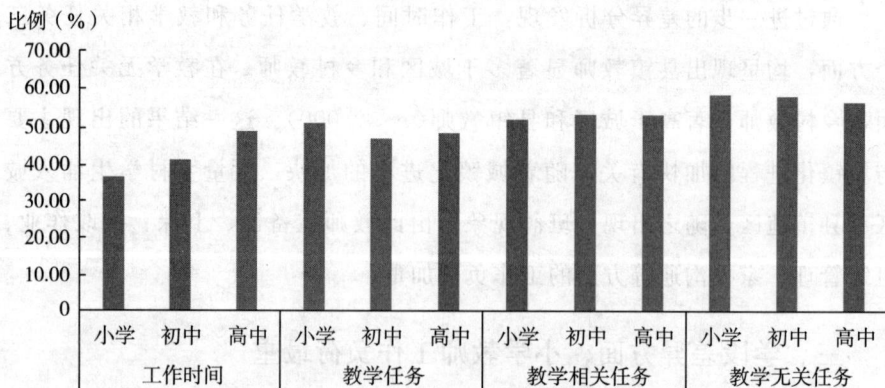

比例（%）

图 4-28　教师工作时间及工作任务各变量的学段差异

　　通过进一步的差异分析发现，就工作时间而言，小学教师的工作时间最少，高中教师的工作时间最长。众所周知，小学一般在 3 点左右放学，高中一般在 5 点左右放学，而且有很多高中都是寄宿制。所以小学教师的工作时间较少，高中教师的工作时间最长。就教学任务而言，小学教师最多，初中教师最少。小学教师一般承担多个学科、多个班级的教学，因此教学任务相对较多。就教学相关任务而言，小学教师最少，初中教师最多。初中生处于青春期，教师需要沟通解决的心理问题比较多，在班级管理、家校沟通等方面有更多的任务。就教学无关任务而言，小学教师最多，高中教师最少。整体而言，小学阶段的学业压力小，因此更多教育教学之外的任务安排在小学阶段开展，高中阶段基本全力以赴准备高考。

## 四、群体差异方面，班主任、中层干部、在编教师工作负荷更重

班主任工作负荷显著重于非班主任工作负荷，如图 4-29 所示。数据分析表明，班主任的工作负荷突出表现在教学相关任务更多，工作时间更长和教学无关任务更多，如图 4-30 所示。实地调研发现，班主任的工作时间更长和工作责任更重，因此其工作负荷显著高于普通任课教师。座谈访谈发现，大多数教师都不愿意当班主任，其原因是多方面的。一方面是班主任津贴太低，难以起到有效的激励作用；另一方面是班主任的工作量和压力太大。大多数校长都表示在安排新学期工作时最头痛，没人愿意当班主任，是靠个人的魅力和私人关系来安排班主任的工作。

通过进一步的差异分析发现，无论是工作时间、教学任务、教学相关任务还是教学无关任务，都是班主任教师明显多于非班主任教师。

比例（%）

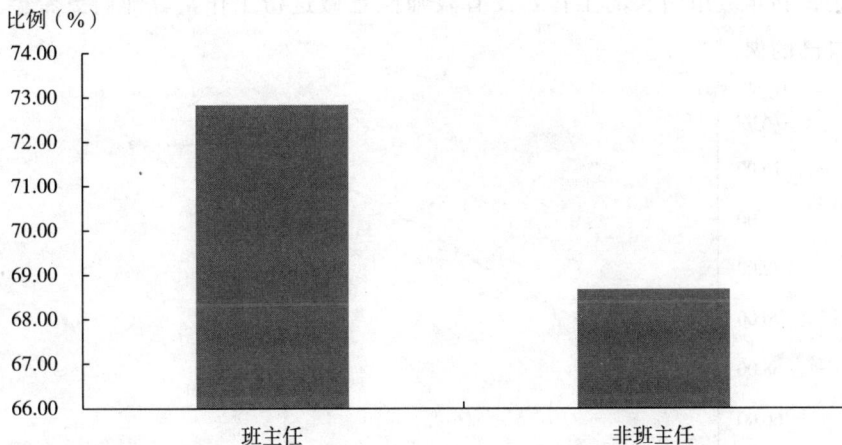

**图 4-29　班主任和非班主任工作负荷的差异**

比例（%）

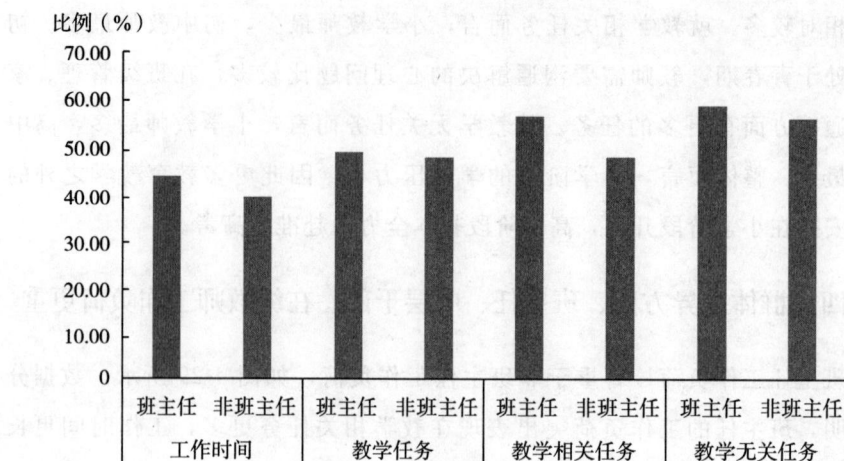

**图 4-30　班主任与非班主任工作时间及工作任务各变量的差异**

　　校级领导和中层干部工作负荷重于普通教师。调查显示，工作负荷存在显著的岗位差异。校级领导和中层干部工作负荷相当，显著重于普通教师，如图 4-31 所示。通过进一步的分析发现，中层干部的工作时间最长，教研组组长的教学任务最重，年级组组长的教学相关任务最重，校级领导的教学无关任务最重，如图 4-32 所示。与此同时，年级组组长和校级领导承担更大的心理压力。座谈访谈发现，大部分校长表示学校难以安排教研组组长和年级组组长的工作，没有教师愿意做这份工作，教师们更希望上好自己的课。

比例（%）

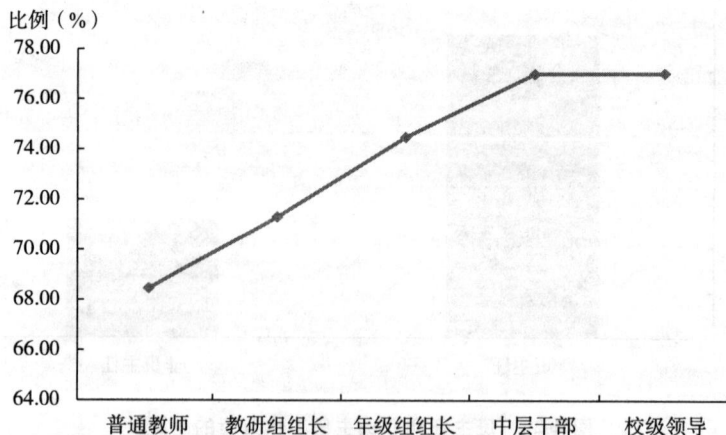

**图 4-31　不同岗位教师工作负荷的差异**

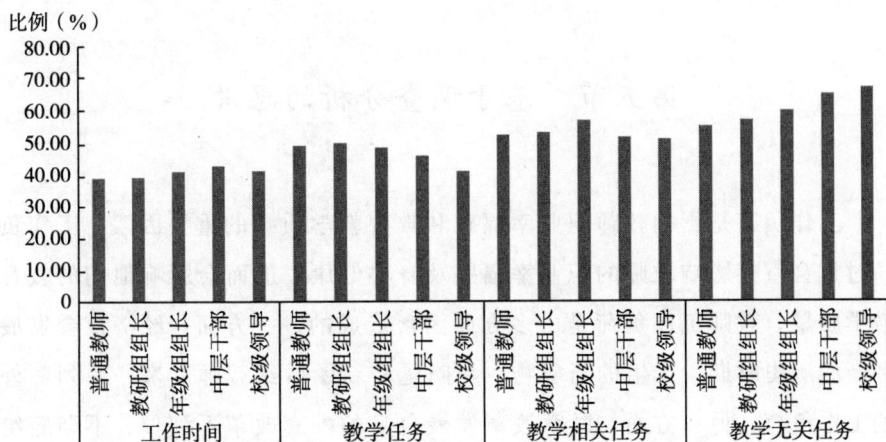

**图 4-32　不同岗位教师工作时间及工作任务各变量的差异**

通过进一步的差异分析发现，就工作时间而言，中层干部的工作时间最长，普通教师的工作时间最短。就教学任务而言，教研组组长的工作任务最重，校级领导的工作任务最轻。就教学相关任务而言，年级组组长的教学相关任务最重，校级领导的教学相关任务最轻。就教学无关任务而言，从普通教师到校级领导依次增加，普通教师的教学无关任务最轻，校级领导的教学无关任务最重。

数据分析表明，正式在编教师的工作负荷最重，临时代课教师的工作负荷最轻，如图 4-33 所示。这与实地调研结果相一致，因为正式在编教师承担更重要、更多的工作，相应地，其工作负荷最重。

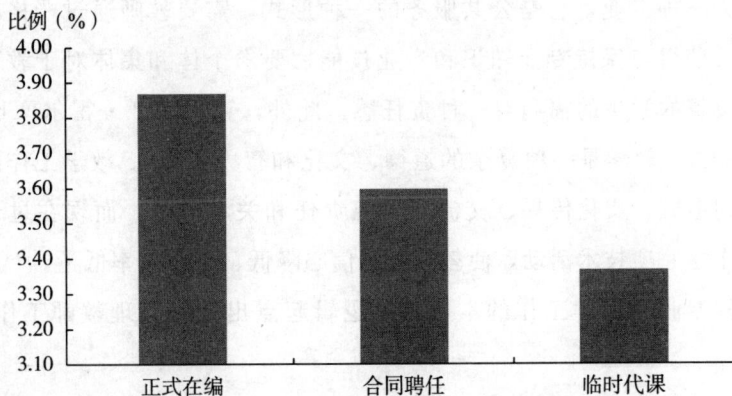

**图 4-33　不同编制状况教师工作负荷的差异**

## 第五节 基于调查分析的思考

工作负荷是影响教师职业幸福感和教育教学质量的重要因素。工作负荷过重会直接影响教师的职业幸福感及身心健康，进而会影响他们的教育教学质量。教师工作负荷是由多方面因素造成的。一方面，经济社会发展到新的历史时期，产生的新事物、新问题和新矛盾给教师带来一系列额外的工作负荷；另一方面，教育改革发展自身的配套改革不到位、不彻底给部分教师增加了工作负荷。同时，家长和社会对教育发展提出的新要求和高标准以及网络媒体时代的负面宣传都给教师带来一定的工作负荷与压力。因此，从提升教师的职业幸福感和教育教学质量的角度出发，中小学教师工作负荷亟须从以下几个方面进行有效调适。

### 一、回归教师职业角色

调查结果表明，大部分教师工作时间大大超出法定工作时间，教师承担大量与教学职责相去甚远的工作任务。减少教师工作时间和精简工作任务须回归教师工作任务的逻辑起点，即教师职业角色。1966 年，国际劳工组织和联合国教科文组织联合发布的《关于教师地位的建议》提出，教学应该被视为一种专业，它是公共服务的一种形式，需要教师通过严格的和持续的学习获得与保持专业知识和专业技能，要求个体和集体对于教育以及他们所负责的学生的福利有一种责任感。此外，克里斯汀·霍尔（Christine Hall）提出，"教学是一项复杂的道德、文化和智力工作"。教学工作的本质涉及认同形成、文化传播、交流、道德责任和关心孩子，而现在过于强调教学工作是一项技术活动，使教师的自信心降低、工作效率低下。[1] 从教学作为一种专业和教学工作的本质这一逻辑起点出发来梳理教师工作任务，

---

① Christine，H.，"Theorizing Changes in Teachers' Work," *Canadian Journal of Educational Administration and Policy*，2004(32)，pp. 1-14.

根据已有研究，我们提出教师工作任务的环状结构，如图 4-34 所示。第一层为教师的核心工作任务，即教书和育人，这两项任务相辅相成、互相促进；第二层是完成教书育人工作的前提和基础，如准备教学计划、备课、批改作业和组织考试等；第三层是支撑前两个层次工作的保障性工作，如参加自主学习和有关活动，与同事、专家等开展合作，学习、应用信息网络技术等；第四层是其他行政性和辅助性工作，如需要参加有关会议、保持对外联络和参与教育决策等。这四个层次的职能和任务所占比例应该逐步降低，后三层要以保证教书育人工作为基本准则和前提。

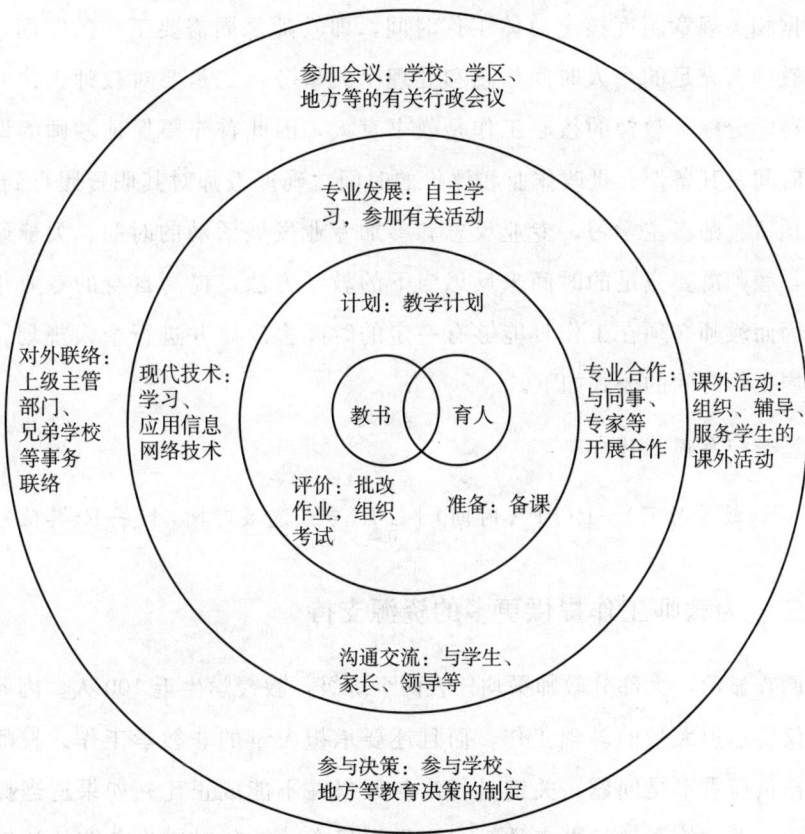

参加会议：学校、学区、地方等的有关行政会议

专业发展：自主学习，参加有关活动

计划：教学计划

对外联络：上级主管部门、兄弟学校等事务联络

现代技术：学习、应用信息网络技术

教书　育人

专业合作：与同事、专家等开展合作

课外活动：组织、辅导、服务学生的课外活动

评价：批改作业、组织考试

准备：备课

沟通交流：与学生、家长、领导等

参与决策：参与学校、地方等教育决策的制定

**图 4-34　教师工作任务的环状结构**

## 二、明确教师工作时间

工作时间总量及其具体分配是教师工作负荷最直接的体现。国外已有调查研究表明，大部分教师每周工作时间在 50 小时左右，均超出了法定工作时间的 25%。英国教师工会在对教师工作负荷进行调查的基础上提出教师工作时间公式：每周法定工作时间＝22 小时教学＋5 小时批改作业与备课＋5 小时其他工作。但是，这一结果未考虑教师专业发展和自主学习的时间分配。我们认为科学界定教师工作时间需要综合考虑以下三个方面。一是根据相关规章制度核定总体工作时间，即教师每周需要工作的时间，以保证教师有充足的个人时间休息和处理个人事务。二是要对教师工作时间进行科学分配。教师的核心工作是教书育人，因此首先要保证教师的课堂教学时间及其备课、批改作业和评价的时间，确保教师对其职责履行到位。三是预留教师自主学习、专业反思和参加专业发展活动的时间。大量研究证实，教师需要充足的时间来反思当下的教学方法，提高自身的专业化程度，因而教师必须在工作日能够有一定的时间去反思并进行个人规划。教师每周工作时间的公式如下。

$$\sum \text{教师每周工作时间}$$
$$= R(\text{教学时间}) + R(\text{PPA 时间}) + \frac{1}{5}R(\text{专业发展时间}) + \frac{1}{10}R(\text{其他})①$$

## 三、为教师工作提供更多的资源支持

调查显示，大部分教师平均任教两个班级，教授学生近 100 人。因此他们不仅要承担大量的教学工作，而且还要承担大量的非教学工作。教师认为工作负荷重不是问题，关键是付出与回报并不能成正比。如果适当提高教师的待遇，给予教师更多的学习和发展机会，教师对工作负荷的认知也

---

① R 为教学时间，为常数，一般为 20 小时，即每周至少要有 20 小时的用于制订教学计划、备课和批改作业的时间，还要有 4 小时的专业发展时间和 2 小时的其他工作时间。

会更加积极。国外学者提出的工作要求—资源模型理论认为，不管哪种职业，影响从业者的身心健康及工作状况的因素可归纳为工作要求和工作资源两类。工作要求是指工作中的有关要求，主要包括工作负荷和角色要求等；工作资源是指工作中物质、心理、社会或组织方面提供的资源、支持和激励，如组织支持、工作报酬、绩效反馈等，它们有助于工作者达成工作目标，激励个体学习和发展。① 教师工作负荷是组织或社会对教师工作的要求的具体体现。目前，社会各界对教师工作的要求过多；媒体密切关注师德状况，要求教师自觉践行师德规范和社会主义核心价值观；学界希冀教师成为教学研究者、课程开发者、心理疏导者等。这些要求和期待具有重要的积极意义，但是如何使其成为教师自觉追求的目标和行为，需要政府、社会和学校为教师工作提供更多的资源支持。一是提高教师工资待遇的保障水平，特别是要提高农村偏远地区教师的待遇，使教师能够获得与其工作付出相匹配的经济和社会地位，保障教师不为谋生而疲于应付，安心从教；二是建立教师专业发展的专业咨询和辅导制度，为其提供更多的专业引领和辅导，使不同发展阶段的教师能够积极应对教育教学工作的挑战，为教师从新手教师到专家型教师的发展提供专业咨询和业务辅导；三是真正创建尊师重教的良好氛围，媒体注重宣传正能量，不夸大、不大肆渲染教师队伍中的极个别不良案例。总之，不能让教师全靠觉悟去工作、去一味奉献，而是需要关心教师工作负荷的状况及教师对工作负荷的认知情况，帮助教师科学、理性地认识教师工作，为教师工作创造更好的内外环境。

## 四、减少对教师工作的控制

西方学者用劳动过程理论解释教师工作变化的理论框架。② 控制是劳动

① Demeroutie, E., Bakker, A., & Nachreiner, F., et al., "The Job Demands-Resources Model of Burnout," *Journal of Applied Psychology*, 2001(86), pp. 499-512.

② Alan, R., "Understanding Teachers Work: Is There Still a Place for Labor Process Theory?" *British Journal of Sociology of Education*, 2003(5), pp. 559-573.

过程理论的核心概念。① 有研究者归纳了教师承受的五种控制：一是市场控制。市场和消费者的需求被施加给学校，能够满足消费者需要的学校才能成功并获利。因此，基于成本—产出指标评价教师的工作，学校之间关系的核心要素是竞争，自然会对教师的工作产生一定的控制。二是技术控制。这主要体现在课程中。例如，教师仅仅是在名义上被公允有权验证教学材料和教科书，但实际上教师只是教学材料的使用者。三是科层制控制。科层化的权力嵌入社会结构和组织机构，使工作有不同的划分和界定，并配以不同的工资、监督、评价和晋升制度，教师工作也不例外。四是思想控制、霸权理念。例如，优秀教师具有的某些特征，会成为学校主流思想的一部分。这些特征在教师的职前培养和在职培训中不断被强化。五是处分控制。通过技术权力、科层监督、规范评价和测评，对教师进行相应的处分。

调查发现，教师认为以成绩为单一的评价体系会使教师工作负荷变重。这一评价体系既是满足市场和消费者需求的市场控制，也是技术、科层制控制。同时教师要承担大量的非教学行政任务，如应付各种检查、准备各种材料等，这些都是科层制控制的体现。教师工作作为一项专业工作，其变化过程必然要遵循一定的专业逻辑，因此必须减少对教师工作的控制，特别是要减少市场控制和科层制控制。教师工作负荷既是国家和地方政府对教育事业发展规划和目标的具体体现，也是学校为贯彻国家和地方政府有关教育发展政策、法律与规定的直接体现。同时，教师工作负荷承载了社会、家庭和学生对教育的期待。调查结果显示，教师希望政府能够通过减少教育改革项目、改变以成绩为单一指标的评价标准等措施来减少教师工作负荷。因而，国家和地方实施新政策前要进行科学论证和深入调研，综合考虑和预测各种具体情况，特别是教师的可接受度和可承受度；学校进行科学设岗和合理分工，有效控制教师教学工作负荷，保证其备课和批改作业的时间，调整专任教师的非教学工作负荷，规范对教师的评价和测评，

---

① Smyth, J, Dow, A., & Hattam, R., et al., *Teachers' Work in a Globalizing Economy*, London, Falmer Press, 2000, p. 21.

慎用处分权。社会和家庭应减少对教师的思想控制，对教师工作给予更多的理解和宽容，使教书育人真正发挥培养人、影响人和塑造人的神圣职能。图 4-35 为对教师的认识理念转型。

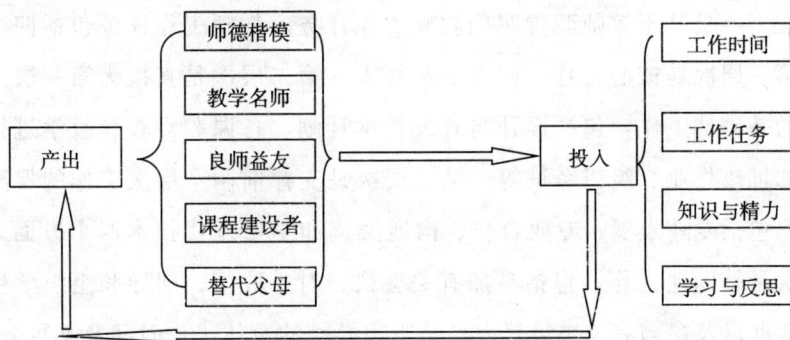

**图 4-35 对教师的认识理念转型**

## 五、建立健全教育外部事务进入校园的规范机制

教育外部事物繁多是增加教师工作负荷的直接原因。中小学教师对此的关注程度最高、反映最为强烈、抵触情绪突出。当前中小学教师实际工作时间是法定标准的 1.5 倍，大量工作时间被教育外部事务占据。与教育教学关系不大的检查、比赛、考评、报表常态化，严重干扰教师的常规工作秩序，增加教师额外的工作负荷。

建立健全教育外部事务进入校园的规范机制，联合确立规范非教育性工作任务部署校园的防范化解举措，统筹管理与教育教学关系不大的事务进校园，设立"专项工作进校园许可清单"制度，在根源上减少对学校教育的行政干扰和外部干涉。实行联合开展检查的工作机制，针对学校教育开展必要的相关教育工作，统筹开展联合部署、实施、巡检的机制，减轻教师不合理的工作投入。

## 六、制定出台教师工作负荷标准的指导意见

借鉴芬兰、英国、日本等国家对教师工作任务的界定和分类，本书从教学工作(上课)，教育教学相关工作(备课、批改作业、学生管理等)，自

身专业发展(教研、研修和参加培训等),参与学校管理(参与有关决策、参加会议等)和承担一定的行政工作(担任中层干部等)五个方面对教师工作负荷进行明确规定。教师作为一项专门职业,其工作负荷需要有明确的界限和标准。一是基于教师职责明确教师工作任务。教师工作任务包括四个层次。第一层次是核心工作,即教书和育人。第二层次是直接为第一层工作服务的基础性工作,包括设计与开发教学计划、备课和对教育教学进行评价,如批改作业、组织考试等。第三层次是支撑前两个层次工作的保障性工作,包括专业发展、专业合作、沟通交流和学习现代技术四个方面。第四层次是辅助性工作,包括参加有关会议、对外联络、辅导和组织学生的课外活动以及参与有关决策等。二是明确教师的总体工作时间及其再分配。教师工作时间的确定紧紧围绕教师职责的第一层教学工作。总结地方先进经验,由教育部研究制定全国中小学和幼儿园教师工作负荷的指导性文件。充分考虑寄宿制学校、一贯制学校、农村小规模学校、特殊学校等不同类型学校的特殊性,研究制定教师工作负荷标准和工作负荷核算办法。地方教育行政部门依据教育部的文件,因地制宜制定中小学教师工作负荷的实施办法,明确规定不同学段、不同学科、不同岗位教师的基准工作负荷和工作任务清单。

## 七、改进学校和教师评价方式与机制

进一步建立健全学校评价机制,促进管理主体与评价主体之间的匹配和协调,切实做到谁管理谁评价。比如,省级示范学校应由省级教育行政及相关部门进行评价,并相应减少市级、县级评价与检查的数量和门类。进一步改革和完善教师评价机制,建立教育行政部门、教研部门、教师培训部门之间的联合评价机制,根据评价重点和评价目标,实施一个部门为主和其他部门密切配合的良好工作机制,切忌多头、杂乱、无序评价行为发生。

各级教育行政部门要严格规范中小学教师的表格填写工作,根据需要统筹安排表格填写的类别、内容等,尽量精简填写的次数,坚决避免重复填写。要统筹安排必要的针对教育教学工作的书面调研、统计工作。其他部门一律不得私自针对教师开展调研、统计工作，确须开展的，须经教育行政部门同意并统筹安排。

教育行政部门和学校要加强信息数据系统的建设力度，建立健全各类教育信息数据库，进一步规范基本信息的管理和使用，努力做到一次输入、多次使用。充分利用现代信息技术和人工智能等先进手段，提升教师管理信息化的科学化水平，杜绝逼迫教师重复上报各种数据及多头填写各种表格的现象。

## 八、严格加强社会舆论监管

调查显示，媒体关于个别教师负面事件的报道、传播和迅速发酵升温给教师带来了极大挑战和无限压力。一方面，这些事件的发生产生了"一人生病，万人吃药"的不良局面。一旦有教师不良事件发生和报道，所有教师都需要开展相关方面的自查、反思和回头看，并要以材料和图片的形式来证明。这些无效工作浪费教师大量的时间和精力。另一方面，这些负面报道严重影响教师的社会形象，使教师的权威受到威胁，导致其不敢管学生，使教育教学工作举步维艰，使其忧心忡忡，生怕自己会成为媒体的下一个焦点。这些给教师造成了较为严重的心理负担。

各级党委政府要规范新闻媒体宣传，有关部门加强对各类媒体的管理力度，强化正面宣传报道和积极舆论引导，传播正能量，治理社会舆论的负面渲染，倡导形成信任教师、尊重教师的良好社会生态。加强负面事件报道监管，加强对当事教师的保护和安抚，将负面报道危害降至最低。纠正媒体报道取向，加强教师教书育人、兢兢业业、默默无闻、无私奉献的正面报道，既积极引导教师正面发展，也引导社会对教师的正确认识和客观评价，还教师积极、正面的社会形象。积极弘扬教育正能量，打造优秀教师典型，塑造教育经典范例。

## 九、建立健全教师服务体系

调查显示，教师压力的主要来源中位于前两位的分别是学生成绩和学生安全。教师对造成自身工作负荷的归因位于前两位的分别是"不好管、不敢管学生"和"家长和社会对教师期待过高"。通过座谈访谈发现，家长首先关注的是学生的安全问题。由于学生安全责任的划分缺乏明确的标准和清晰的边界，社会、家长对学校和教师的责任要求被无限夸大，一切学生安全事故的发生，都会引发社会、家长对学校和教师的问责，纠缠不清、界定不明的责任问题引发教师群体深层次的心理焦虑。

社会要求不断发展公平而有质量的教育；家长希望子女能够接受更好、更优质的教育。这种要求和期待本无可厚非，但是家长和社会将教师神化，同时对教育持有较强的功利主义思想，不允许教师有半点迟疑和任何差池，无形中增加了教师大量的家校沟通和个别学生辅导的工作负荷。

在教育综合改革深入推进的今天，教师的确需要承担更多的责任，完成更多的教育教学相关任务和承受更多的压力，因此我们需要为教师提供更多的服务和支持。一是加强舆论媒体的宣传监督，为教师工作提供积极向上的社会舆论氛围。对负面信息加以还原事实、还原真相，切忌以偏概全和扭曲事实，树立教师正面的社会形象，还教师的权威。二是加强法治建设，为教师权利的落实和权利救济畅通渠道。既要明确教师的权利和义务，也要为教师权利的落实提供保障和条件，特别是要赋予教师一定的惩戒权，使教师能够正常管理和教育学生，消除当前所有教师失声状态下的"不敢管"，通过法律的手段来解决教育纠纷。三是充分发挥县域层面教师专业发展指导机构的作用，建立健全教师专业发展的咨询和辅导机制，为其提供更多的专业引领和辅导，使不同发展阶段的教师能够积极应对教育教学工作的挑战。四是加强心理援助和救助，加强县域层面教师心理健康辅导和指导机构的作用，定期开展教师心理疏导、心理解压、心理释放等活动，促进教师心理健康发展。

# 第五章　中小学教师工作负荷的真实场景

提到中小学教师，不少人存在这样的印象：中小学教师每年有带薪的寒暑假期，是一个极为轻松的职业。而现实却恰恰相反。多项调查结果显示①②，当前大部分中小学教师的工作均处于超负荷的状态；更为严重的是，教师从教的意愿降低。为了进一步了解中小学教师工作负荷的现状，笔者走进中小学对多位中小学教师进行了访谈，期望更深入地描绘出他们真实的工作负荷状况，揭示工作超负荷背后深层次的原因。

基于此，本书采用了最为适合的研究方法——访谈法。所谓访谈法，是研究者通过与研究对象进行口头交谈的方式来收集对方有关心理特征和行为的数据资料的一种研究方法。③ 以研究者对访谈结构的控制程度为标准划分，访谈可以分为结构性访谈、半结构性访谈、非结构性访谈；以访谈对象的人数为标准划分，访谈可以分为个别访谈与集体访谈。笔者主要运用半结构性访谈对 10 位中小学教师进行了面对面的个别访谈，访谈对象的基本情况如表 5-1 所示；前往东部、中部和西部的各两个省市开展实地调查，对多位中小学校长、教师进行了集体访谈，集体访谈的基本情况如表5-2 所示；收集、整理访谈资料共 74207 字。

---

① 童星：《初中教师工作时间及其影响因素研究——基于中国教育追踪调查(CEPS)数据的分析》，载《教师教育研究》，2017(2)。

② 李镇西：《关于"减少教师非教学工作"的调查报告》，载《教育研究与评论》，2017(4)。

③ 董奇：《心理与教育研究方法》，182 页，北京，北京师范大学出版社，2004。

表5-1　访谈对象的基本情况

| 姓名 | 任教学段 | 任教学科 | 学校所在区域 | 是否担任班主任 | 是否兼其他职务 |
|------|---------|---------|-------------|--------------|---------------|
| 王老师 | 初中 | 英语 | 农村 | 是 | —— |
| 李老师 | 初中 | 英语 | 县城 | 是 | —— |
| 张老师 | 初中 | 英语 | 农村 | 是 | —— |
| 刘老师 | 初中 | 语文 | 农村 | 是 | 教导处副主任，分管文科 |
| 邓老师 | 初中 | 语文 | 农村 | 否 | 科研室主任 |
| 郑老师 | 高中 | 数学 | 城市 | 是 | 教研组组长、学年组组长 |
| 马老师 | 高中 | 日语 | 城市 | 否 | —— |
| 高老师 | 初中 | 数学 | 乡镇 | 否 | —— |
| 林老师 | 初中 | 数学 | 乡镇 | 是 | —— |
| 白老师 | 小学 | 数学 | 乡镇 | 否 | —— |

表5-2　集体访谈的基本情况

| 访谈省份 | 座谈人数 | 访谈时间 | 记录方式 | 访谈整理的文本字数 |
|---------|---------|---------|---------|------------------|
| 东部A省 | 70人 | 2014年7月20—22日 | 录音、文字记录 | 14305 |
| 西部A省 | 56人 | 2014年7月3—7日 | 录音、文字记录 | 18110 |
| 东部B省 | 76人 | 2014年7月25—26日 | 录音、文字记录 | 14562 |
| 中部A省 | 32人 | 2014年7月27—28日 | 录音、文字记录 | 15653 |
| 中部B省 | 46人 | 2015年7月20—21日 | 录音、文字记录 | 16792 |
| 西部B省 | 68人 | 2015年7月22—23日 | 录音、文字记录 | 15878 |

　　笔者通过反复阅读访谈转换文本，并进行编码，寻找关键词和典型案例，力图全面、真实地反映中小学教师工作负荷的图景。

## 第一节　中小学教师工作负荷的概况

　　前期的问卷调查研究表明，大部分中小学教师工作普遍超负荷。具体表现在工作时间长；工作构成与分配不合理，工作任务重且非教学工作过多；教师对实际工作负荷的认知持消极态度、对行政性工作任务的认同度较低、对合理工作负荷充满期待。但是当笔者真正走进中小学，进入一线教师的生活世界后才发现，大部分中小学教师的工作负荷与我们所想象的还有很多不同，"忙""累""像陀螺一样不停地转"是很多教师工作的常态。当我们对所收集到的访谈内容进行梳理后，我们对中小学教师的工作负荷有了全景式的认识。

由于教师工作的复杂性，我们对他们的工作是很难进行明确区分的。为了研究的便利，我们把教师工作负荷从逻辑上进行了划分。

## 一、教师工作负荷的总体概况

《中华人民共和国教师法》第三条明确规定："教师是履行教育教学职责的专业人员，承担教书育人、培养社会主义事业建设者和接班人、提高民族素质的使命。"毫无疑问，教书育人是中小学教师的职业特征和责任使命，其工作内容也应围绕此展开。但走入中小学，深入接触一线的中小学教师后，我们发现中小学教师的工作由两部分构成——教学工作与非教学工作；非教学工作负荷甚至远远超过教学工作负荷。

"每天早上 7 点半左右就要到校，午饭后要早早到校看护提前到校的学生，下午 6 点多下班后还要在学校备课、批改作业、与个别家长谈话、完成一些临时性任务。"[1]"工作时间从周日下午到周五，24 小时全天候在学校。"[2]……这是笔者在访谈中常常听到部分教师对目前工作的描述，用"早出晚归，披星戴月"来形容他们的工作时长也不为过。除了工作时长外，教师的工作从上课、备课、批改作业等常规教学工作，到学生管理、与家长沟通，再到课题研究、各种业务学习、各种评比……工作职责的范围极广，可谓"有看不见的深度，摸不到的广度"[3]。

---

[1] 中部 A 省中小学教师工作状况座谈记录。

[2] 西部 B 省中小学教师工作状况座谈中一位寄宿制学校教师的发言。

[3] 易宗喜：《对我国中小学教师劳动负担与效率的调查分析》，载《教育与经济》，1990(2)。

### (一)教学工作负荷

教师以教书育人为天职，教育教学是中小学教师工作中最为核心的内容，课堂教学是其职责最直接的体现。实际上，良好课堂教学效果的呈现，其背后还需要教师个人花大量的时间备课、批改作业、研究教学……为了清晰地全面展现当前中小学教师的教学工作图景，我们将从直接教学工作负荷与间接教学工作负荷两方面来描述：直接教学工作负荷包括课时量、任教科目门类、班额度、跨班跨年级教学等方面；间接教学工作负荷包括备课、批改作业、学生管理、与家长沟通、教师持续的专业发展等方面。

1. 直接教学工作负荷

(1)课时量与任教科目门类

课时量是衡量教师直接教学工作负荷最为显性的指标。从受访教师的周课时量来看，最少的周课时量为 10 节课，最多的周课时量为 25 节课，平均每周为 15 节课。按照每节课 45 分钟计算，教师每周的课堂教学时间为 13.5 小时。在受访的这 10 名教师中，有 6 名教师同时担任班主任工作，但他们的课时量并没有得到相应的减少。例如，初中语文刘老师担任班主任的同时，每天有 4 课时，一周有 20 课时；高中数学郑老师担任班主任的同时，每周有 18 课时。《中小学班主任工作规定》指出，"班主任工作负荷按当地教师标准课时工作负荷的一半计入教师基本工作负荷"。然而，在现实的教育教学场景中，有些中小学并没有因教师需要承担班主任工作而降低他们学科教学的工作量，更没有达到其他科任教师课时量的二分之一①，甚至出现更多的情况。我们也在座谈中发现有些地区的中小学规定了教师的标准课时量。例如，河北省的中小学规定班主任的课时量为 10 课时，普通教师在 12～16 课时，可见班主任的课时量并不比普通教师少太多。此外，班主任往往需要承担一些额外的课时量，如早晚自习，甚至承担其他科任教师的课。比如，有的教师提道："我经常需要承担其他科任教师的课，每周

---

① 李静美、邬志辉、王红：《新形势下中小学班主任工作状况的调查与反思》，载《现代教育管理》，2017(11)。

多上 5 节课以上。"

从教师的任教科目门类来看，中学教师的任教科目大多集中在自己的专业或主教的一门课上，课时量集中在每天 2~4 节，少数能达到每周 25 节课的工作量。对于部分小学教师来说，承担的往往不再是一门课程，尤其在广大的农村地区、中心校，由于师资的缺乏，往往一名教师身兼数门课程的教学。在西部 A 省和 B 省的乡村学校，教师编制不足的问题致使出现教师身兼多门学科课程的教学情况。"乡村小学教师承担的学科平均为 5 门，最多为 9 门。"[1]"有的老师跨年级教 8、9 门课程。"[2]有的教师说："我每周上 6 节语文课、2 节音乐课、3 节品德与社会课、1 节写字课、1 节班队课。"语文、数学双科兼教的教师在小学中很常见，有的教师说："我每周上 5 节数学课、8 节语文课，除此之外还需要进行综合实践课程、家乡地方课程、校本课等科目的教学。"可见，小学教师的任教科目在现实的教育场景中有一定的模糊化，呈现出任教科目类型多样化的特点。一名教师同一学期教授 9 门不同的学科课程，可以推测他所要承担的课时量有多大，几乎是一项极难完成的任务。同时这也不利于学生的学习与发展，保障教育教学质量更是无从谈起。可见，农村中小学教师的缺编问题依然存在，使教师必须承担更多的课时量才能保证整个学校教学的正常开展，致使教师不得不承担多门学科课程。也就是上文所提到的，中小学教师，特别是乡村教师的工作负荷呈现出多学科的特征。

（2）班额度与跨班跨年级教学

在受访的教师中，班额度在教学工作量上较少被提及。有的教师戏称："教一个是教，教几十个也是教，没什么区别。"但一旦班额度过大，教师的工作量就会随之增加。有的教师抱怨说："人太多了，有六七十名学生，上课都得用喇叭吼才可以。"教师对同一门课的同年级跨班教学也没有特别抵触，认为"这很正常"。所以在走访的学校中，教师对"每周两个班级各上 5 节课""上 4 个班级的初一语文""每周 7 个班各上 1 节英语课"都表示能接受，

---

① 西部 A 省中小学教师工作状况座谈记录。
② 西部 B 省中小学教师工作状况座谈记录。

但是对跨年级教学大多表示"尽量不要跨年级上"。

从访谈中发现,直接教学工作负荷对于大部分教师来说都是可以承受的。尤其是教龄较长的教师,他们对任教学科十分熟悉,已经积累了丰富的教学经验,可以较为轻松地站上讲台授课。

总之,直接教学工作负荷对于教师而言是最为核心的教学工作负荷。他们愿意站上讲台,对学生传授知识。有时候为了保障教学效果,教师也会主动增加课时。

### 2. 间接教学工作负荷

正所谓"台上一分钟,台下十年功",这是教师教学工作的真实写照。要取得良好的课堂效果,需要教师个人花费大量时间进行备课、作业批改、学生管理、与家长沟通、专业研究等一系列间接教学工作来支撑。但现实情况是,这些间接教学工作的展开并不顺利,甚至一些必需的教学准备环节在正常工作时间内无法保证完成,致使有的教师认为自己"能静下心来,认真备一节课、上一节课、跟学生谈心的时间都没有"[1]。

### (1)备课与批改作业

备课是课程教学前的预备环节,是由钻研教材、了解学生、设计教学计划、确定课时教学目标、编制教案、教学反思等多个环节组成的系统过程。[2] 往往一节45分钟的课,需要教师至少花费多于课堂两倍的时间进行备课。刘老师说:"我想至少要用两三节课的时间去准备这节课。即便你是老教师,因为你还要考虑到学生的不同,考虑到这节课的知识难点,再随着讲课的过程不断修改完善。"[3]为了更好地向学生传授知识,备课是教师课前必须进行的教学准备环节。即便是教学经验丰富的老教师,仍需要不断将新的知识补充到教学内容中。当然,备课时间会因教师个体的教学经历而有所差异。每名教师均认同备课对课堂教学效果的作用,但很多教师表

---

① 西部B省中小学教师工作状况座谈记录。

② 叶立军:《教师备课存在的问题及其化解策略》,载《天津师范大学学报(基础教育版)》,2013(1)。

③ 刘老师的访谈记录。

示常常只能挤时间备课，或者加班备课："老师只能在周末或回家备课。"①

批改作业也是教师教育教学中的基本工作。通过批改作业，教师可以了解学生的学习效果，及时调整教学策略。同时，它也是一项耗费时间与精力的工作，尤其是在任教班级规模较大的情况下。例如，刘老师担任两个班的语文教学工作，每班有 60 人，她表示："学校要求每一周对学生进行知识测验，这一周的知识测验就是 8 开的纸，4 页的量，正反面，回家写。学生交回来之后，老师要批。像我教着 120 人，我要批多长时间？还要写作文，我要求学生每天写小楷、写大楷，每天写一篇交上来。是不是要评？是不是要看？对于中学来说，一名语文老师要担任这么多工作，她肯定会很累。"刘老师在学校无法完成数量庞大的作业批改工作，常常需要将作业带回家继续批改。实际上，不管针对教师的个别访谈，还是所进行的集体座谈，大部分教师均表示平时批改作业量极大，也极耗时。为了完成这项必需的教学环节，教师们只能加班批改。"相当一部分班主任教师，因为经常需要处理班级事务，只有在回家后才能备课或者批改作业。"②需要注意的是，这本属于教师最基本的日常教学工作，却往往需要教师个人挤时间，或者加班完成。调查显示，在广大教师群体中，每天能有足够的时间和精力来准备基本教学任务的，仅仅只有十分之一；其他十分之九的教师需要另挤时间来完成。③

不管备课，还是批改作业，均是保证教师课堂教学效果的必备环节，也是教学工作中的基础环节。而教师用在这两个环节的时间是有差异的。在受访的教师中，对上一节课需要多少时间用于备课、批改作业、教研，并没有一个固定的比例，各地的要求不尽相同，差异非常大。比如，有的教师说："每周备课会用 11 小时左右，课后批改和辅导需要 2 至 3 小时。"有的教师则说："每天备课都需要用 3 小时左右。因为学校还规定了每周一集体备课，所以实际花费的时间更多。"有的教师说："每天批改作业用 1 小时

①　西部 B 省中小学教师工作状况座谈记录。

②　中部 A 省中小学教师工作状况座谈记录。

③　李新翠：《教师真的需要这样工作吗？》，载《中国教育报》，2014-09-16。

左右，写教案用 1 小时，辅导学生用 1 小时。"有的教师因为入职时间还不算太长，所以备课和批改作业所用的时间就比经验丰富的教师要更多，粗略地估计"每周批改作业用 30 小时，备课用 6 小时"……由此可见，教师为了顺利完成课堂教学需要花费的间接教学工作的时间和精力的差异非常大，我们不能简单地以课堂上的时间来计算教学工作量的大小。各级教育行政部门在制定规则时也很难将教师个人经验、任教科目门类、学生的基础等因素都考虑进去，更多的只是拿一把尺子去量所有人。

(2)学生管理

《中华人民共和国教师法》第七条规定，教师享有"指导学生的学习和发展，评定学生的品行和学业成绩"的权利，简称学生管理权；第八条规定，教师要"制止有害于学生的行为或者其他侵犯学生合法权益的行为，批评和抵制有害于学生健康成长的现象"，可以看作管理学生的义务。显然，学生管理是保障教师教育教学活动正常进行的基本手段，也是教师促进学生健康成长与发展的必要手段。

在中小学，由于学生是未成年人，因此教师肩负着对学生的教育、保护、监管之责。从课堂教学秩序的维护，到课间休息的安全问题，只要涉及在学校的一切活动，都需要教师对学生的行为进行教育与管理。这既是教师的权利，也是教师的义务。当我们走近一线教师，发现在实际的教育场所中，教师对学生的管理职责被无限放大，他们对这些权利与义务是十分惶恐的。其中班主任与寄宿制学校教师的反应最为强烈。本书从以下几个方面来展示。

①图景展示之一：学生的安全问题不能马虎

在学生管理职责中，学校的安全工作已经被提到了学校事务中的第一位。有的教师说："学生安全管理的压力远比教学的压力大得多。孩子只要是学校的，哪怕是假期出现事故了，也会追究学校的责任。学生安全责任的边界不清。"①从访谈结果来看，这绝不是一名教师的看法，大部分教师均

---

① 　西部 B 省中小学教师工作状况座谈记录。

表示自己的最大压力来自学生的安全问题。

为了保证学生的安全，学校将学生的安全监管之责落实到每一名教师身上。"教师需签一岗双责书，不仅负责教育教学，而且要负责分管区内学生的安全（下课铃声响起，教师要到分管区内照看学生，避免磕碰、打架受伤情况发生）。"①例如，西部 A 省的小学教师"下课就是喝口水，在楼道值班，在班级值班"。中部 A 省有的中小学实行"课间 10 分钟安全管理交接班制度"，刚下课的教师要与即将上课的教师进行学生安全交接。如果有的教师要连上两个教学班的课，那就常常连上厕所的时间都没有。教师确有对学生的安全进行管理之责，但需要注意的是不能把这一监管之责无限扩大，甚至延伸到寒暑假期间，这势必会增大教师个人的工作负荷及工作压力，对于班主任来说尤甚。"孩子放假在家里。有的孩子发生溺水事故，会问责班主任。家长到政府、教育局堵门，要说法。要每周进行安全教育、防溺水安全知识背诵，还要录像。老师假期要巡河。"②"寒暑假期间，班主任需要每天报备孩子的安全情况。"……这些使教师整个假期都处于紧张的沟通和焦虑中，也使有的教师发出这样的感慨："这一年没当班主任，睡觉都踏实了。"因此，学生的安全管理是悬在每一名教师头上的一把剑，使教师个个提心吊胆，如履薄冰。

②图景展示之二：班主任的工作职责被无限扩大

学生管理在班主任工作中显得尤为突出。我国中小学的班主任制度诞生于 1952 年。班主任是中小学日常思想道德教育和学生管理工作的主要实施者，是实现教育的根本任务——立德树人的重要力量。③

在访谈中，我们发现大部分班主任的工作时间较长，工作负荷较重。例如，在农村任教的刘老师，教授两个班级的语文，同时担任班主任，一周有 20 课时。刘老师说："当班主任，早自习要去，周五要看班。我们中午

①　西部 A 省中小学教师工作状况座谈记录。

②　西部 B 省中小学教师工作状况座谈记录。

③　李静美、邬志辉、王红：《新形势下中小学班主任工作状况的调查与反思》，载《现代教育管理》，2017(11)。

11点15分放学，然后到下午1点多上课，期间吃完饭回来就要看班。因为中午班级上有的学生要午休，班里至少一周还有一节班会课，所以工作负荷还是比较重的。"[1]"不仅在学校工作，而且夜间会有家长打电话，或进行微信沟通。老师还要考虑第二天的教育教学工作。"[2]信息技术的发展，为人们的通信提供了便利，使班主任的工作地点从学校延伸到家里，工作时间也被无限延长。可见，中小学班主任的工作时间是较长的。调查显示，大部分中小学班主任每天用在班主任工作（不包括教学工作）上的时间为4.08小时。如果按照《中华人民共和国劳动法》中劳动者每日工作时间不超过8小时的工时制度，那么他们每天将一半的时间用于班主任工作，甚至是更多的时间。[3]

班主任工作不仅耗时长，而且其职责范围也较广。其主要职责集中在五个方面：第一，对学生进行政治教育和思想道德教育；第二，组织和管理班集体，尤其是班级的日常管理；第三，与科任教师、家长和社区沟通，形成教育合力；第四，对学生进行操行评定；第五，关注学生的多方面发展。[4] 可以说，班主任工作涉及学生的方方面面。需要注意的是，班主任的工作职责被无限放大，不断衍生出其他职责。任教三个班的高中数学郑老师，一周有18课时，身兼教研组组长、学年组组长，还担任班主任工作。他直言："你说老师忙不忙，不忙能行吗？时不时就来个通知，把学生全部的身份证号发过去。班主任还备课、讲课。我那一天中午就在打电话（找学生要身份证号）。本来很多的行政负担挪到哪里？班主任身上……"有的学校甚至实行班主任坐班听课制，刘老师说："班主任坐班，就是老师在前面讲课，我们就在班级里待着，这就是坐班制。你的课你就去讲，要是别的老师的课，你就在下面坐着。要求你坐班，这样你可以管好你们班的纪律，

---

① 刘老师的访谈记录。

② 西部B省中小学教师工作状况座谈记录。

③ 李静美、邬志辉、王红：《新形势下中小学班主任工作状况的调查与反思》，载《现代教育管理》，2017(11)。

④ 付辉：《我国中小学班主任工作职责变迁研究》，硕士学位论文，江西师范大学，2012。

不至于在任何老师的课上发生突发事件。"①班主任还是学校对学生传达要求的中介，学校常对学生管理提出一些要求，因此经常组织班主任开会。林老师说："三天开了8次会。"②试想应付如此频繁的会议，作为班主任的教师还有多少时间用在自己的专业提升上？

超长的工作时间和极重的工作责任，使班主任工作压力大、负担重。由此出现一般教师"不愿、不想、不敢"做班主任的尴尬局面，严重地阻碍了学生、班主任的发展，不利于学校教育质量的提高。③

西部B省份多位校长纷纷表示"现在没有老师愿意当班主任。校长最怕新学年安排工作了，都是靠着个人情分和魅力来安排班主任工作的"。

③图景展示之三：寄宿学校什么都管

"早上6点督促学生起床、跑早操，上午检查学生内务，中午监督学生就餐、收饭菜、督促学生午睡，下午打扫卫生，晚间查学生宿舍，甚至'陪睡'。如果有学生出现打架事件，老师需要第一时间去处理；如果学生宿舍出现了诸如下水道堵塞的情况，老师也需要尽快赶往现场进行处理！"这是一位住校教师描述自己除了教学工作以外的日常工作。我们看到的似乎是一个有着楼管、保洁、维修工等多重身份的住校教师。对于寄宿制学校教师来说，真正实现了教育即"生活"，学校即"家庭"，学生即"孩子"，教师即"保姆"的教育状态。这名教师所描述的日常工作，有多少是"原本可以"和"应该"由相关的其他工作人员来完成的工作？

在寄宿制学校，教师的学生管理之责更为突出，对学生的教育与管理时间极长，几乎是24小时。"周日晚上7点到下周五下午都在学校。上班后从早上6点跟晨读、早操，7点进班，晚自习上到9点半。九年级要加1小时，要上到10点半。学期内12点前没休息过。"④"寄宿制学校教师夜间值

---

①　刘老师的访谈记录。

②　林老师的访谈记录。

③　付辉：《中小学班主任制度变革的新进展与前瞻》，载《教育学术月刊》，2016(11)。

④　西部B省中小学教师工作状况座谈记录。

班后白天仍要正常上班，工作负荷较重。有的教师只能周末与家人团聚。"① 很多寄宿制学校没有配备专门的生活教师，因此，这些教师"既是学生的生活老师，又是学生的教学老师，身兼两职"②。"不仅有正常的教育教学，而且还要对学生进行生活管理；全部由在编教师管理学生，并实施值班，加大了教师教学之外的负担。"③可以说，寄宿制学校教师的职责被再次扩大，他们要对学生的学习进行管理，同时要照顾学生的饮食起居，"寄宿制教师安全责任重大，要防止学生受伤和生病"④。寄宿制学校学生各自的情况不同，管理工作较为复杂。例如，对于有些留守儿童来说，"大部分父母把他们放在学校，周末回家他们自己管自己。周一到周五都是老师在管。他们生病后给家长打不通电话"⑤。有一所学校有寄宿生120人，"有60人是贫困学生，必须发放补助，有15名单亲家庭的学生，15名留守儿童"⑥。这种情况是较为复杂的，需要教师给予每一名学生更多的关注，这无疑大大增加了教师的工作负荷及工作难度。

（3）与家长沟通

学生的成长与发展离不开学校教育与家庭教育的共同努力，只依靠学校教育很难实现。因此，教师需要与家长就学生的发展情况保持良好的沟通，学校教育与家庭教育有效结合才能产生好的教育效果。与家长的及时沟通是中小学教师非常重要的工作内容，占据了他们大量的非工作时间。除了日常的作业布置、学生情况通报以及考试后的家长会等常规沟通工作外，还有大量的个别沟通工作充斥着教师的日常时间。随着信息技术的发展，教师与家长沟通的方式更是发生了根本性的变革，形成了以微信、QQ为主和家长会为辅的沟通方式，这突破了双方在时间与空间上沟通的限制，增加了沟通的便捷性与及时性，同时也使教师职业模糊了工作时间与休息

---

① 中部 B 省中小学教师工作状况座谈记录。
② 东部 B 省中小学教师工作状况座谈记录。
③ 东部 B 省中小学教师工作状况座谈记录。
④ 东部 B 省中小学教师工作状况座谈记录。
⑤ 西部 B 省中小学教师工作状况座谈记录。
⑥ 西部 B 省中小学教师工作状况座谈记录。

时间的界限，因为"不少教师下班回家后，还要在微信群、QQ群里回复学生和家长的信息"①。

遗憾的是，从访谈中发现，部分教师与家长之间的沟通并不顺畅，甚至有很多矛盾冲突的地方，使教师压力倍增。

①图景展示之一：要求刁钻的家长

部分家长过度关注学生，对教师提出极高的要求，甚至有些要求过于刁钻。"小学的孩子小，刚入学时允许家长入校了解学校。但是家长不仅关注环境，而且关注孩子坐在哪里，要求一周换一次座位。从座位到规范要求，再到对成绩的怨气，他们找原因告老师、找学校，通过微信平台抹黑学校。教育部门就责成学校调查、报告、上报。学校、老师胆战心惊。对于班额为50~60人的班级，家长的关注度高，但是老师不可能关注那么多的孩子，满足不了家长的期待。学校了解的事实与举报内容绝大多数不相符。"②"'80后'家长，对老师的要求高。收学生作业有困难，20%的孩子交不了作业。让家长督促孩子做作业，还要哄着家长，要顾及家长的面子。在微信群里提醒家长交作业，被家长认为是侮辱孩子、侮辱家长。兢兢业业的老师，经常被家长投诉，对老师的打击非常大。"③尤其是当教师的教育理念与家长的理念不一致时，当教师达不到家长的要求时，家长会采取投诉的方式，甚至采取极端的方式辱骂教师。"学校关注孩子的发展前景，家长关注孩子的成绩"，"家长希望孩子从小学就是学习上的'尖子生'。但是小学教育的目标是培养学习习惯、培养思维、德育、树人，这与家长的期望不同"，"家长特别重视孩子的教育。最近3~5年，老师和家长之间的矛盾日益突出。赏识教育和惩戒教育应该兼具，但是家长不认可惩戒教育，认为孩子迟到、不做作业时，老师不能批评。他们在微信群质问老师，扬言告老师。家长不是不管，而是没有原则地对老师提要求"。④"教师的压力

① 中部A省中小学教师工作状况座谈记录。
② 西部B省中小学教师工作状况座谈记录。
③ 西部B省中小学教师工作状况座谈记录。
④ 西部B省中小学教师工作状况座谈记录。

很大。中学有中考的压力，强调要成绩。孩子只要哪次测验不好，家长马上打电话，让老师想办法"①。

更为想不到的是，"家长不理解老师，不尊重老师。有的家长因为孩子受了点委屈，进教室后就谩骂。孩子在操场踢球时，一个高年级的孩子不小心碰着他了。他的爷爷到学校无理取闹。作为老师，我有什么权利保护我自己？我只能听他说。我还要点头哈腰跟他说对不起，说我没照顾好你的孩子。这些都是老师做的吗？国家层面没有保护教师的法律。我想努力地做好一名教师，但没有人保护教师，没有让教师获得尊重。如果有第二次选择的话，我也不会选择做老师。"②……如此种种，让教师难以与这样的家长进行沟通，只能忍受家长的无理要求及无端的怨气。这让教师发出这样的感慨："老师没有尊严，只有压力。大多数家长还是挺好的，但一个班有一两个不讲理的家长，学校和老师对他们都没有办法。"③

在与要求刁钻的家长沟通中，教师在管理学生时容易变得不知所措。"老师不敢批评学生，话说得稍微过一点，孩子回去告诉家长就是我们的错。但是老师不能不管学生，但管多了就是老师的责任。不管学生，家长又说老师不负责任。这个度不好把握。"④

教师与家长良好的沟通、相互的配合更有助于学生的成长与发展，但现实生活中存在部分家长不理解教师和不配合教师工作的问题，使教师的心理压力倍增，甚至产生不知如何管理学生和到底管不管学生的困惑。

②图景展示之二：推卸教育责任的家长

也有部分家长将教育孩子的责任全部推卸给教师。尤其是在与一些农村学校和外来务工人员占多数的学校的学生家长沟通时容易出现这样的情况。一是家长的认识不到位，不重视孩子的教育。"有的家长不会管孩子，将教育孩子的责任都推给老师。学生的学习不仅要依靠教师，而且也需要

---

① 西部 B 省中小学教师工作状况座谈记录。
② 东部 A 省中小学教师工作状况座谈记录。
③ 东部 A 省中小学教师工作状况座谈记录。
④ 东部 A 省中小学教师工作状况座谈记录。

家长的配合。家长的积极配合不仅有利于学生的健康成长，而且也有助于减轻教师的教学工作。相反，缺少了家长的有效配合，会加大教师的教学工作负荷。"①二是家长忙于生计，无暇照顾孩子。有的孩子回家需要照看弟弟妹妹，没有时间学习。"这里的孩子回家根本不写作业。有的孩子家里有弟弟妹妹要照顾，没有时间写作业。有的家长当面答应得很好，回家根本不管孩子。他们想管也没时间，自己经济压力大，根本没时间管。"②学生的学习不仅要依靠教师，而且更需要家长的配合。如果家长能监督学生完成作业或者帮助学生复习、预习知识，那么这更有助于学生对知识的掌握，减轻教师的工作负担。相反，缺少了家长的有效配合，会增加教师的教学工作负荷。

（4）教师持续的专业发展

教师的职责在于"传道、授业、解惑"，因此持续的专业发展对教师极为重要。听评课、参加培训、课题研究都是有助于教师专业发展的重要途径。听评课是指教师之间在进行课堂观察后对教学进行评价的活动，是我国基础教育中最高频的教研活动③，是教师专业生活与专业成长的重要组成部分，是教师专业学习的重要途径。④ 因此，中小学将听评课作为学校的一项常规制度进行规定并执行。比如，有的教师所在地区要求"健全听评课制度"，具体要求不满三年教龄的青年教师每学期听评课在 20 节以上，三年以上教龄的教师每学期听评课在 15 节以上，校长和负责教学的中层以上干部每学期听评课在 30 节以上。有的教师所在学校要求"每周至少听 1～2 节课"……但长期以来有些学校的听评课只被当作一种对教师的单项考核和教师要完成的任务，丧失了其本来的专业价值。⑤

从访谈结果来看，现有的部分培训、课题研究效果同样不尽如人意，

① 东部 A 省中小学教师工作状况座谈记录。
② 东部 A 省中小学教师工作状况座谈记录。
③ 傅龙、徐晓东：《听评课中新手教师与经验教师评价的实证研究》，载《中国电化教育》，2017(12)。
④ 崔允漷：《听评课：一种新的范式》，载《教育发展研究》，2007(9B)。
⑤ 崔允漷：《听评课：一种新的范式》，载《教育发展研究》，2007(9B)。

大部分教师对其态度是反感的。在中部 A 省份中小学教师座谈中，一名教师说："一个模式还没弄明白，换一个校长又实行一个新模式，常常是学习不完的培训和做不完的展示。"也有其他省份的教师表示："寒暑假组织教师接受网上培训，流于形式，意义不大。"①

随着时代的发展，整个社会对教育提出了更高的要求，呼吁中小学教师成为研究者，开展校本研究。而这一呼吁并没有达到提升教师专业发展的初衷，反而让教师感受到的是压力。所谓课题研究是形式的、多余的。在东部 A 省份中小学教师座谈中，有名教师谈道："学校要求教师参与课题研究，给教师造成很大的压力。自己同时参与 4 个课题，有的课题是自己喜欢做的，有的是领导安排的自己不喜欢的。自己并没有从课题研究中获得成长。"也有教师表示："课题研究的形式主义太严重，很多年可能提交的都是一样的资料。"②更多的教师表示自己根本没时间去做研究，这对教师的专业发展是极其不利的。

可见，中小学教师的教学工作负荷是较为繁重的，但这些都属于教师职业正常的工作范围内。作为担负教书育人的社会责任与使命的教师，有权利也有义务做好这些工作。值得注意的是，对教学效果有直接影响的基础教学环节——备课、批改作业只能依靠教师加班、挤时间来完成，而对教师专业发展影响较大的培训、研究却变成了形式，引起教师的反感，或者无法保证教师有时间静下心来研究。

### (二)非教学工作负荷

有的调查发现："中小学教师将大量个人时间奉献给工作，承担许多非教学工作任务。可量化的课堂教学时间占工作时长不足 1/4。"③从访谈结果来看，大部分教师的教学工作已经处于超负荷的状态，但他们同时还承担着大量的非教学工作。大部分受访的教师都表达出对非教学工作的不认同，

---

① 西部 B 省中小学教师工作状况座谈记录。
② 西部 B 省中小学教师工作状况座谈记录。
③ 李新翠：《教师真的需要这样工作吗?》，载《中国教育报》，2014-09-16。

甚至是厌恶的情绪。刘老师谈道："非教学工作负荷，是现在我们挺讨厌的。"①郑老师谈道："班主任是管理好学生就行，还有教学方面，这是我的强项。让人心烦的是什么呢？就是学校里面行政的工作。"②……教师的职责本在于教书育人，但非教学工作占用了他们大量的时间和精力，甚至直接挤占教学工作时间，给其造成了较大的工作负荷和压力。

应付各种检查和处理各种行政任务已经成为当今中小学教师很正常的工作。从每名教师的描述中，我们都能感受到他们对于应付各种行政任务、检查的疲惫和对这些额外工作的厌倦。据相关调查发现，当问及中小学教师"您是否认为上级教育部门的各种教育评估检查非常多"时，有高达91.13％的教师认为当前学校迎接上级教育部门的各种教育评估检查非常多，让他们难以应对，在很大程度上增加了自身的工作负荷。处理各种行政事务、应对各种检查，这才是教师认为工作负荷繁重的原因所在，也是他们消极应对的原因所在。③

1. 图景展示之一：校内名目繁多的检查工作

为应付检查，教师每学期要用大量的时间和精力写各种笔记和反思。刘老师谈道："行政部门或者校长会给你下发一些任务，你要学习这些、那些，就是完成很多任务。比如说我们党员要写3万字的党员笔记。今年有群众路线，就要写3万字的党员笔记，还有反思类的心得。我们教师的业务学习需要每学期写一本笔记。我们学校还规定了哪本书要学习，写多少篇的心得，写多少篇的体会。"④对各种学习笔记的检查，其出发点在于督促教师不断学习，促进教师更好地教学，帮助学生成长。但结果却恰恰相反，高老师谈道："教研时间很少，就是为了教师发展成长的时间很少。对于这种政治学习、业务学习和写笔记这个事非常多。"⑤高老师又谈道："检查不同

---

① 刘老师的访谈记录。

② 郑老师的访谈记录。

③ 席梅红：《关于中小学教师工作负荷的实证调查研究》，载《现代教育论丛》，2017(2)。

④ 刘老师的访谈记录。

⑤ 高老师的访谈记录。

的学习笔记或教案，有来查业务学习笔记的，有来查政治学习笔记的，有来查教案的。"①教案是每一名教师对课堂教学的设计，是完成课堂教学工作所必需的。教师认为检查教案是应该的，但是检查的初衷不再："教案本应在上课时用，但现在都是应付检查，看谁的教案做得漂亮。本来初衷很好的事情，却触动了教师的负面情绪。"②这些只会徒增教师的工作负荷，同时引发教师的反感情绪。这类笔记、教案检查的背后充斥着形式主义，对教师的专业发展没有太多益处，同时未从教师的实际工作情况出发，只下达任务，未考虑教师本身繁重的教学工作。郑老师直言不讳地表明讨厌学校的行政工作："我讨厌学校的行政工作。我们的业务笔记、政治笔记是挺多的。反正一天差不多一个半小时都是用来应付这些行政的事。我要管我的数学组的二十几个人，还要管我们年级的十几名班主任。"③

除了完成各种业务学习笔记、政治学习笔记外，中小学教师还要配合学校完成各类检查评比，如校园安全检查、文明档案检查、卫生档案检查、食品安全检查、消防检查、义务教育均衡验收、达标验收等。种类繁多，让教师应接不暇。教师感到整天都被各种检查评比充斥着，每个部门都想做出成绩，都在下达任务、开展活动，但却忽视了教师个人的意愿和工作负荷的问题。邓老师谈道："在行政上，上级部门太多，哪个部门都要显示它的权威。比如说政教部门负责德育这块的话，它会有点动静，开展活动，这些都得压到班主任身上。然后教学这边，也要开展一点活动。然后还有现在科研这边也要开展一点活动。大多数老师的任务其实就是要把孩子教好，不用说，大多数老师的自觉性非常强。我说句心里话，真的特别强，然后这边又折腾，那边还折腾。其实有的管理者根本就不太懂，结果是做了很多无效的适得其反的工作，看不到真正的点。"④有的教师说："来自教育行政部门的各种评估、检查、督导等较多，教师需要参与迎检工作，耗

---

① 高老师的访谈记录。
② 西部 B 省中小学教师工作状况座谈记录。
③ 郑老师的访谈记录。
④ 邓老师的访谈记录。

费较多的时间和精力。这些有时还会影响到正常的教育教学工作。我们对此十分不满意，认为这比教学工作忙、待遇低更不能让人接受。有时许多部门都检查学校，却不能做好统筹协调，增加了学校、教师的接待压力。为了明确责任，一些工作要求教师留痕迹、要有过程，无形中增加了教师的工作负荷。"①

迎接各种检查评比，所带来的是教师要忙于整理各种材料、档案。这些都要求教师天天埋首整理文字材料、图片资料和编制表格。有的教师说："学校一年要迎接 20 多次检查验收，都需要教师配合准备各种过程性材料。"②还有教师说："作为教务主任，自己一个人面对十几个上级部门，一个学期写的各种总结就有三四十份，每份有 2000 字。自己现在不会写论文，不会写反思，只会写总结。一年级的招生、预案、计划、总结，这些大大增加了教师的工作负荷。"③

**2. 图景展示之二：校外配合支援各种行政工作**

除了学校内部的行政任务外，教师还需要参与完成上级部门交办的多项临时性非教学任务，如精准扶贫、社区环境卫生督查等。有的教师说："因当地宣传部要开展文艺活动，让学校（小学）克服困难给予支持，只能停课让音乐教师前去帮忙。为了创建卫生城市，学校的教师放假也不能休息，每天要到指定居民小区值班，分包小区的卫生打扫和督查工作。"④还有教师说："教师的大部分精力用于各种活动，而不是教学，如街道办、社区的各种活动。教师要站到街上去执勤，一天两班。社会活动对正常教学干扰较多。"⑤这些任务完全与学校教育工作无关，但却成为教师的工作职责。可以说，这已经严重影响到学校的正常教育教学活动。

总之，各种行政任务、检查挤占了教师的教学工作时间，增加了教师的工作负荷，引发了教师的负面情绪。可以说，给教师"减负"已经刻不

---

① 中部 B 省中小学教师工作状况座谈记录。
② 中部 A 省中小学教师工作状况座谈记录。
③ 东部 A 省中小学教师工作状况座谈记录。
④ 中部 A 省中小学教师工作状况座谈记录。
⑤ 西部 B 省中小学教师工作状况座谈记录。

容缓。

## 二、工作负荷对自我影响的描述

超量的工作负荷给教师的身体、心理、工作及生活等各方面均带来影响。印象最为深刻的是在一场中小学教师座谈上，当问及"若可以重新选择职业，是否愿意继续从教"时，全场 16 名教师中只有 3 名教师表示愿意从教。显然，最为严重的影响是，教师的从教意愿降低，职业幸福感极低。

### (一)工作负荷对身体的影响

中小学教师在工作岗位上猝死的新闻屡见报端，而猝死的背后直指教师超负荷的工作现状，这也给我们敲响了警钟：大部分中小学教师的身体状况处于亚健康的状态。走进中小学，我们看到的是大部分依靠加班、熬夜来完成每天工作任务的教师。由于面对的学生是还处于不断发展与成长的群体，他们可能会在任何时间、任何地方遇上各种不同的问题，其工作具有不确定性及不稳定性。所以，教师职业，尤其是班主任，从育人的角度出发，常常需要利用休息时间处理班级或工作中的偶发事件，早已没有工作时间与休息时间的界限。[1]

早上 7 点半到校，晚上六七点回家，回家继续备课、批改作业，这是中小学教师的日常工作。若有早自习、晚自习，教师的工作时间会更长。若是寄宿制学校教师，更是 24 小时在学校工作。一名中学班主任说自己"每天 5 点半起床，中午进班陪学生练习，下午 6 点以后才有机会做自己的事……最大的理想是一觉睡到自然醒"[2]。如此超时长的工作，需要教师大量体力、脑力及情绪的消耗，带给教师的是各种"老毛病"，极度影响教师的身体健康。有些教师提道，"教师的工作时间长。中学教师，特别是重点中学教师，半夜一两点还在改卷子。个个都是颈椎病，跟年龄没关系，还有 40 多

---

[1]　史珺：《关于教师职业定位及工作强度的分析与探究》，载《轻工科技》，2018(10)。

[2]　西部 B 省中小学教师工作状况座谈记录。

岁猝死的教师"①,"我们学校很多教师带病工作。现在还有四名教师在医院,有冠心病和膝盖方面等问题"②,"30 多岁的教师有腰椎、颈椎的职业病。教师不能保证每年接受体检"③……

教师职业具有长期性和复杂性,尤其是中小学教师。他们的工作大多处于高负荷状态,他们的身体已经在发出各种预警。除了现代人常见的心脑血管疾病无法避免外,他们还更有可能患上各种职业病,其健康状况非常不乐观。经常"从早上 6 点忙到夜里十一二点才休息,第二天又早起忙里忙外"的一名教师说:"根本没有时间锻炼身体,总是批改作业,每天都要批改 140 多份作业。最明显的问题就是颈椎好像出问题了,眼睛也受不了了,体重也只增不减。"还有一名教师说:"之前做过声带小结手术,现在并不敢太拼了。前些日子查出心脏有问题,知道晚了也没办法,只能自己调节。"对于教师来说,肩颈腰椎疾病、咽炎、静脉扩张等都是比较常见的"职业病"。因为常见,所以并不以为意。生活不规律导致一些教师胃病频发、睡眠质量低,更是他们嘴里说的"家常便饭"。身体处于亚健康状态的一位教师说:"作为一名班主任,精神处于紧张状态,较易神经衰弱而失眠;活动太多,一排练就紧张睡不着;感冒也不敢请假,因为还担心班里没人上课。"

### (二)工作负荷对心理的影响

国外学者曾经将教师工作压力定义为教师在工作中产生的消极情感的反应症状。这些症状会对教师有不良影响,导致教师出现如焦虑、头痛、酗酒、疲劳、课堂上注意力不集中、同事间关系紧张等。约翰斯通(Johnstone)也指出,工作时间越长,教师的压力越大,教师的工作量是教师感到有压力的原因。长期的超负荷工作,对教师的心理也造成了极大的影响。"压力大"是受访教师提到的最多的词。"压力"的背后是教师长期高强度工作带来的情绪紧张、敏感、易怒等消极心理状态以及越来越深的职

---

① 西部 B 省中小学教师工作状况座谈记录。
② 西部 B 省中小学教师工作状况座谈记录。
③ 西部 B 省中小学教师工作状况座谈记录。

业倦怠和职业自卑感。有些教师提道，"工作负荷再繁重、经济收入再低都能忍受，但心理压力大却使教师完全失去了从教的幸福感，是教师最大的负担"①，"学校有多名教师拿着抑郁症证明（45～50 岁），都是很优秀的高级教师，曾经做出过很好的成绩。现在学生、家长、领导也不喜欢，他们就抑郁了"②，"学校当前有 173 名教职员工，目前有 3 人拿着抑郁症证明"③……

一方面，工作量带来的工作压力，导致教师经常处于高压状态，容易精神紧张，情绪受影响，产生职业倦怠。有的教师说："工作量太大，以致心里比较烦躁。有时候学生上课不认真听讲，就很心烦，脾气也比较大。"有的教师说："班主任的工作太过繁杂，心力不济；压力很大，很难放松；在家里时只要接到学校的电话，就会莫名紧张。"另一方面，对于很多教师来说，全天候高强度的工作和较低的工资收入带来一定的心理落差，幸福感较低。还有教师就说道："工作上没信心，经常想换工作。工作压力这么大，收入还低，既改变不了生活面貌，也带来巨大的心理落差，甚至在亲戚朋友面前感到地位卑微。""教初三毕业生的压力大，给自己的身心健康都造成了极大影响。"

从访谈资料来看，大部分教师除了超负荷的工作外，还承受着来自各方的压力：一是社会与家长对教师提出过高的要求。中国社会文化传统将教师塑造成"蜡烛"这样的无私奉献的形象，把教师职业无限神圣化，忽视了教师也是普通人。部分家长或者过分关注学生的成绩，或者不能真正理解教育，对教师的教学行为不断提出质疑；或者直接把学生推给教师管理，完全不配合教师的教育行为……有些教师提道，"家长对孩子和教师的期望过高，期望教师能将自己的孩子教育得很好，这给教师很大的心理压力"④，"学校、家长这边要成绩，主管部门还要进行课程改革，有时候会有冲突。

---

① 中部 B 省中小学教师工作状况座谈记录。
② 西部 B 省中小学教师工作状况座谈记录。
③ 西部 B 省中小学教师工作状况座谈记录。
④ 东部 B 省中小学教师工作状况座谈记录。

再者，现在的孩子相当不好管。孩子的家里有不少家长说管不了，管不了送学校去了。学校发现问题了，把家长找来说这孩子不学习，家长也不理解。这让教师的心理压力特别大。"①……这些都让教师变得无所适从。最让教师倍感焦虑的是家长的不理解。有的教师说："学生有问题后，教师不敢管，特别是班主任的工作难度大。城区家长过分关注孩子，干涉教师的工作。"②二是学生的安全问题让教师时时如履薄冰，提心吊胆。有的教师提道："教师最怕学生发生安全事故以及学生之间发生纠纷，因为一些家长会无理取闹。这一问题在学校领导和班主任教师身上表现得尤为明显。教师的工作稍有失误，就会被抓住不放，让教师在工作过程中如履薄冰，小心翼翼。一些正常的教育教学工作和活动中发生的意外事件会追究教师的责任，一些在校外、家庭发生的安全事故也会追究学校的责任，令学校、教师感到心寒。"③三是职业发展上的职称评审受阻。职称一定程度上反映教师的水平，是荣誉的象征，所以受到教师的关注。现行职称评聘机制下的教师职称评定工作对绝大多数教师产生了负向作用，对教师的身心健康造成了较大的损害。有些教师谈道，"有的学校13年内没评职称，许多临近退休的教师还是初级职称"④，"因为指标少，评高级无望，所以教师会有一些情绪和懈怠。曾有一名40多岁的男教师说，只要公示要评职称的通知，就睡不着觉，心理压力很大"⑤。同时职称与教师的工资是直接挂钩的，直接影响教师的薪酬水平。

如此种种使教师长期处于紧张状态，难以放松，逐渐变得缺乏热情、自闭，使生活变得单调、枯燥。⑥长此以往，教师逐渐对职业产生厌倦，失去兴趣，不再有激情、兴趣。李老师谈道："感觉一天上班没什么意思，没

---

① 白老师的访谈记录。
② 西部 B 省中小学教师工作状况座谈记录。
③ 中部 B 省中小学教师工作状况座谈记录。
④ 中部 B 省中小学教师工作状况座谈记录。
⑤ 西部 B 省中小学教师工作状况座谈记录。
⑥ 郭浩：《农村贫困地区初中教师压力之现状、成因及疏解》，载《教育探索》，2007(6)。

有积极性。现在包括我们毕业退岗的教师，感觉积极性也不那么高……工作 18 年，我感觉做什么都没有积极心态。"①甚至有教师直接表示有机会不会再选择做教师。可见，超负荷的工作和来自各方的压力，早已压得教师喘不过气来。

### （三）工作负荷对工作的影响

教师职业面对一个个鲜活的、成长的个体，有着与其他职业显著不同的特殊性。正因如此，这份职业的工作时间被无限延长，工作职责被无限放大，给身在其中的教师强加了无数的枷锁。

一是无限延长的工作时间。《中华人民共和国劳动法》第三十六条规定："国家实行劳动者每日工作时间不超过八小时、平均每周工作时间不超过四十四小时的工时制度。"我们一线中小学教师的工作极少能在 8 小时内完成，超时工作成为一件极为普通的事。有的教师说："小学教师早上 7 点半到校，下午 6 点下班。学生在哪里，教师就在哪里。"②这是普通小学教师在校工作的时间。中学教师还有早自习、晚自习，下班时间更晚，寄宿制学校教师更是 24 小时在学校工作。大部分中小学教师结束学校工作后，还要在家继续加班，或是备课，或是批改作业，或是答复学生或家长的问题。遗憾的是，教师超长的工作时间，并未给其带来应得的加班工资，而被社会与家长认为是一件理所应当的事。有的教师谈道："教师不仅在学校工作，而且夜间也会接到家长的电话和进行微信沟通。教师还要考虑第二天的教育教学工作。"③

二是无限扩大的工作职责。从之前的分析中我们已经看到，大部分教师本身承担着繁重的教学工作，同时还担负着大量的非教学任务；从课堂教学、备课、批改作业，到学生管理、家校沟通，延伸到迎接各种检查、完成各种行政任务……从校内延伸到校外，甚至扩展到应对城区卫生检查、文明城市创建，让教师成为多面手，无所不能。而学生的安全管理最让教

---

① 李老师的访谈记录。
② 西部 B 省中小学教师工作状况座谈记录。
③ 西部 B 省中小学教师工作状况座谈记录。

师如履薄冰。在一些新闻媒体的误导下，在家长推卸责任的情况下，教师对学生的安全职责的边界变得模糊。即便处于寒暑假，学生的安全问题也一直萦绕在教师的心头。有的教师谈道："教师假期要巡河，因为曾发生假期家长带孩子在路上发生车祸，媒体责难学校安全教育的事情。"①最为意外的是，无限扩大的工作职责，让教师将更多的时间与精力投入非教学任务，没有时间关注课堂，没有时间反思，这既不利于教师的专业发展，也不利于学生的成长与发展。

三是无限增大的工作难度。学生管理是教师职业的权利，也是一项义务。从访谈中，我们听到了一线中小学教师的困惑——到底该不该管学生。面对学生出现的偏差，教师是否可以直接批评？有的教师提道："社团活动中因某名学生不能参演项目，其家长不能正确审视自己的孩子，和教师争论。家长吵架时不顾颜面，践踏了教师的尊严，导致这名年轻教师工作热情的衰退。"②有的家长不信任教师。若教师的行为不符合家长的期望，就立即辱骂教师，投诉教师。这使教师在面对学生时，开始茫然起来，疑惑自己是否能行使自己管理学生的权利。这些都无疑增加了教师的工作难度。有的家长将学生的监管之责全部推卸给教师。得不到家长的配合，只依靠自身的力量促进学生的成长对于大部分教师来说是有一定的难度的。这也要求教师花费更多的时间与精力来关注学生。寄宿制学校教师，更是身兼数职，全面照顾学生的学习与生活。

工作负荷大也不可避免地对教师的工作造成了一些负面影响。对教师来说，主要是三方面的影响：一是对课堂教学的质量；二是对自身的专业成长；三是对学生的辅导。事实上，教师都很想把课上好，但是面对现实状况也非常无奈。有的教师说："连续上3节课已经筋疲力尽，更无法保证质量了。"同样，除了上课还担任班主任的一名教师说："任教科目太多，使自己根本没有时间研究教学方法，没有时间朝纵深发展，不利于专业成长。"还有教师也表示："工作量过大，使身心疲惫，厌教，无法专心研究教

---

① 西部 B 省中小学教师工作状况座谈记录。
② 西部 B 省中小学教师工作状况座谈记录。

材，也无法把饱满的精神用在学生身上。对学生辅导的时间少，影响了教学质量。"

### (四)工作负荷对生活的影响

我国传统的观念往往把教师塑造成蜡烛的形象，经常用"春蚕到死丝方尽，蜡炬成灰泪始干"来形容教师的奉献精神，往往忽视了教师也是普通人的基本属性，也有自己的生活，也需要生活保障。超负荷的工作使教师的生活受到极大的影响。

一是超负荷的工作使教师无暇顾及家庭。大部分中小学教师的工作时间远远超过每天 8 小时的标准。这也使教师将更多的精力与时间交付给学校与学生后，难有余力照顾家庭。一方面，高强度的工作，会影响教师回家后的身心状态。有的教师就说："当教师这么多年，天天在学校忙，回家了就只想休息，对自己孩子的关注和关心很少，对亲人有很大的愧疚感。"有的教师也说："在单位陪了学生一天，回到家里面对自己的老公和孩子的时候，不想再交流，不想和他们多说话，脾气比较粗暴。"另一方面，在学校做不完的工作还需要带回家做，会对教师的家庭生活产生影响。有些教师表示："总在家工作，减少了与家人相处、娱乐的时间"，"从孩子上小学开始做班主任到今年升高中，没时间管他的学习"，"生活中许多时间用于工作，家属对此很有意见"。有名教师的孩子对她说："妈妈，你为什么总在家里批卷子，在学校不能做吗?"可见，教师将工作时间向家庭生活时间的无限延展，在客观上造成了与家人相处时间的减少，并影响了家庭中各种关系的和谐。有些教师谈道，"面对班里 40 多个孩子，我只好把时间和精力都奉献给了他们，没有时间照顾自己的孩子。因为学校很多事情的干扰，我没法备课，只能在晚上夜深人静的时候备课。这是我人生最大的困惑"，"因为教师在学校需要处理的事情太多，根本没有时间备课，只好利用下班回家的时间备课。这样一来，就造成没有时间教育自己的子女。很多教师感到对子女亏欠得太多"[①]，"绝大多数教师把全部精力用在学校教学工作

---

① 　东部 A 省中小学教师工作状况座谈记录。

中，很少有精力顾及其他事情。已婚的教师没有时间照顾自己的家庭和孩子，使家庭矛盾日渐增多；单身教师没有时间和经济实力谈恋爱，导致出现较多的未婚大龄青年教师"①。作为年轻人代表的一名教师表达了他的痛苦："工作占了生活的百分之八十，没有属于自己的生活，没有时间培养自己的爱好。"

二是工作付出与收入不成正比，影响教师的生活需求与质量。国家、政府一直出台政策，呼吁提高中小学教师群体的工资收入水平。但现实中，很多中小学教师的工资并未得到提高，甚至十几年来增幅较小。与此同时，教师又承担着超负荷的工作，其工作付出与收入不成正比，极大地影响了教师工作的积极性。有的教师谈道："工作了 18 年，我对教师工作的认知出现变化。给孩子报培训班，我一个人的工资基本就用完了。工资收入不能保证生活质量。同时教师还扮演其他角色。教师的待遇普遍比较低。教师的待遇应不低于公务员，但实际没有落实，表现在部分地区的公务员有年终绩效考核。"②较低的工资收入迫使教师正视生活中的现实问题，造成教师队伍人才的流失。有些教师谈道，"尤其是男教师，因工资低，成家困难"③，"新大学生到岗后，按现在的工资标准，其与社会平均工资水平相比还是有差距的。本校有两名男教师，有编制工作三年，对学校的文化、工作等均认可，但准备辞职。一名男教师的辞职理由是爱人在天津，有私立学校接收，待遇好很多。另一名男教师因收入低，准备回家做生意了。学校担心有传导效应，会感染其他年轻教师。女孩子做教师，纯粹喜欢这个行业，还能坚守住。男孩子需要承担更多的家庭责任，收入不能覆盖生活所需"④。

从调研中发现，多数教师都提到了经济压力。教师的经济状况跟不上社会的发展。可以说，经济压力是教师最主要的生活负担。有的教师提道：

①　中部 A 省中小学教师工作状况座谈记录。
②　西部 B 省中小学教师工作状况座谈记录。
③　西部 B 省中小学教师工作状况座谈记录。
④　西部 B 省中小学教师工作状况座谈记录。

"青年教师如果没有家里的资助，仅凭自己的工资待遇要在市区购买一套住房基本上是奢望。"①参加中部省的一场访谈的中小学教师，其教龄为2～20年，每月基本工资为2100～3800元，加上每半年一发的绩效工资，月平均工资待遇为3000～5000元。一些青年教师，在接受家庭资助付了首付款，又贷款购买住房后，需要偿还的月供在3180～5000元。也就是说，部分购房的青年教师的基本工资不能满足月供需求，或者缴纳月供后会严重影响生活质量。一名小学教师说："每月还房贷后，工资卡里只剩下100余元。"②一名中学教师说："工作了20年，现在每月工资有3800多元。孩子小，自己工作忙，请不起保姆。孩子也上不起好点的幼儿园。"③

可见，超负荷的工作以及与付出不成正比的低报酬直接影响教师职业的发展。我们必须探究教师超负荷工作背后的深层次原因，思考如何为教师群体减负。

## 第二节　对造成中小学教师工作负荷重的归因

教师工作的超负荷，到底是什么原因造成的？结合访谈材料进行分析，我们认为主要在于以下几个方面。

### 一、学校教师在编不在岗，结构性矛盾突出，教师工作负荷重

通过访谈发现，大部分教师的课时量多、任教班级规模过大、跨学科教学背后是学校实际在岗教师的人数不足，即教师在编不在岗。刘老师说："工作负荷还是比较重的，因为像我们学校人员很少……全勤教师上课的有30多人，一个年级组就有10个人……实际在编的应该有50人，因为有后勤的，有管食堂的，有一些病休的教师，还有很多图书管理员。现在就可

---

① 中部A省中小学教师工作状况座谈记录。
② 中部A省中小学教师工作状况座谈记录。
③ 中部A省中小学教师工作状况座谈记录。

以看出，真正在岗的，就是全勤工作的不是那么多。"①高老师所在的乡镇中学，学生规模为 300 多人，在编教师为 60 多人，实际工作的教师只有 30 多人。这种教师在编不在岗的问题在农村学校尤为普遍，其背后有着这样的原因："有的地方比较偏，老师都不愿意去，就是去了的话，有点门路的就走了。在这样的地方，有的教师不想多上课也要多上。因为没人上，老师可能就要跨两科，他们的工作负荷重。"②

还有一种情况是，周边学校教师短缺，学校在编教师被抽调离开，造成学校教师数量紧张的情况。例如，西部 B 省某所学校的教师说："目前有 10 多名借调出去的教师。实际在岗教师有 64 人，不包括借调外出的 12 人。64 名教师不敢请假。学校特别缺美术教师。"③同时学校还存在年轻教师、小科教师严重不足等教师队伍的结构性矛盾。一些学校 3 年内集中退休 10 余名教师，却无法做到提前储备教师队伍，这样学校教育教学活动无法正常运转。

教师在编不在岗、结构性矛盾的背后，是我国中小学教师人事编制的不合理。当前我国中小学教师编制的确定主要依据生师比的指标。这个指标对于确定标准班额自然没有问题。但农村学校特别是村小和教学点由于学生人数所限，成班率很低。对于只有十几人甚至几人的小班来说，每班学生人数虽少，但课程和教学任务并未相应减少。按照当前的生师比标准，一个班甚至连一个教师编制都没有，这必将造成这些学校和教学点教师的实质性缺编，往往使教师总量达到甚至超过现有编制标准，却不能满足这些学校现实的、合理的教学需要。学校的音乐、体育、美术等学科的教师更是严重短缺，普遍面临结构性缺编问题。④ 因此，在农村学校，一名教师兼任多门学科的教学、课时量较大和区域内抽调教师等现象比较普遍。

同时根据地方的教师职称评审政策和规定，教师要评上职称必须达到

---

① 刘老师的访谈记录。

② 白老师的访谈记录。

③ 西部 B 省中小学教师工作状况座谈记录。

④ 金志峰、庞丽娟、杨小敏：《编制约束下的中小学教师队伍建设困境与政策改进策略》，载《中国教育学刊》，2017(7)。

一定的课时量和参加一定的教育教学活动展示或比赛。而作为音乐、美术、信息技术等学科教师很难达到这些条件。因此，他们大多都转而从事语文、数学、英语等主科教学，薄弱学科教师越来越紧缺。

## 二、教师陷入多重的角色冲突与角色模糊，致使工作责任无边界

角色是指社会对某一特定人员的期待和规范。个体被置于社会关系中的某个位置，理解与觉察社会对其的期望和规范，从而承担起相应的角色。教师角色是指处在教育系统中的教师所表现出来的由其特殊地位决定的符合社会期望的一种行为模式。[①] 当前中小学教师被赋予了太多的角色：在工作中，教师既是知识的传授者，又是家长的代理人；既是班级的管理者，又是学生的知心朋友等。[②] 在家庭中，教师既要扮演好家庭伴侣、孩子监护人的角色，又要肩负起孝顺父母的职责。在社会中，教师更是被大众赋予无私奉献的完人、圣人形象……随着学校功能的日益复杂化和多样化，教师所要扮演的角色越来越多重化，而这些角色行为有时是相互矛盾的。因此，教师在工作中常常面对角色冲突的情境，这使他们不可避免地感到心力交瘁。[③]

在教师扮演着多重角色和承担着来自社会、学校、家长、学生各方的压力时，我们整个社会、主流媒体及家长往往忽视教师身上的多重身份，只突出教师职业这一个角色，造成教师角色模糊的局面。诚然，希冀教师能够切实履行教书育人的职责，这本身无可厚非。由于教育关涉个人成长和社会发展，教师在学校中又直接负责具体的教育教学工作，故相关群体

---

① 宋萑、张文霄：《教师专业认同：从专业角色走向身份认同》，载《全球教育展望》，2012(3)。

② 尤雪花：《南安市中学教师职业倦怠归因及对策分析》，载《福建论坛(人文社会科学版)》，2011(S1)。

③ 尤雪花：《南安市中学教师职业倦怠归因及对策分析》，载《福建论坛(人文社会科学版)》，2011(S1)。

对教师抱有殷切期望是必然的。① 但是，当教育孩子成为教师一个人的事情，当人们把孩子交给教师，就意味着把孩子的发展与进步的责任完全交给了教师。从品德发展到能力培养，从学习到生活，即使学生在学校争吵、不慎摔了一跤，即便学生一怒之下从家出走，一切都是教师的责任。教师为此不但要承担道义上的压力，而且要承担经济上、法律上的责任②，最后导致的是教师角色模糊，教师工作之责被无限扩大。

我国传统文化所塑造出的教师无私奉献的形象，让一部分教师为了完成工作，不得不牺牲家庭来塑造神圣的教师形象。一些家长的高期待与不信任，多次干涉教师正常的教育教学工作，致使教师开始产生"该不该管学生"的疑惑和"不敢管学生"的心理。一些新闻媒体对教师的负面报道，更是让教师对职业认同产生了动摇，甚至不愿在外透露自己的职业身份。教师职业角色的模糊，使教师疲惫不堪，心理压力巨大，最终受伤害的是学生群体，影响我国教育事业的发展。

## 三、学校过重的安全压力，致使教师工作负荷加重

学校及教师最大的工作压力来自学生的安全管理。中小学生大部分是限制民事行为能力人，小部分是无民事行为能力人。因此，学校及教师在学校的教育教学活动期间对学生负有教育、保护、监管之责，这是学校及教师应尽到的义务。但现实情况是，有的教师说："孩子放假在家里。有孩子溺水事故，会问责班主任。家长到政府、教育局堵门，要说法。"③学校及教师要面对的是无限扩大的安全管理问责，在家长要说法及媒体不负责任的报道下，即便是寒暑假期发生在校外的事故，强制问责学校的安全管理，使学校把学生管理及安全问责一步步落实到班主任及任课教师身上，这就有了所谓暑假巡河制度。这使教师即便在寒暑假期间也如履薄冰、提心吊

---

①　李斌辉：《教师能否"为了学生的一切"——对教师责任扩大化的一种反思》，载《教育发展研究》，2010(12)。

②　石鸥：《从学校批评看学校不能承受之重——兼论教育的责任分担》，载《教育研究》，2002(1)。

③　西部 B 省中小学教师工作状况座谈记录。

胆，更使学校及教师为了防止学生出现一些安全意外，取消一切校外活动，增加了教师工作负荷和工作压力，也直接影响了教师的教育教学行为。①

学校及教师过重的安全压力背后有着这样几个原因：一是我国尚未有一部法律对学校的安全责任范围进行明确的界定。在我国现有的校园伤害事故立法中，唯一在全国范围内发挥法律效力的是教育部制定的《学生伤害事故处理办法》，但该办法在法律形式上属于部门行政规章，其效力层次较低。人民法院在审理此类案件时仅是可以参照适用。② 二是整个社会的教育法制意识薄弱。《学生伤害事故处理办法》的第十二条、第十三条③明确列举了学校可以免责的情况，但不论家长还是部分教师对此都不甚了解，表现出整个社会的教育法制意识薄弱。即便有《学生伤害事故处理办法》的规定，但是也未得到执行。一些家长非理性地对学校及教师提出超出安全职责的过分要求，更有媒体为了吸引大众眼球，不负责任地将学生伤害事故的所有责任强推给学校及教师。

## 四、学校及教师评估机制不合理，致使教师承担过多的非教学任务

当前大部分中小学教师除了要教书育人外，还承担着大量的非教学任务，这直接挤占教育教学活动的时间。教师需要应对名目繁多的各类检查、

---

① 冉亚辉：《学校过重安全压力的负面影响及对策》，载《教学与管理》，2007(12)。
② 郝淑华：《对我国校园伤害事故立法的几点思考》，载《辽宁教育行政学院学报》，2006(11)。
③ 《学生伤害事故处理办法》第十二条规定："因下列情形之一造成的学生伤害事故，学校已履行了相应职责，行为并无不当的，无法律责任：(一)地震、雷击、台风、洪水等不可抗的自然因素造成的；(二)来自学校外部的突发性、偶发性侵害造成的；(三)学生有特异体质、特定疾病或者异常心理状态，学校不知道或者难于知道的；(四)学生自杀、自伤的；(五)在对抗性或者具有风险性的体育竞赛活动中发生意外伤害的；(六)其他意外因素造成的。"第十三条规定："下列情形下发生的造成学生人身损害后果的事故，学校行为并无不当的，不承担事故责任；事故责任应当按有关法律法规或其他有关规定认定：(一)在学生自行上学、放学、返校、离校途中发生的；(二)在学生自行外出或者擅自离校期间发生的；(三)在放学后、节假日或者假期等学校工作时间以外，学生自行滞留学校或者自行到校发生的；其他在学校管理职责范围外发生的。"

评比、"迎检""创建"等。从教学检查、质量评估、安全校园，到文明创建、卫生城市，再到扶贫、花园单位、交通治理……名目繁多，层出不穷。上边千条线，下边一根针，标准越来越高，要求越来越细。要有计划、有措施、有台账、有表格、有照片、有体会、有反思、有评比。[①] 为了迎接这些所谓检查评估，学校和教师不得不埋首制表、整理各种材料，耗费大量的人力和物力资源。最终导致的结果是教师疲于应付这些非教学任务，无暇顾及教学工作，直接影响教学效果。

面对如此沉重的非教学任务，不管学校还是教师都不得不耗费时间与精力去处理，这一现象背后的原因值得反思。最直接相关的就是考核评估机制，这是学校的软肋。地方行政管理部门众多，学校成了大家都可以过问的单位。除了教育行政部门外，其他部门也将学校纳入各自业务管辖的范围，要求学校开展各种活动、进行检查评比、报送相关材料。学校无权拒绝，因为年终督导考评时，这全部都要纳入考评范围，均与学校的绩效挂钩。一旦考评不合格，后续还将有诸多惩罚措施。这使学校不得不硬着头皮先应付各种检查，而使首要的教育教学任务退居其次。这是典型的考评机制倒逼学校行事。[②] 学校又将这些任务分配给教师，成为考评教师的内容之一，使教师成为应对检查的操作者。这无疑加大教师的工作负荷，使教师苦不堪言。

## 第三节　减轻中小学教师工作负荷的期待和建议

针对当前造成中小学教师工作超负荷的原因，我们认为可以从以下几方面着手改变现状，使中小学教师的工作能够减负，使教师的职业幸福感得到提升。

---

① 引自安阳、郭山的《教师（学校）的职业边界在哪里?》。
② 李新翠:《教师真的需要这样工作吗?》，载《中国教育报》，2014-09-16。

## 一、改革师资配置机制，缓解师资结构性矛盾的问题

我国目前所采用的教师编制标准只以生师比为唯一的指标。显然，它忽视了中小学真实的现实需求，以及教师需要不断更新知识、观念，教师需要离岗参加各种脱产培训和学习的可能。教师的培训与交流需要短期离岗，造成培训式缺编。同时，女性的人数比例和产假比例相对高于其他多数行业，形成产假式缺编。① 而这些都急需灵活的师资配置机制，单靠生师比来规划中小学师资配置，已经无法适应中小学发展的需要。

改革现有的师资配置机制，缓解中小学师资结构性矛盾已经迫在眉睫。我们可以在以生师比为主的基础上引入班师比来缓解小规模学校师资总量的短缺问题，引入科师比来缓解农村学校小学科师资的短缺问题。事实上，政府部门在核算教师编制时，需要在考虑学生数量的基础上，兼顾学校的类型特点、班级数量和学科课程类别等因素，考虑到教师实际的教学工作负荷，以此保障学校的师资需求。② 我们建议各地可结合当地的实际情况，实施教师机动编制政策，及时补充农村中小学急需的学科教师。

## 二、建立教师责任标准体系，改变教师角色冲突与角色模糊的局面

在面对教师职业所扮演的多重角色时，我们必须清楚一个人的精力和时间是有限的。当无限突出教师在学生教育中所扮演的角色，并对该角色提出高期待和高要求，忽视教师的其他角色时，只会造成教师角色冲突与角色模糊，最终受伤害的是学生及教师，更对我国教育事业的发展无益。因此，厘清中小学教师的责任范围，建立科学可行的中小学教师责任标准体系是极为必要的。

---

① 金志峰、庞丽娟、杨小敏：《编制约束下的中小学教师队伍建设困境与政策改进策略》，载《中国教育学刊》，2017(7)。
② 左崇良、游其胜：《教师编制政策的制度变迁和路径依赖》，载《教育学术月刊》，2017(1)。

建立教师责任标准体系，可以从以下几方面着手：一是承认教师作为普通人的属性，这是建立教师责任标准体系的前提条件。我国社会文化传统总是把教师神圣化，有着把其当"神"看的倾向，未将教师作为"人"来认识。即便把教师当"人"来对待，教师也必须是如孔子一样的"圣人"与"完人"，是工作不知疲倦的"超人"。① 而媒体对教师牺牲自我、照亮别人的感人事迹的渲染等，使教师形象表现为甘于清贫，痴迷工作，对亲人不近人情。因此，社会对教师职业期待的形象就是强调教师的服务意识和牺牲精神，而唯独没有教师自身需要的满足。② 教师除了是担负教书育人职责的专业人员外，还是普通人，有着生存的需要，需要满足维持其生活的需要；同时有着家庭、父母，不能一味地牺牲照顾家庭的时间。二是明确教师各个角色的边界，尤其厘清教师教育教学角色责任的内容。角色是责任产生的基础，责任是根据每个社会成员所扮演的社会角色而定的。西方很多国家的教师专业标准就明确了教师应承担的责任。比如，法国小学教师专业标准对教师的教育责任和职业道德有清晰表达；法国中学教师专业标准从教师的实践出发，规定了教师在课堂上的责任、在学校里的责任。有关责任既具体又可执行。③ 我们需要尽快厘清作为教育教学的专业人员的职责内容有哪些，这样才能避免无限扩大教师的工作职责。三是建立一整套科学有效的中小学教师责任标准体系。围绕所确立的教师职责内容，组织专家学者、一线中小学教师等相关利益主体共同制定中小学教师责任标准体系，建立规范化的教师工作责任体系。

## 三、尽快完善学校安全的相关法律，提高社会整体的健康安全意识

重视学生的安全管理是学校及教师应尽的义务。学校承担了过多的过

---

① 明庆华、程斯辉：《论作为"人"的教师》，载《课程·教材·教法》，2004(11)。
② 陈建新：《中小学教师角色定位偏差与职业倦怠》，载《教学与管理》，2012(3)。
③ 李斌辉：《教师能否"为了学生的一切"——对教师责任扩大化的一种反思》，载《教育发展研究》，2010(12)。

于宽泛的安全责任，甚至已成为教师心理压力的来源，必然会直接影响学校教育工作的开展。当前学校教育面临过重的安全压力，存在规避责任而忽视教育自身规律的倾向，使学生的安全成了学校行为选择的首要因素，这是非理性的和极其危险的。教育必须遵从自身的规律，要有自身的空间，过于关注安全导致教育的无所作为正遗憾地成为当前社会的现实。①

对此，改变当前学校及教师所面对的过重的安全管理压力已迫在眉睫。首先，尽快完善学校安全的相关法律。从法律层面来明确学校的安全职责范围、安全管理问责原则、安全管理处理程序等，以法律的强制力来保障学校的安全管理步入正轨，使学校及教师在安全管理工作中有法可依。同时学生的安全管理绝不是学校及教师的责任。学校、社会、政府应共同努力，提高社会整体的安全意识，提高学生规避风险的能力，降低安全事故的发生概率，提高社会对安全事故的共识，在社会行为的选择中减少埋怨和敌视，而不是一味地将安全责任推给学校。这样学校才能集中力量关注自身的业务领域。②

## 四、改革学校的考核评估机制，为教师减负

在访谈中，我们已经看到大部分教师对非教学工作任务的无奈，更看到教师将大量时间与精力耗费在与教育无关的各种检查中，没有时间关注自身的专业发展。2018年的两会上，教育部部长陈宝生呼吁给教师减负："我也呼吁一下，我们给学生要减轻负担，要给老师也减轻负担，现在老师负担是很重的，各种填表、各种考评、各种比赛、各种评估，压得有些老师喘不过气来。在这里我要呼吁，要把时间还给老师，学校要拒绝各种'表叔''表哥'……让老师有足够的时间和精力研究教学、备课充电、提高素质、提高质量。"

要改变教师忙于应对各种检查的局面，为教师减负，必须改革学校的考核评估机制。一是各级行政机关要减少对学校的干预，给予学校开展教

---

① 冉亚辉：《学校过重安全压力的负面影响及对策》，载《教学与管理》，2007(12)。
② 冉亚辉：《学校过重安全压力的负面影响及对策》，载《教学与管理》，2007(12)。

育的自主权。这不仅是为学校减负，而且是为教师减负。检查少了，校长、教师都能专心于教育教学工作，不再为琐事所困。① 二是教育行政部门减少对学校的行政干预，减少多余的不必要的检查评估，以指导为主，减少指令性干预，充分下放权力。同时教育行政部门应充分利用导向功能，减轻教师工作负荷，为教师的心理减负，减轻教师的精神压力。② 三是建立学校考核评估标准，明确对学校进行考核评估的内容与范围，杜绝出现与教育教学无关的检查评估。这样以保证教师的教学工作时间，让教师能静下心来，认真备课、上课，积极管理学生，不断关注专业发展。

　　综合以上，本章主要从教师座谈访谈的质性研究资料出发，用以点带面的方式更加直观、更加贴切地呈现中小学教师工作负荷的真实场景，反映出中小学教师工作负荷之重，同时也挖掘出中小学教师自身对这些工作负荷的认知和反馈，以及他们对解决这一问题的期待和建议。

---

① 席梅红：《从"提质"谈"减负"》，载《现代教育论丛》，2015(1)。
② 席梅红：《从"提质"谈"减负"》，载《现代教育论丛》，2015(1)。

# 第六章　中小学教师工作负荷的国外扫描

近年来，教师工作负荷持续增加，且工作负荷影响教师的教学质量、工作满意度和身心健康。为此，英国、加拿大、新西兰、日本、芬兰等国家重视中小学教师工作负荷的研究和监测，并实施系列调查研究。调查显示，一是国外教师实际工作时间较长与工作边界模糊，绝大多数国家教师的周工作时间高于 50 小时；二是国外教师工作任务内容繁多，非教学工作任务繁重；三是教师认为当前工作负荷过重和角色超负荷，影响身心健康，使工作与生活不平衡。由此得出的启示是，教师发展研究应该从一味地要求教师产出转向关注教师投入；要明确教师工作时间，要厘清教师工作任务和加强教师工作负荷管理。

## 第一节　国外教师工作时间的总量较长与边界模糊

教师工作时间即教师为履行其职责、完成有关工作所投入的时间总和。有关研究从工作时间总量、工作时间构成和工作时间分配等方面考察教师的工作时间。工作时间是教师工作负荷最直接的体现。国外中小学教师工作时间具有以下特点。

## 一、教师工作时间的总量较长

教师工作时间是教师用于完成各项工作的时间总和①，通常包括法定工作时间和个人时间。每个调查基本都涉及教师工作时间，主要通过教师工作负荷日志调查教师工作时间。在可获得数据的国家和地区中，如表 6-1 所示，中小学教师的周平均工作时间为 51.69 小时，其中日本教师每周工作时间最长为 61.57 小时，芬兰教师每周工作时间最短为 37.57 小时，比平均值低 27.32%。②③④⑤⑥⑦⑧ 如果按照每周 5 天和每天 8 小时的工作时间计算，每周工作时间应该为 40 小时。绝大多数国家和地区教师的实际工作时间超过法定工作时间，教师将大部分的个人时间用于工作是非常普遍的。

**表 6-1　部分国家和地区中小学教师工作时间状况⑨**

| 国家 | 研究组织者 | 教师群体 | 工作时间(小时) | 调查时间 |
|---|---|---|---|---|
| 英国 | 英国教育部门 | 小学教师 | 59.30 | 2013 年 |
| | | 中学教师 | 55.70 | |

---

① 通常，年工作时间和周工作时间是考量教师工作负荷的两个主要指标，年工作时间计量单位包括天和小时，周工作时间是大多数研究采用的指标，即教师每周从事教学相关活动的小时数。

② Helen, A., Alice, F., & David, E., et al., "Teachers' Workload Diary Survey 2009," 2014-04-16.

③ Gemma, D., Nicola, J., & Mike, T., et al., "Teachers' Workload Diary Survey 2010," 2014-04-06.

④ Department for Education, "Teachers' Workload Diary Survey 2013," 2014-04-07.

⑤ James Matsui Research Incorporated, "OECTA Workload Study," 2014-04-08.

⑥ JTU Institute for Education and Culture, "An International Comparative Study on the Working Conditions of School Personnel," 2014-04-08.

⑦ Prince Edward Island Teachers' Federation, "The Workload and Worklife of Prince Edward Island Teachers," 2014-04-05.

⑧ David, D., "A Report on the Impact of Workload on Teachers and Students," 2014-04-10.

⑨ 该研究中每周工作时间仅是教师每周在工作日的实际工作时间，未包括教师在周末完成有关工作所用的时间。其他研究的工作时间包括工作日和周末的实际工作时间。

| 国家 | 研究组织者 | 教师群体 | 工作时间（小时） | 调查时间 |
|---|---|---|---|---|
| 加拿大 | 安大略省英语教师协会 | 安大略省天主教小学教师 | 55.70 | 2006 年 |
| | | 萨斯喀彻温省中小学教师 | 47.00 | |
| | | 阿尔伯塔省中小学教师 | 52.40 | |
| | | 新斯科舍省中小学教师 | 52.50 | |
| | | 不列颠哥伦比亚省中小学教师 | 53.00 | |
| | 纽芬兰和拉布拉多教师协会 | 纽芬兰和拉布拉多地区中小学教师 | 52.32 | 2004 年 |
| | 爱德华教师联合会 | 爱德华王子岛中小学教师 | 47.20 | 2010 年 |
| 日本 | 日本教师联盟教育和文化研究所 | 中小学教师 | 61.57 | 2008 年 |
| 芬兰 | | | 37.57 | |
| 新西兰 | 新西兰教育部门 | 中小学教师 | 47.00 | 2005 年 |

## 二、教师工作时间的边界模糊

教师工作时间的边界模糊体现在多个方面：一是工作日的法定工作时间与非法定工作时间之间的界限模糊。绝大多数教师为了完成备课、批改作业等工作，通常在工作日上班之前和下班之后继续工作，特别是有些教师将工作任务带回家继续做。二是大部分教师都用休息日完成部分工作。三是大多数教师通常在节假日完成有关工作。比如，英国小学和中学教师在非法定工作时间（工作日早上 8 点之前和下午 6 点之后以及周末）内用于工作的时间占总体工作时间的比例分别为 23.8% 和 21.4%[1]；加拿大爱德华王子岛教师在非法定工作时间内的工作时间为 12 小时，占实际工作时间的 25.42%[2]；日本和芬兰教师每周在家的工作时间分别为 6.07 小时和 6.23 小时，即教师将四分之一左右的个人时间用于工作，教师工作已经渗透到教师的生活领域，教师实际工作时间超出法定工作时间，教师工作呈现出边界的模糊性。[3]

---

① Department for Education, "Teachers' Workload Diary Survey 2013," 2014-04-07.

② James Matsui Research Incorporated, "OECTA Workload Study," 2014-04-08.

③ JTU Institute for Education and Culture, "An International Comparative Study on the Working Conditions of School Personnel," 2014-04-08.

## 三、多数国家和地区教师的教学时间仅占工作时间的三分之一左右

教师工作时间分配是教师工作负荷的指标之一。已有研究主要关注教师工作时间在教学、备课、评价、专业发展和行政工作等任务上的分配。从可获得数据的部分国家和地区可以发现，如表6-2所示，大部分教师的教学时间仅占总体工作时间的三分之一左右，新西兰中学教师的教学时间占工作时间的比例为46.80%。比如，加拿大安大略省天主教小学教师每周的工作时间为55.7小时，教学、备课和批改作业的时间分别为25.2小时、7.4小时和7.4小时，占工作时间的比例为45.2%、13.3%和13.3%；其他工作如参加会议、专业发展、辅导学生、与家长交流等占工作时间的28.2%。① 爱德华王子岛中小学教师在工作日的法定工作时间内，教学时间占工作时间的比例为34.53%；备课、修改课程、评价、与家长交流、行政工作所占比例分别为11%、4%、6%、3%和3%；其他工作如课外活动、值日、纪律管理、额外辅导学生等所占比例为26%。② 新西兰中学教师每周的教学时间为22小时，5小时用于完成其他任务，2小时用于参加会议，10小时用于批改作业和备课。③

**表 6-2　部分国家和地区教师的教学时间及其占工作时间的比例**

| 教师群体 | | 教学时间 | 占工作时间的比例（%） |
|---|---|---|---|
| 英国 | 小学教师 | 19 | 32.04 |
| | 中学教师 | 19.6 | 35.19 |
| 安大略省天主教小学教师 | | 25.2 | 34.24 |
| 爱德华王子岛中小学教师 | | 16.33 | 34.53 |
| 新西兰中学教师 | | 22 | 46.80 |

---

① James Matsui Research Incorporated，"OECTA Workload Study，" 2014-04-08.

② Prince Edward Island Teachers' Federation，"The Workload and Worklife of Prince Edward Island Teachers，" 2014-04-05.

③ Lawrence，I.，Elizabeth，K.，& Adrian，B.，et al.，"Secondary Teacher Workload Study Report，" 2014-04-10.

## 四、国外教师工作任务繁多与角色超负荷

教师工作任务的结构是教师工作负荷的重要指标之一。国外有关研究从不同维度对教师工作任务进行划分，主要以教师与学生之间的接触为标准进行划分。多数研究将教师工作分为课堂接触和非课堂接触①②，有的研究将教师工作分为面对面工作和非面对面工作。中小学教师工作任务的分类如表 6-3 所示。

表 6-3　中小教师工作任务的分类

| 维度 | 指标 | 内容 |
|---|---|---|
| 课堂接触 | 课堂或实验室教学 | |
| | 代替缺席教师上课 | |
| 非课堂接触 | 课程计划、备课、评价学生 | 制订教学计划<br>备课或准备测试<br>批改作业<br>评价学生<br>撰写学生学习进展报告 |
| | 与学生、家长接触相关的非教学工作 | 辅导学生<br>组织和辅导课外活动，如运动会或戏剧表演训练<br>强调学生纪律或表扬学生<br>组织学生注册工作<br>与学生家长或家庭沟通联系 |
| | 学校或职工管理 | 内部活动：组织与参加会议、评价、辅导学生、与教职工的其他接触、指导其他教师、制定学校发展政策等<br>外部活动：与教育管理机构、地方社区或其他地方教育机构联络 |

---

① Department for Education，"Teachers Workload Diary Survey 2013，" 2014-04-07.

② National Union of Teachers，"Teachers' Working Time and Duties，" 2014-04-11.

续表

| 维度 | 指标 | 内容 |
|---|---|---|
| 非课堂接触 | 一般行政工作 | 做好教学和学生学习进展记录<br>组织有关职业活动<br>筹备展览、布置教室和投影录像设备等其他行政职责 |
| | 个体或专业发展活动 | 培训和发展活动<br>听课<br>开展研究和背景阅读<br>记录工作负荷日志等 |

　　大多数教师都是用个人时间来完成教学计划和备课、评价学生的作业、与家长交流和向家长汇报学生的学习情况、参加规定的会议和辅导学生等工作。教师将大多数在学校的法定工作时间用于复印课程材料、复印试卷和讲课大纲、填写有关表格、做考勤记录、与辅导员核对学生的情况、回复家长的电话、组织实地考察和课外活动以及替补其他教师等。由此导致教师需要做很多看不见的工作，即需要在工作日之外完成的工作。这些看不见的工作花费教师大量的工作时间，以至于学校工作渗透到教师的私人生活中。律师也需要做大量看不见的工作，因为大量工作如研究和准备是需要在法庭外完成的。社会公众需要认识到教师将自己大量的个人时间奉献给了专业生活。[1][2]

　　教师工作任务繁多与角色超负荷的原因是多方面的。一是自 20 世纪 80 年代以来，世界各国掀起了大规模的教育改革，特别是以课程改革、基于标准的教育改革等政策的实施，对教师提出了更多、更高的要求。二是随着教育的改革与发展，学校与社区之间的联系、合作越来越紧密，经济发展状况的变化、人口流动、家庭结构的变化和传统社区结构的弱化都对教师工作产生深刻的影响。三是教学工作的复杂性不断增加。以学生为中心的课堂的创建，要求教师通过多元感官刺激促进学生自主探究和亲自体验，

---

　　[1]　David，D.，"A Report on the Impact of Workload on Teachers and Students," 2014-04-10.

　　[2]　National Union of Teachers，"Teachers' Working Time and Duties," 2014-04-11.

比过去以传授知识为特征的教师为中心的课堂对教师提出了更高的要求。当今课堂走向多元化，学生的学习需求、学习风格和学习进度各不相同，要求教师既要关心、适应每名学生，又要对全体学生的发展负责。

## 第二节　国外教师对工作负荷的认知

教师对工作负荷的认知是工作负荷影响教师的重要中介变量。教师对工作负荷的认知主要体现在对实际工作负荷的感受和对理想工作负荷的预期。对实际工作负荷的感受包括对工作负荷的可管理性的判断、对工作与生活平衡度的评价、对工作负荷影响的认识；对理想工作负荷的预期包括对理想工作时间的期待和对不同工作内容的认同度，即对规定工作时间和合理的额外工作时间的预期以及教师对在合理的时间框架内值得做的工作任务的判断等。

### 一、国外教师对实际工作负荷持消极看法

教师对实际工作负荷的感受是考察教师工作负荷的重要指标，是教师工作负荷合理性程度的体现。工作负荷重或工作强度大是教师的第一大压力源，其次是角色过度负荷和班额过大。综合有关调查结果发现，国外中小学教师对工作负荷的感知表现为工作过度、工作负荷过重影响个人的身心健康，工作负荷难以控制和管理、工作负荷过重影响个体工作与生活之间的平衡，以及不必要或官僚性行政工作占用过多的工作时间。

#### (一)教师认为总体工作负荷过重

教师对总体工作负荷过重的看法主要体现在认为工作过度影响自己的个人和家庭生活，打破了工作与生活之间的平衡，进而影响身心健康。比如，加拿大安大略省的调查表明，43％的全职小学教师一直或大多时候感到工作过度，51％的教师有时感到工作过度，这意味着94％的教师至少有时候感受到工作过度的压力。工作过度已经影响教师的个人和家庭生活。

89％的小学教师表示工作过度至少在一定程度上对自己的个人生活产生了消极影响，49％的教师表示工作过度严重影响了自己的个人生活。80％的教师表示工作时间过长已经影响到自己的身体和心理健康，33％的教师表示工作时间过长严重影响了自己的健康。① 2005 年澳大利亚教育委员会对新西兰中学教师工作负荷的调查研究表明，52％的教师表示能够管理自己的工作负荷，48％的教师表示无法管理自己的工作负荷，57％的教师在家庭和工作之间未取得良好的平衡。75％的教师表示自己的工作负荷比较重，73％的教师表示难以在合理的时间内完成自己的工作。71％的教师表示工作负荷重影响到自己的教学质量，39％的教师表示很少有时间去更好地了解学生，66％的教师表示自己很少有时间为同事提供专业支持。21％的教师迫于工作负荷重考虑离开学校，28％的教师迫于工作负荷重考虑退出教师职业，43％的教师表示工作负荷重严重影响到健康。②

## （二）教师对某些工作任务的认同度较低

教师对工作负荷的不满既体现在对总量过大的厌倦上，也体现在对某些工作任务的认同度低的无奈上。也许是不必要的工作或官僚性行政工作占用了教师大量的工作时间，并大大增加了其工作负荷。不必要的工作或官僚性行政工作包括日常文书工作，学生进步记录，收集、分析和汇报有关数据，严格按照细节和格式要求备课等工作。

2001 年有关英国中小学教师工作负荷的调查表明，教师对工作缺乏控制和拥有感，这在很大程度上是因为教师被迫做大量文件和文书工作；在教师心目中，这类工作与教学没有直接关系，应该由教辅人员来完成。③ 2013 年英国教育部门的调查表明，55.2％的教师表示不必要的工作或官僚性行政工作占用了自己的工作时间，25.8％的教师表示此类工作占用了自

---

① James Matsui Research Incorporated，"OECTA Workload Study，" 2014-04-08.

② Lawrence，I.，Elizabeth，K.，& Adrian，B.，et al.，"Secondary Teacher Workload Study Report，" 2014-04-10.

③ PricewaterhouseCoopers，"Teacher Workload Study，" 2014-04-08.

己的一点工作时间。①

### (三)工作量大导致教师工作与生活之间的失衡

虽然教育部门把不再上调的薪酬和负担过重的问责制列为当前面临的问题,但教师一次又一次地离开主要是因为工作量大使他们难以平衡工作与生活。43%的教师打算在 5 年内辞职的原因是工作量太大②;将近一半的35 岁以下教师因工作量大、工作与生活难以平衡以及对心理健康问题的担忧正在计划辞职③;经验丰富的教师也感受到了压力,被迫在退休年龄之前退出教师岗位,因为他们的教学水平更高,学校把他们留下来就要花费更多的钱。④

教师的工作量大对他们的生活产生了负面影响。教师在周末和假期工作也变得正常了,牺牲的主要是他们的家庭时间,因而就可以理解为什么教师会对这个职业不持积极态度。教师正在面临这样一种困境:给予他们的前所未有的工作期待正在瓦解整个教师系统。

英国一项调查表明,仅占 3%的教师认为他们拥有平衡的工作与生活。45%的教师认为他们的工作与生活一点都不平衡。这与教师工会教学联盟报告⑤提到的 83%的教师感到有压力和 89%的教师强调工作量大已经成为他们的一个问题不谋而合。由于工作量过大,96%的教师在精神上感到痛苦,或身体上出现了不良反应。有 79%的人称有睡眠问题,70%的人称感到焦虑或抑郁,36%的人称经常生病,10%的人称体重下降或上升。⑥

超过一半的教师声称由于工作量大错过了重要的生活事件。许多人错

---

① Department for Education, "Teachers' Workload Diary Survey 2013," 2014-04-07.

② The Guardian, "Nearly Half of England's Teachers Plan to Leave in Next Five Years, 2016," 2017-05-06.

③ The Guardian, "Nearly Half of England's Teachers Plan to Leave in Next Five Years, 2016," 2017-05-06.

④ NASUWT, "Pupils Lose Out as Older, Experienced Teachers are Forced Out of Their Jobs, 2016," 2017-06-01.

⑤ BBC, "Teacher Stress Levels in England Soaring, Data Show," 2015-03-18.

⑥ Groupcall, "Teacher Workload in 2017: Is A Work-Life Balance Achieveable?" 2018-09-05.

过了与朋友和家人闲暇的时间，具体描述如下。

问题：工作量大使您错过了哪些重要事件？

"我错过了和自己孩子相处的亲子时光，以及游戏时间和运动日。

"我很少有机会和朋友们一起消磨时光，因为我总有很多事情要做。我的朋友们已经习惯了，并且已经不再邀请我了，因为他们知道我不能来。我非常热爱自己的工作，但它确实把我从生活中剔除了。

"我错过了孙子的第一场足球比赛、家庭的周日午餐，这些都不是大事，但都是与家人共度的时光。

"我只是希望我每周可以有1~2小时的休闲时间，以便与朋友一起参与社交活动。在上学日的晚上，我都不会考虑出去的。

"从来没有感到我有足够的时间和我的家人在一起。学校总是在我的脑海里，而且我认为如果我允许自己有时间和家人在一起，那对于完成学校的工作就会有更大的压力。我发现在家庭聚会上，我还是会徘徊在要做的学校事务上。我发现自己不得不早点离开！"

**（四）教师认为过去几年的工作负荷不断增加**

英国的受访教师提到，过去几年的工作负荷不断增加。主要表现在如下几方面：一是行政任务增加。例如，管理事务太多，文书工作多，更多时间进行跟踪、规划、报告，更多时间进行标记、写作审核。二是监督学生的任务增加，如必须处理个别问题，监督学生等。三是教育部门要求教师提供更多的证据，如更多的报告、新的策略与反馈、问责制和政府的压力等。四是课程改革、课堂以外的承诺和家校沟通等。这与英国教育部门的调查结果一致：30%的教师认为评分工作的增多是工作量增加的主要原因；22%的教师表示这些问题与数据管理有关；22%的教师认为管理任务增加了工作量；13%的教师认为工作量增加是计划导致的。①

英国的受访教师提道："在空闲时光也无法放松，因为工作时间真的太长了。当你知道在结束了一天11~12小时的工作后仍有工作要做的时候真

---

① Department for Education, "Reducing Teacher Workload," 2018-09-06.

的很难放松。""体重增加真的使我很困扰！我的学校没有意识到工作量和身体之间的联系，往往会增加更多的工作压力。"与教师一样，英国教育部门认为最耗时的任务是评分(43%)、制订计划(32%)和收集数据(27%)，其中进行会议(21%)是比较耗时的任务，其他耗时的任务是评估(18%)和处理员工问题(18%)。[①]

> 问题：你的工作量有什么变化？
> ·持续的文书工作、深入的规划、繁重的打分和反馈工作
> ·收集更多的评估数据
> ·关于学生成绩的压力增加
> ·学生父母的态度和期望意味着还有更多的工作要做
> ·日常紧急人员的配备问题
> ·减少工作人员意味着留下的工作人员的工作量增加

## 二、国外教师对理想工作负荷的期待

教师对工作负荷的期待，包括对工作时间、工作任务的期待以及对如何减少工作负荷和加强工作负荷管理的建议。

### (一)对工作时间的期待

教师投入大量的个人时间用于工作。教师认同在法定工作时间之外投入时间做相关工作，但是需要在合理的时间框架内进行。比如，教师认为以下工作模式是合理的：一是每天可以在学生到校前或离校后在学校多待1小时；二是一周5天中每天晚上用2小时批改作业和备课等；三是必要的情况下每个周末用1或2小时工作。

### (二)对工作任务的期待

教师希望集中精力做好教学及相关工作，如做好教学计划，精心备课，顺利上课，利用充足的时间批改作业和组织考试评价，与学生和家长进行

---

① Groupcall, "Teacher Workload in 2017: Is A Work-Life Balance Achieveable?" 2018-09-05.

充分交流，了解、掌握和反馈每名学生的学习进展情况。比如，加拿大爱德华王子岛对中小学教师的调查表明，在研究者所列的 21 项活动中，教师认为最重要的前 7 项活动（降序）分别是教学、备课、评价学生、与家长交流、对学生的额外工作、填写学生报告卡和修改课程。最不重要的 7 项工作（升序）分别是资金筹措、支持教辅人员、开行政会议、值日、完成行政任务、参加学校委员会工作或会议和管理学生吃午餐。[1] 英国教育部门对教师工作负荷的调查表明，大部分教师期望课堂教学时间与备课、批改作业时间的比例为 2∶1，而实际情况是 1∶1。即教师期望用 1 小时的备课和批改作业来支撑 2 小时的课堂教学，而现实情况是 1 小时的课堂教学需要 1 小时的备课和批改作业。

### (三)对工作负荷管理的建议

教师既希望减少工作负荷，提高工作效率，保持工作与生活的平衡，又希望政府、学校和自己共同加强工作负荷管理，拥有对工作负荷的控制权和自主性。具体包括如下几方面：一是控制工作任务。学校要减少教师额外的、不必要的工作任务。对苏格兰教师的调查表明，教师认为能够有效减少工作负荷和工作时间的前 5 位建议分别是减少校内文书工作和官僚性行政工作，保证法定工作时间内用于备课和批改作业的时间，减少政府层面新计划的数量，雇用更多的教师以缩小班额，减少与控制校外文书工作和官僚性行政工作。[2] 二是合理分配工作时间。控制课堂教学时间和保证备课与批改作业时间，将减少的课堂教学时间用于备课和批改作业，而不是用于其他工作。虽然学校对会议、计划和家长晚会等方面的时间有所控制，过去几年已经采取了措施，但当前唯一能减少教师工作负荷的途径是提高课堂教学时间与备课、批改作业时间的比例，使其从 1∶1 增至 2∶1。学校要保证教师有更多的时间备课和上课，缩小班额，雇用更多的专业职工，

① Prince Edward Island Teachers' Federation，"The Workload and Worklife of Prince Edward Island Teachers," 2014-04-08.

② NASUWT，"Teachers Workload and Working Hours—A Survey of Teachers in Scotland," 2014-04-11.

剥离教师管理学生吃午餐和课外实验室活动等任务。① 三是加强支持。需要配备更多的辅助员工、缩小班额、保证备课时间和提供更多的专家支持是促进教师更好地管理工作负荷的有效方法和措施。学校要更好地发挥教辅人员的作用，充分利用信息和通信技术。②

## 第三节 国外应对教师工作超负荷的举措

国外重点关注造成不必要的工作负荷的原因，政府工作人员希望探究这些工作负荷（不必要的工作负荷）的问题，据此采取一系列的相应措施来应对这一问题。

### 一、提高教育管理的效率

通过调研分析发现，教师工作负荷的类型及比例分别为：记录、输入、监测和分析数据（56%），打分（53%），制订课程和每周计划（38%）；完成行政和支持性任务（37%），出席员工大会（26%），报告学生的进步情况（24%），制定和检测学生的目标（21%），实施新举措（20%）。这些教师并不认为这些任务是不必要的，只是有时候他们在学校的工作方式产生了额外的工作负荷。另外，63%的教师认为过高的细节标准使工作变得繁重，45%的教师认为重复性工作增加了工作负荷，41%的教师提到了过于行政化的工作性质。

正如教师承认的那样，许多活动在提升学生的学业成就方面起到了重要作用。但是，很多教师也感到他们被要求完成这些任务的方式产生了不必要的或非生产性的结果。例如，教师被要求给学生提供详尽的反馈笔记，即使那些年幼的学生无法理解这些笔记的含义；当教师给学生提供口头反

---

① 顾明远：《教师的职业特点与教师专业化》，载《教师教育研究》，2004(6)。

② JTU Institute for Education and Culture，"An International Comparative Study on the Working Conditions of School Personnel," 2014-04-08.

馈时要录音。尽管以上描述并不能代表每名教师的工作，然而被调查教师描述的各种各样的任务表明了教师工作负荷可以有很大的变化范围，并且产生这些结果的原因是多种多样的。

教育系统是一个由直接和间接关系组成的复杂网络，各级各层都能影响学校的办学行为。教育系统中的某一部分实行一项决策——从政府到学校，再到课堂——可以影响到系统中的其他部分，有时这种影响是预期之外的。

### (一)减少与计划相关的工作负荷

在现有的学校网络中，引入年度小组协作计划；在三所学校中，发挥和完善学科带头人对协作计划领导者的作用；在高中、初中和小学中，实施共享计划活动。尤其在早期阶段，学校要留出时间给协作计划活动；确保所有的成员认同和了解协作计划的目标及出发点；确保学生体验的持续性和进步发展性；确保技术基础架构可以从协作计划活动中获得支持和满足需求。

### (二)减少与批改作业、做标记相关的工作负荷

教师可以使用高质量的口头反馈来减少关于批改作业、做标记的工作量；支持学生同辈评估和自我评估的技术；采取一定措施，通过使用标记符号来减少批改作业、写评语的工作量。在开发跨学校批改或标记系统时，学校应承认存在年级和科目的差异；需要在标记或反馈与对教学和学习以及学生需求的积极影响之间建立直接联系；确保员工了解学校的反馈政策，并将所有教师纳入其发展计划；让学生参与到批改或标记工作中，并评估该项工作，以进一步鼓励他们承担学习的责任。

### (三)减少与数据管理相关的工作负荷

要减少与数据管理相关的工作负荷需要做到：一是识别主要绩效指标，开发定制追踪系统。二是确定教师应该"开始、停止和继续做"的一套数据收集实践。三是提出一系列为减少数据管理而设定的未来实践建议。四是探索 Turnitin 的使用方法。这是一个在线论文平台，可以使学生在线查看论文成绩和反馈。

学校领导对校内教职工的工作负荷有直接影响。没有哪位校长会想给他们学校的教师制造不必要的工作负荷。然而，受访的教师回应说，这些工作负荷有时可能是学校决策造成的，其中有部分原因是校长本身面临压力。对英国教育教学判断和问责制的压力可能导致校长要求教师提供额外的书面证据，以期获得英国教育教学的积极判断。调查中有 53% 的教师表示他们的工作负荷是由英国教育标准局的问责制或英国教育标准局的施压带来的。校长对其雇主和理事机构负责，他们可能会在任意时刻被要求提供各种不同格式的数据。校长也对家长负责，家长有权利对学校提出很高的期待标准，但是家长也对个性化服务有了越来越多的要求，如和教师一对一见面，在工作时间之外发邮件或打电话联系教师。受访的校长表示家长不应该期望在学校工作时间之外收到有关问题的回复；学校应该有集中处理这些问题的方式，以减轻教师工作负荷；学校应该评估对教师工作负荷有影响的政策。然而，一些校长对管理自身的工作负荷都没有很大信心，更别提帮助教师减轻工作负荷了。从调查中可以发现，51% 的受访教师认为他们的工作负荷是由中层或高层领导带来的。[1]

综合以上，就工作负荷的来源来看，政府、校长和学校中层领导均可能给教师带来额外的工作负荷。因此，着力从改进政府与学校以及学校内部的管理体制，以减轻中小学教师工作负荷。

## 二、简化校外评价的程序

英国高度重视学校为迎接校外检查而进行过度准备的问题，为此提出明确的要求和举措，控制外部检查给教师带来的不必要的工作负荷。

英国教育标准局主要是通过明确督查标准和要求、简化督查程序、保证督查实效等方式使检查督查工作降至最少。首先，全方位明确督查的标准和要求。调查表明，12% 的受访教师建议英国教育标准局提供更明确的指导要求，这被认为是对不必要的工作负荷的一种解决方案。英国教育标

---

[1] Kathy Baker LGIU Associate, "Teacher Workload—DfE Research and March 2018 ASCL Speech," 2019-01-05.

准局的新版学校文件旨在阐明英国教育标准局监察员要做什么和不希望看到的内容，以便学校工作人员可以减少他们认为为准备检查所做的任何不必要的工作。英国教育标准局会持续审查该文件，并适时添加任何新的内容。如果英国教育标准局的监察实践与该文件提出的要点不符，英国教育标准局会欢迎学校提供反馈，并且如果有证据表明检查员未能遵循指导办事，它将采取行动规范此类行为。①

其次，简化进校督查的安排和细节。英国教育标准局就学校检查安排工作的变更进行磋商，提出好学校免于检查，除非它们的表现有所下降，或者对学校的表现表示合理的担忧。定期对好学校进行检查：在一所小学，利用 1 个人机交互界面进行较短时间的检查；相应地，在一所中学，利用 2 个人机交互界面进行检查。对于那些还不够好的学校来说，将继续接受全面检查和人机交互界面的常规监测，直到学校的质量得到明显提升。2016 年 9 月，英国教育标准局在检查手册的第五节中反映这些新的较短检查的情况，以期制作更简洁的手册，使学校能够更容易地了解检查员是如何做出判断的。

最后，保证督查的实效。保证实施督查的连续性是很重要的。对于校长来说，他们会对自己学校接受和其他学校一样的公平检查充满信心。英国教育标准局已经不再采用将非专业检查员纳入检查组的做法，现在所有学校检查员都是合格的教师。英国教育标准局还大幅增加了检查团队（包括在职人员）的比例，并且从 2015 年 9 月直接与学校检查员签订合同，以便更好地控制其质量并在出现问题时能够及时解决问题。在春季和夏季期间，英国教育标准局将与学术界和研究专家合作制订计划，进一步提高检验的质量和检验结果的一致性。

此外，简化有关教育基金的申请程序。为了减少申请期限对教师造成的压力，以及加快处理申请以应付学校急切的需要，有关教育基金会全年接受申请。为确保教师可应付推行教育基金计划所带来的工作量，每所学

---

① Kathy Baker LGIU Associate，"Teacher Workload—DfE Research and March 2018 ASCL Speech，" 2019-01-05.

校在申请获批准前，须提交获得校董会或法团校董会通过的文件，以证明建议的计划符合学校的需要和发展及得到教师的支持，而使教师也能应付所带来的工作量。

### 三、科学推进教育改革

尽管学校已经取得了更大的自主权，但政府所做出的决定仍然会影响到学校。部分教师认为国家层面的政策变更是造成他们工作负荷重的一个重要原因。政府工作人员认为这意味着他们必须认真思考教师的哪些额外工作是由他们的政策造成的，并和教师协调改变哪些政策以减少他们的工作负荷。教育改革政策的推行给教师带来一定的工作负荷。因此，需要从提高教育改革的科学性和有效性上下功夫为教师减少工作负荷。

近些年，教育方面发生了重要的改革。这些改革对于提高标准和为学生提供一生中可能的最好机会是必要的。然而，有时候学校领导和教职工不得不快速应对这些改革并引入新的工作方式。受访教师认为，学校有更多的时间为大规模改革做准备：22％的受访者建议降低课程改革的频率，通过课程标准的改变可以减少不必要的工作负荷。他们还认为，教师与学校有关任何关于他们应该做什么的沟通应当是清晰的、便于达成的。教育部门工作人员要认识到这一点，并希望确保学校有足够的时间有效地实施政策，以对学生的成就产生最佳影响。①

当进行重要的政策变革时，教育部门工作人员会更多地考虑到对学校的影响。教育部门有多种方式与在校工作人员接触——包括参考小组、学校访问、焦点小组、网络讨论、咨询和访问教育部门领导。在与学校领导和教师就重大政策变化进行讨论时，教育部门要讨论工作负荷的影响和改革实施的问题，因此在引入改革时，应尽可能彻底地对其进行审查，并提供必要的支持。

---

① Kathy Baker LGIU Associate，"Teacher Workload—DfE Research and March 2018 ASCL Speech，" 2019-01-05.

## 四、加强对校长的支持

在英国，为有潜力的校长提供领导力发展课程的历史悠久。然而，领导力技能的培养不能被视作训练课程中孤立的一部分。为了提高效率，培训必须与在学校的工作机会和工作内容相结合。现任校长及其理事机构必须为培养下一代学校领导负责。一个国家最好的学校和学院需要为教师和领导者创造职业发展道路及相应的文化。

英国教育标准局实施一项针对现行的领导力培养和发展机会规章的审查，建议与领导者以及校长和市长协会合作，以确定这种审查最有效的方法和适用范围，但本书希望它会考虑领导力发展课程实施的最有效方式，以发展校长成为一个高效的学校领导者所需的技能和经验。

同样重要的是，现任校长和未来的校长都能获得他们所需要的支持，以完成自身的工作，并从他人的工作方式中获得学习。这对于新任校长来说尤为重要，对于那些希望通过与同辈讨论政策和工作实践来提高效率的人来说也是如此。训练和辅导支持已被证明在教育和其他职业中是有效的。作为对领导力培养和发展的审查，包括查看当前的训练和辅导提议。校长要能够轻易地规划多种多样的接受训练和辅导的机会，呼吁校长和教师协会加强指导与辅导的机会供给，为学校领导提供更多的支持。这会增加校长以他们的判断方式管理学校的信心，为学生提供最佳的学习环境，同时尽量减少教师不必要的工作负荷。特别要注意的是，教学联盟、学校和国家支持的联合会要向学校管理机构强调校长同伴支持的适用性，以帮助新任学校领导适应其角色。

总体而言，通过多种机会和平台提高校长的领导能力，既能让校长有效应对政府对于学校的要求和检查，又能有效协调校内各项工作，从专业能力上给予校长专业支持，进而减少由于校长领导力的不足而给教师带来的不必要的工作负荷。

## 五、支持教师作为专业人士

我们可以从减少行政控制和增加专业支持两个方面来支持一线教师。

一是提供校内支持。学校领导为教师提供更多的支持和理解，减少教师对于审查、问责和工作负荷方面的压力感。二是更加关注进步或晋升的机会。三是减少学校的工作负荷。具体包括支持教师信心十足地、有效地制订计划和批改作业或做标记，以及支持学校设立工作负荷检讨小组的建议。四是通过弹性工作制、兼职合同和薪酬水平来改善工作条件，使薪酬水平更能与教师的专业知识和经验技能相匹配。

## 六、加强有关学生数据的管理

管理学生学业成就和进步的数据是学校实施教育事业的重要组成部分。然而，很多受访教师认为他们学校录入和管理数据的方式是没有意义的，甚至很多时候都是不必要的。教师需要花费数小时将数据记录在多个数据程序上并进行分析，还必须以不同的方式向不同的受众报告数据结果。大部分受访教师(56%)认为记录、录入、监察和分析数据是乏味的，25%的受访教师建议将减少数据录入和分析作为应对不必要的工作负荷的解决方案。因此，一是教育部门层面建立科学、合理、有效、便捷的学生数据采集系统，提出具体的使用指南，使数据更易于使用，并减少为不同目的重复输入数据的需要。确保数据收集系统具有现代性和灵活性，并且支持该领域的教育技术创新。要寻找减少由数据收集造成的行政负担的方法，使数据能够在需要时以最容易的方式传送到需要的地方。要与一些志愿学校合作，在春季测试开发一些新方法。二是学校层面成立数据管理小组，研究制定学校内部有关数据管理、使用的规章制度，必须对学校内部及其需要哪些数据、如何使用这些数据有一个共识，以便校长可以在学校中就有效和高效的数据收集与管理做出适当的决定，更好地监测学生的学习进度。三是不断精简和完善学生发展监测数据指标。进一步审查有关监测和分析数据的现有证据，以及确定哪些数据对于提高学生成绩是必要且有用的。四是提高数据采集系统的科学性和稳定性，减少因系统问题而导致的教师额外的工作负荷。如果学校的信息和通信技术使用得当，可以有效减少教师的工作负荷，特别是能够实现数据"输入一次并多次使用"，借助计算机程序和应用程序跟踪学生的进步情况或批改试卷。

## 七、绘制教师专业发展的可能性和可用性地图

绘制教师专业发展的可能性和可用性地图的目的在于收集教师持续专业发展的证据，以帮助减少学校教师的工作负荷。该项计划的内容包括：通过系统的在线测绘工作，探讨支持市场对教师工作负荷管理的性质；电话采访学校中获得支持和持续专业发展以进行工作负荷管理的用户，并使他们获得支持包的帮助。

## 八、设立专项经费

为减轻教师的工作负荷，保障教师有更多的时间和精力投入教育教学改革，学校可根据需要和工作优先次序，灵活运用学校发展津贴，增聘教职员和雇用相关服务人员。通过后续相关督查评估，学校发现这项津贴有助于减轻教师的工作负荷及改善学生的学习表现。为了给教师创造更稳定的工作环境，政府承诺为学校提供长期的支持，把基本的学校发展津贴转为经常拨款，使有关学校发展津贴的运作和监察机制维持不变。

## 九、增加教辅人员配置

学校可以采取增加教辅人员或设立助教的方法来减轻教师工作负荷。

学校可以为教师配备助教，帮助教师制订教学计划，给所有学生提供高质量的课程和支持学习环境，提供文职、财务和行政职位等，来为教师分担行政性事务工作。

# 第七章　中小学教师对工作负荷的自我调适

　　通过以上多个方面的研究发现，当前大多数中小学教师确实承载着越来越重的职责和压力，中小学教师的工作负荷也超出了政策规定和常规认识，那么作为工作负荷承载主体的中小学教师要充分发挥自身的主体性、主动性和积极性，去科学认识这些工作负荷，特别是超界的工作负荷，对其负荷进行合理归因，并通过发挥自己的专业性来更好地应对这些阶段性的、额外的、超量或超界的工作负荷。当然教师最基本、最核心、最关键的任务还是落实立德树人，实现教书育人的理想目标。对于工作负荷的自我调适，教师首先要有科学的认知，科学认识这些阶段性的、额外的、超界或超量的工作负荷；其次要对这些工作负荷的产生进行合理归因，要跳出教育看教育，站在经济社会发展和国家民族复兴的视角上去审视这些工作负荷；最后要通过认知、情感和行动上采取切实措施去应对这些工作负荷，使其不要影响自己的情绪、本职工作和专业发展。

## 第一节　中小学教师对工作负荷的科学认知

　　近几年来，随着经济社会和教育改革发展的深入推进，大多数中小学教师承载的工作负荷呈现出强度增加、广度扩大等现象，在很大程度上影响了中小学教师的心理状态、工作情绪和工作状态。过多的非教育教学工作任务占据了教师大量的时间，干扰了教师正常的工作秩序，严重影响了教师的工作生活状态。教师如何来认识这一现象呢？作为中华人民共和国的教师，要站在实现国家繁荣昌盛和民族伟大复兴的角度上，站在为经济社会发展培养人才、输送人才的使命上，站在为培养德、智、体、美、劳全面发展的社会主义建设者和接班人的高度上来看待这一现象。

## 一、教师的本职工作是教书育人

无论历史如何变迁，社会如何进步，教师作为教书育人的职业和职责不会发生根本的变化。从古至今，教师教书育人的职责和使命从未改变过。从"传道、授业、解惑"到"教书育人"，从教师角色理论、教师法律法规到国家政策导向等方面来看，中小学教师的本职工作是教书育人。

教书育人的角色是教师最基本与最突出的角色。教师是知识和技能的传授者。在教学过程中，教师传授给学生的知识技能一要"博"，即给学生以丰富的知识，开阔学生的视野；二要"深"，即给学生以带有规律性的知识，引导学生深入学习；三要"新"，即给学生以带有时代感的知识，帮助学生获得探索未知世界的知识。

教师在传授知识的同时还必须向学生进行思想品德方面的教育，并通过管理、组织活动和个人言行对学生施加巨大的影响，塑造学生的个性。因此，要扮演好这种角色，教师就必须尊重学生个性的发展规律，重视智育、德育并举，加强自我修养，成为学生的榜样。当然，教师要做好教书育人的工作还需要做好学生发展的引路人、学生团体的领导者、家长的代理人、学生心理的辅导者。

## 二、教师是组织人、社会人

教师作为教育中的三要素之一，承载着一定的社会职责和社会使命。教育是经济社会发展中的行业之一，教育作为培养人的事业需要经济社会提供一定的经济基础和物质条件，教育的发展不是处在真空中，因此教师的工作也不可能像在真空中一样而不受外界的影响和干扰。教师在一定程度上要承担外界一定的任务。美国学者阿普尔在其《教育能够改变社会吗？》一书中引用 1995 年学者富尔茨（Fultz）的论述：真正的教师懂得，他的职责并不局限于教师的四周围墙之内，他还要处理一些更社会性的事务。①

### 三、教师是经济社会发展的重要推动力量

《中共中央 国务院关于全面深化新时代教师队伍建设改革的意见》提出："突显教师职业的公共属性，强化教师承担的国家使命和公共教育服务的职责，确立公办中小学教师作为国家公职人员特殊的法律地位，明确中小学教师的权利和义务，强化保障和管理。"

教育的发展以经济社会发展为基础，同时回馈经济社会发展。在这一过程中，在国家发展的重大战略中，教师也需要承担一定的职责和使命。比如，当前我国正处在攻坚扶贫阶段，中西部的很多教师需要投身到攻坚扶贫的工作中，有的教师需要承担一定的城市建设工作，有的教师需要在紧急危难时刻承担一定的紧急任务。

虽然教师是专业人员，但是教师也是在一定的经济社会发展条件下去开展工作的。因此，必要时教师也需要承担一定的经济社会发展的重大任务。比如，贫困地区教师需要参与攻坚扶贫工作，边疆地区教师需要承担维稳工作，创城阶段地区教师需要参与到创城活动中。

## 第二节　中小学教师对工作负荷的合理归因

部分中小学教师对当前的工作负荷持非常反感的态度，一方面教师认为自身承载的工作负荷越来越多，任务越来越重，压力越来越大，既严重影响教师的正常工作秩序，也在很大程度上影响教师的身心健康。有些教师对当前教育改革发展失去信心，认为教师没有之前清静了，没有之前受

---

① ［美］迈克尔·W. 阿普尔：《教育能够改变社会吗？》，王占魁译，120 页，上海，华东师范大学出版社，2014。

到社会尊重了。的确,无论是从大规模样本的量化研究结果来看,还是从部分教师的访谈座谈来看,大部分教师承载的工作负荷确实越来越多。但是,当前经济社会和教育改革发展进入深水区和关键期,中小学教师还需要对这些工作负荷进行科学合理的归因。综合以上研究,教师比较反感的工作负荷主要包括:一是教育教学之外的工作负荷,如扶贫工作、维稳工作、创城工作、各种检查、档案材料整理等。二是教师承担的超量的工作负荷,如乡村教师的多学科教学、县镇教师的大班额教学。三是来自学生、家长和社会的安全压力、舆论压力与社会压力。四是来自个别学生或个别家长的特殊工作负荷。比如,有的家长对学校和教师的要求格外高,对教师万般挑剔;有的家长对学生的学习和发展漠不关心,不配合学校和教师的工作安排;还有后进生学习辅导、心理问题学生管理等工作。

## 一、经济社会发展的阶段性要求

党的十八大以来,在世界经济持续低迷的背景下,尽管面临下行压力,中国经济再上新台阶,2012—2017年年均经济增速超过7%,对世界经济增长的平均贡献率超过30%,成为世界经济增长的主要动力源和稳定器;脱贫攻坚战取得决定性进展,6000多万贫困人口稳定脱贫,贫困发生率从10.2%下降到4%以下。① 在经济社会快速发展的历史阶段,任何行业、任何职业都要承载一定的压力和责任,没有人能随随便便成功,也没有人能轻轻松松享受。教师作为经济社会发展的重要推动力量,也要受到这些经济社会发展的压力和任务的影响。因此,有的教师承担了攻坚扶贫任务,有的教师承担了留守儿童校外关心任务,有的教师承担创城执勤任务,有的教师承担招工服务任务,有的教师承担校外危机执勤任务等。

跳出教育的视域来看,这些任务都是经济社会发展的阶段性任务。比如,2020年要完成攻坚扶贫,实现脱贫摘帽;创城工作也是有一定周期的,达到创城的标准和目标之后,这项工作任务也会大幅减少。

---

① 引自韩洁、齐中熙、陈炜伟等的《实现历史性变革 迈向高质量发展——党的十八大以来我国经济社会发展成就述评》。

## 二、教育改革发展的暂时性困境

教师承担的多学科和大班额的教育教学工作任务，是由长期以来基于学生数量的师资配置机制决定的。乡村地区学生的数量越来越少，因此基于学生数量的师资配置机制的教师数量也会较少。具体的教育教学工作是分年级、分班级和分学科进行的，因为教师数量难以达到这样的数量要求，因此现有很多乡村教师承担多个学科的教学。正如笔者在调研中发现，大部分乡村教师平均每人承担 5 门学科的教学工作，同时还要承担大量的学校事务性工作。与此同时，随着城镇化进程的加快，大量人口涌入城市，因而县镇学校规模不断扩大，大班额现象普遍存在，教师承担更多的备课、上课、批改作业、学生管理和家校沟通等方面的任务。

这些既有经济社会发展的必然趋势，也有教育改革发展的暂时性困境。这一困境主要体现在当前教师编制标准制度改革没有跟上教育改革发展的需求，师资配置没有很好地适应教育布局的变化、适应促进教育公平和提高教育质量的战略要求。

## 三、教育法治不健全的现实困难

近几年来，随着我国法治国家、法治政府和法治社会建设的不断推进和加强，教育法治建设也不断推进，中国特色教育法律体系基本形成。由于历史传统的影响，我国法治建设的文化基础和社会环境不够理想，法治建设从法治理念到法治实践的落实有一定差距。教育领域也不例外，虽然中国特色教育法律体系已经形成，但是教育法律的可诉性仍然值得探究。因此，当教育领域出现纠纷时，当事人更多地通过其他途径来解决，而较少通过正常的法律渠道来解决。一方面，一旦学生在学校发生意外或者受到伤害，人们通常将所有责任推给学校和相关教师，因此教师承担了巨大的安全责任压力。另一方面，由于社会各界对教师的关注程度越来越高，由于传统教师圣人观的影响，人们通常将教师推上神坛，将教师神化，不允许教师有任何闪失和过错，使教师整日处在紧张情绪中，生怕出现任何差错而遭到社会谴责。与此同时，自媒体的迅速发展，使信息传递飞速，个别教师的偶然事件在网络上被大肆传播，使整个教师队伍蒙受巨大的影响和压力，似乎一名教师出了问题意味着所有的教师都有类似的问题。所以教师要正确对待网络媒体的影响，坚守自己的理念和原则，做一名合格的人民教师，做到问心无愧。

### 四、教师自身发展的专业性欠缺

随着教育改革的深入发展，教师会不断面对新要求、新问题和新现象。而教师在这些方面的相关专业知识和技能未曾经过系统的学习与积累，所以在面对这些问题时难免有挫折和压力。比如，教师的班上有学习困难学生、行为问题学生、心理问题学生、网络成瘾学生存在，教师需要做更多的工作，也要承担更多的压力。教师作为教书育人的专业人员，只有在面对这些挑战和困难时，才能更充分、更有效地体现教师的专业性。教师要做到大爱无别，不管面对什么样的学生和问题，都需要以积极的心态、专业的理念去面对和解决。恰恰是这些需要特殊帮助和特殊对待的学生，正是挑战教师的专业性和激发教师去学习、去研究的内在动力。

## 第三节　中小学教师对工作负荷的积极调适

综合以上研究和分析，当前大多数中小学教师工作负荷的超界与超量并存。教师的情绪状态既受到其工作生活状态的影响，同时又影响其工作生活状态。因此，只有教师以理性的认知、积极的心态去认识和看待当前的工作负荷，才能以良好的心态去做好日复一日、年复一年的工作，自己也才能在工作中实现自我价值，才能体验到工作带来的价值感和意义感。否则，整天埋没在没完没了的工作中，消极对待，既影响自己的身心健康，也不利于教育教学工作的高质量完成。教师需要以正面的心态、积极的情绪和扎实的行动来积极应对工作负荷。

## 一、认知上正面积极看待

认知决定行动。有什么样的认识，就会有什么样的行为，所以认知对于一个人的发展是至关重要的。教师首先要正确认识自身承担的各种各样的工作负荷。

### (一)新时代教师要有新时代教师的样子

新时代对教师的教育教学工作提出了更多的挑战。比如，在信息化、网络化时代，首先，教师面对的专业挑战更强，教师不再是知识的唯一掌舵者。学生可以随时随地接受很多新的知识、观点、思想，甚至很多不良的信息。过去是"学生不知道，教师知道"，而现在是"学生知道，教师不知道"。因此过去的"要交给学生一碗水，教师需要有一桶水"的理论在当今时代的教师身上也不足以支撑其教育教学工作。其次，教师的工作边界变得模糊，特别是时间边界越来越广。无论是在法定工作时间还是在休息时间，教师可能都要接受一定的工作任务。最后，经济社会发展给教育带来很多新的不可避免的问题。比如，随着城镇化进程的加快而出现的进城务工人员随迁子女教育、留守儿童教育等问题，给教师提出了更多的要求，带来了更多的挑战。

### (二)教师具有承担国家使命和公共教育服务的职责

由于教师是教育系统中的组织人和社会中的社会人，因此必须完成一定的教育教学任务，承担一定的经济社会发展责任。教师是通过培养数以亿计的合格人才、高素质人才来参与到社会主义现代化建设进程中。当前，教育改革发展进入深水区和关键期，很多教育问题和教育难题的解决及破解需要社会各方的共同努力。教育不是在真空中发展，一方面，教育改革发展需要经济社会提供坚实的基础和后盾；另一方面，教育改革发展又要着眼于适应经济社会发展的需求。这就需要教师充分了解当前经济社会发展的现状和动向，这些新的形势和新的调整对我们的教育、对我们培养未来走向社会的人才提出了新的要求。只有教师在日常教育教学工作中能够不断关涉、渗透这些新形势和新挑战，才能够使我们培养的人才在未来经济社会中有用武之地，立于不败之地。

经济社会和教育改革发展到今天，产生了很多新问题、新矛盾和新事物，也给教师带来一些新任务。教师要有大胸怀和大境界，胸怀祖国和人民，关心社会。当然教师需要在完成教书育人本职工作的基础上，为经济社会发展和实现民族伟大复兴做出新的贡献。

这些越来越繁杂的工作要求和工作任务势必会影响教师的正常工作秩序，给教师带来新的压力和挑战，在一定程度上影响教师的工作情绪和心理状态。教师要站在大国良师的角度，加强自我调整，克服不良情绪对本职工作和自身心理健康的影响。

## 二、行动上坚持多管齐下

关于工作负荷的自我调节，无论怎样正面积极地去看待，无论怎样去克服负面情绪，最关键的还是要行动起来。

### (一)加强时间管理

时间管理是一门让工作和生活变得井然有序的艺术，可以给人们带来方向感和成就感。① 加强时间管理需要培养针对固定时间、零碎时间、休闲时间和机动时间的规划能力、监控能力和评估能力。

一是培养时间规划能力。时间规划能力就是教师为不同类型的工作任务安排好相应的时间，根据工作任务的不同性质，为每类工作任务设计好相应的时间的一种能力。具体来说，就是要规划好自己的固定时间、零碎时间、休闲时间和机动时间。教师的工作主要分为教育教学及其相关工作和非教育教学工作，其中前者为核心和本职工作，因此时间规划要围绕这些工作的安排来进行。即要为上课、备课、批改作业、学生辅导、家校沟通、校本研修、参加培训、自主学习等固定工作安排好相应的时间，其他活动时间要围绕固定项目的时间来安排。

---

① 王俊玲：《中小学教师时间管理的问题与对策》，硕士学位论文，内蒙古师范大学，2013。

备课、上课、批改作业、家校沟通、集体备课、校本研修等都属于固定项目，这就要求教师规划固定时间。大量的非教育教学相关工作，如迎接各种检查、参与社会事务、撰写各种材料等工作，这些属于教师工作的副业，因此教师要规划一些零碎时间和机动时间来完成这些任务，同时还要兼顾自己的个人学习和专业提升。教师更多地用一些零碎时间和机动时间，甚至是休闲时间来加强自我提升。

二是培养时间监控能力。时间监控能力主要是指教师能够形成高效、集中、自律的工作习惯，所具有的一种较强的抗干扰能力。虽然教师能够根据具体工作任务的性质和要求为每项工作规划出相应的时间，但是教师究竟能否有效地落实和执行还面临一定的挑战。如上文所述，教师的教育教学本职工作已经是在多面夹击下进行的，教师每天要接受来自多个方面的任务和要求，要完成本职工作必须拼尽全力。这就需要教师能够在面对纷繁复杂的各种临时性、事务性工作，处理师师、师生等多种人际关系，迎接教育改革发展的新要求和新任务中，保持稳定、持久的时间监控能力，而不让多样化的工作要求和工作任务打乱自己已有的安排。如果教师整天被这些次要的事务性工作缠身，会使自己筋疲力尽，情绪低落，失去方向，那么教师的工作就难以有好的质量和效果，也难以实现稳步的进步。

良好的时间监控能力就是保证时间用到实处，该做什么的时间就用于做什么，而不能通过无限拉长工作时间来完成工作任务，不能通过牺牲休息时间来完成工作任务，也不能通过挤占和挪用机动时间来完成工作任务。教师要真正实现工作时精神饱满，休息时彻底放松，灵活处理机动时间，充分利用碎片时间的有效时间利用格局。

三是培养时间评估能力。时间评估能力主要是指教师对自己规划、运用和监控时间的行为和能力的综合分析与深入反思，并能找出自身的不足和优势的一种综合能力。教师能够充分根据自身情况、工作要求和条件支持等多方面因素对自己的时间能力进行综合评价，明确自我的时间规划能力和时间监控能力。

## (二)全方位提升自我

教师的时间管理能力的提升需要以自我专业能力的提升为保障。教师要充分利用各种网络资源、培训计划、自主时间加强专业学习，加强理论提升，拓展知识空间，加深教学研究的深度和难度，综合提升自己的专业能力，提升教学设计能力、学生管理能力、师生沟通能力、应对特殊问题或突发难题的能力和特别教育及辅导特殊学生的能力，让自己能游刃有余于各项具体工作中，以此能在不断增加的工作强度下提升自身的工作效率。这样教师才可能有更多自己的机动时间和休闲时间。

教师的专业性体现在更广泛的方面上。通常我们认为教师的专业性主要体现在教师任教的学科上，教师能够精通某门学科的发展历史、知识体系和最新进展。更重要的是，其还体现在教师能处理好教育教学中的关系性问题。比如，有的教师会提到自己班上有留守儿童、进城务工子女或者有心理与行为问题的学生，感到如果没有这些学生的存在，自己的工作任务会少很多。但是，这恰恰是体现教师的专业性的地方。

# 第八章　中小学教师工作负荷的制度重构

中小学教师工作负荷是连接教师工作现实和教师相关制度之间的重要变量。从工作要求—资源模型理论的视角来看，要使教师从主观上承受和认可工作负荷对教师的工作要求，使教师取得工作和生活的平衡，为教师提供更多的工作需要的资源和支撑。

## 第一节　教师编制标准制度重构

教师编制是由国家人事部门核定的中小学教职工身份的象征和标识，是教师依法获取工资、津贴补贴、社会保险和相关福利等合法权益与待遇的基本路径。科学合理的编制标准，是保障教育事业有序和健康发展的基本前提与重要保障。教师编制标准不仅是保障教育改革发展所需的一定数量的教师，而且是提高教师队伍整体素质的重要方式。但是，一方面，从我国基础教育发展现状来看，教师编制标准整体较低，且偏向城市，城乡倒挂现象严重，由此导致中小学教师特别是农村偏远地区村小、教学点的教师数量不足，难以满足农村中小学基本的教学和学校运转的需要，保障和提高教育教学质量更无从谈起。另一方面，我国教育发展正在从"有学上"到"上好学"的方向转变，教育公平的呼声也从机会公平转向过程公平。满足学生的个性需求，实现每名学生的个性发展与全面发展成为教育改革与发展的终极目标。而现行单纯以学生数量为标准的教师编制标准政策难以满足偏远地区学校和教学点的教学需要,难以适应新课程改革对教师的新要求,难以保证教师有充足的时间进行教育教学反思、教育科研、持续学习,也使教育质量的提升失去了关键保障。因此,从政策变迁的角度考察我国中小学教师编制标准,对于完善我国中小学师资配置、充分支撑我国教育发展的促进公平和提高质量的两大战略任务具有重要的现实意义。

## 一、中小学教师编制标准政策的变迁历程

改革开放以来,教师编制标准政策经历了三次改革。一是以 1984 年颁布的《教育部关于中等师范学校和全日制中小学教职工编制标准的意见》为代表,以班师比为教师编制标准,且城镇小学教师配置标准高于农村小学,初中与高中教师配置标准实现城乡统一。二是 2001 年国务院办公厅转发的由中央编办、教育部、财政部共同制定的《关于制定中小学教职工编制标准的意见》,指出教师编制标准由班师比变为生师比,小学、初中和高中教师编制标准的城乡倒挂现象突出。三是 2014 年《中央编办 教育部 财政部 关于统一城乡中小学教职工编制标准的通知》提出,将县镇、农村中小学教职工编制标准统一到城市标准,即高中教职工与学生比为 1∶12.5,初中为 1∶13.5,小学为 1∶19。以关键事件为标志,将中小学教师编制标准政策的变迁历程分为以下三个阶段。

### (一)城乡均衡导向下班师比的教师编制标准(1984—2000 年)

改革开放初期,为适应"四化建设"对教育发展提出的新要求,需要进一步调动中小学教师的工作积极性,提高工作效率。在此背景下,教育部研究起草了中小学教职工编制标准讨论稿,经多方征求意见和研究讨论,但由于中小学涉及面较广,地区间的差别较大,难以确定适应这种差别的编制标准而没有颁布。教育部只发布了《中等师范学校和全日制中小学教职工编制标准参考表》供各地研究制定标准时参考。该文件明确要求以校为单位按班计算(包括单设和合设);每班的学生人数按照学校业务半径内的学生来源确定。规模大、条件好的学校适当紧些,规模小、条件差的学校要

适当宽些。牧区、山区、湖区和海岛等人口稀少地区的每班的学生人数，可按实际情况适当减少或举办复式班。自此以后的近 20 年间，我国中小学教师编制标准为班师比，即在班额标准的范畴下，每个班级配备一定数量的师资。1984 年的教师编制标准如表 8-1 所示。

表 8-1  1984 年的教师编制标准

| 学校类型 | 城镇 | | 农村 | |
| --- | --- | --- | --- | --- |
| | 平均班额 | 每班平均教职工数 | 平均班额 | 每班平均教职工数 |
| 高中 | 45～50 | 4.0 | 45～50 | 4.0 |
| 初中 | 45～50 | 3.7 | 45～50 | 3.5 |
| 小学 | 40～45 | 2.2 | 30～35 | 1.4 |

### （二）城市优先导向下生师比的教师编制标准（2001—2009 年）

改革开放以来，我国基础教育取得了辉煌成就。基本普及九年义务教育和基本扫除青壮年文盲的目标初步实现，素质教育全面推进。但我国基础教育的总体水平还不高，发展不平衡，一些地方对基础教育重视不够。进入 21 世纪，基础教育面临新的挑战，改革与发展的任务仍十分艰巨。2001 年 5 月 29 日颁布的《国务院关于基础教育改革与发展的决定》提出："加强中小学教师编制管理。中央编制部门要会同教育、财政部门制定科学合理的中小学教职工编制标准。省级人民政府要按照国家有关规定和编制标准，根据本地实际情况，制定本地区的实施办法。各地要核定中小学教职工编制，规范学校内设机构和岗位设置，加强编制管理。对违反编制规定擅自增加教职工人数的，要严肃处理。"2001 年的教师编制标准如表 8-2 所示。

表 8-2  2001 年的教师编制标准

| 学校类别 | | 教职工与学生比 |
| --- | --- | --- |
| 高中 | 城市 | 1∶12.5 |
| | 县镇 | 1∶13 |
| | 农村 | 1∶13.5 |

续表

| 学校类别 | | 教职工与学生比 |
|---|---|---|
| | 城市 | 1∶13.5 |
| 初中 | 县镇 | 1∶16 |
| | 农村 | 1∶18 |
| | 城市 | 1∶19 |
| 小学 | 县镇 | 1∶21 |
| | 农村 | 1∶23 |

注：城市指省辖市以上大中城市市区，县镇指县（市）政府所在地城区。

### （三）城乡统一取向下生师比的教师编制标准（2010 年至今）

随着教育事业的进一步发展，在教育普及水平大幅提高和人人都能上学的背景下，社会各界对教育公平的呼声越来越强烈。长期实行城乡二元结构导致城乡教育差距成为政府和学界的核心关注点。2010 年，《国家中长期教育改革和发展规划纲要（2010—2020 年）》明确规定"逐步实行城乡统一的中小学编制标准，对农村边远地区实行倾斜政策"。2012 年 9 月颁布的《国务院关于深入推进义务教育均衡发展的意见》提出："各地逐步实行城乡统一的中小学编制标准，并对村小学和教学点予以倾斜。合理配置各学科教师，配齐体育、音乐、美术等课程教师。"《国务院关于加强教师队伍建设的意见》再次强调"逐步实行城乡统一的中小学教职工编制标准，对农村边远地区实行倾斜政策"。2014 年 11 月，《中央编办 教育部 财政部关于统一城乡中小学教职工编制标准的通知》明确提出"统一编制标准，促进城乡中小学教育资源均衡配置"。这一时期最大的变化是城乡统一教师编制标准，实施了 30 年的城乡差别的教师编制标准政策走向终结。2014 年的教师编制标准如表 8-3 所示。

表 8-3　2014 年的教师编制标准

| 学段 | 教职工与学生比 |
|---|---|
| 高中 | 1∶12.5 |
| 初中 | 1∶13.5 |
| 小学 | 1∶19 |

## 二、我国中小学教师编制标准制度的深层结构变迁

作为教育公共政策重要组成部分的教师编制标准制度当属社会公共政策的范畴，是政府配置教育资源的一项公共政策，必然受到国家宏观制度的影响和制约。从上文阐述的三次大的改革历史中可以看出，教师编制标准制度受到当时国家政治、经济等宏观环境的影响。

### (一)精简效能的政治体制改革决定了教师编制标准的数量从紧

1976—1981 年，国务院的工作部门达到了 100 个，人员编制达到 5.1 万人。臃肿的管理机构已不能适应改革开放和经济社会发展的需要，亟待改革。党的十一届三中全会以后，中国进入了一个新的发展时期，开始了以经济建设为中心的社会主义现代化建设新征程。为此，1982 年 2 月 22 日，第五届全国人民代表大会常委会第二十二次会议通过了《关于国务院机构改革问题的决议》。这次改革明确规定国务院各部门从 100 个减为 61 个，人员编制从原来的 5.1 万多人减为 3 万多人。①《关于国务院机构改革进展情况和三项议案的说明》明确提出："必须保证完成紧缩国务院工作人员编制的任务。定额不定员不等于没有编制。国务院整个工作人员编制精简三分之一左右的要求要努力实现，并且要把编制定额落实到各个具体单位。紧缩编制必须是真正的紧缩，绝对不允许弄虚作假。"由此开启了一场以精简机构和控制编制为核心任务的国家行政体制改革。正是在这样的宏观政治背景下，1984 年，新中国第一个教师编制标准政策《教育部关于中等师范学校和全日制中小学教职工编制标准的意见》应运而生。如上文所述，该文件提出了学校机构的设置原则和师资配置的以学校为单位、以班师比为指标的标准。据官方统计数据，普通中学教职工由 1978 年的 391.7 万人减少到 1986 年的 355.69 万人。② 1993 年，《中国教育改革与发展纲要》进一步提出，精简机构和人员，提高办学效益；要制定合理的学校人员编制标准，

---

① 引自《1982 年国务院机构改革的情况》。
② 中华人民共和国国家教育委员会计划建设司：《中国教育统计年鉴 1989》，11 页，北京，人民教育出版社，1989。

严格考核，精简人员，提高每名教师负担的学生人数。1999 年,《中共中央国务院关于深化教育改革全面推进素质教育的决定》再次提出"加强编制管理，精简富余人员"。"精简人员"连续两次出现在当时教育改革发展的最高级别的文件中，充分显示了教师编制标准政策的从紧导向。2001 年,《关于制定中小学教职工编制标准的意见》提出"要根据条件逐步进行中小学布局结构调整，精简压缩教师队伍"。由此可见，教育领域也开展了一场以精简人员提高效率的教师编制标准改革。

**(二)效率优先的发展战略决定了教师编制标准的城市倾向**

1978 年 12 月 18—22 日召开的党的十一届三中全会，把全党的工作着重点转移到以经济建设为中心的社会主义现代化建设。1981 年 11 月 30 日—12 月 13 日召开的第五届全国人民代表大会第四次会议强调提高经济效益是解决一切经济问题的根本出发点。1993 年,《中共中央关于建立社会主义市场经济体制若干问题的决定》提出"建立以按劳分配为主体，以效率优先、兼顾公平的收入分配制度，鼓励一部分地区一部分人先富起来，走共同富裕的道路"。普及义务教育的历程也体现了让一部分人先富起来的理念。针对各地经济社会及教育发展的不平衡状况，全国先以省为单位划分成"三片地区"，以县为单位提出"三步走"步骤。1996 年在 40%～45%的人口地区(城市和经济发展较快的农村)"普九"，1998 年在 60%～65%的人口地区(经济发展中等的人口地区)"普九"，2000 年在 85%的人口地区(经济发展中等地区和少部分贫困地区)"普九"。①

1993—2000 年，城市化水平由 28.14%上升到 36.22%，城镇人口增加到 4.58 亿人。基于城镇化进程的加快，农村人口不断向城市流动，农村学龄人口减少，农村教育发展呈现出学校规模缩小和学校布局分散的特征。为此，2001 年《国务院发布关于基础教育改革与发展的决定》提出:"因地制宜调整农村义务教育学校布局。按照小学就近入学、初中相对集中、优化教育资源配置的原则，合理规划和调整学校布局。农村小学和教学点要在

---

① 张以瑾、范昀:《普及教育铸伟业》，载《中国教育报》，2011-06-29。

方便学生就近入学的前提下适当合并。"如果再按照之前的班师比进行师资配置，不易于计算和核定，师资的配置和使用效率低下。为适应城镇化进程的变化，2001 年《关于制定中小学教职工编制标准的意见》提出了明确的教师编制标准：一是教师编制标准由过去的班师比改为生师比；二是具有明显的城乡差异，农村教师编制标准低于县镇，县镇低于城市，城市倾向主义突出。如表 8-2 所示，城市、县镇、农村的高中生师比教师编制标准分别为 12.5：1，13：1 和 13.5：1；初中生师比教师编制标准分别为 13.5：1,16：1 和 18：1；小学生师比教师编制标准分别为 19：1，21：1 和 23：1。由此可以看出，师资配置也被打上了深深的城市倾向、效率优先的烙印。这一教师编制标准严格以生师比来核定教师的数量，这样教职工的数量完全取决于在校学生的数量。这种教师编制标准存在整体偏紧、偏重城市和城乡严重倒挂的突出缺陷。①

新中国成立以来，各个行业领域均实行"以农补工""以农村支持城市"的政策和高度集中的计划经济体制。政府主导资源配置，各种资源分配均体现城市集中的原则，客观上形成了城乡二元社会结构，造成了城乡经济社会发展差距大的局面。尤其是改革开放后的几十年，教育政策与制度的设计遵循效率优先、兼顾公平的价值取向，政府将有限的资源优先投入效率高的城市。教师编制标准制度也难逃这一宏观背景和导向的影响与制约。

### (三)追求公平的社会价值导向下城乡统一的教师编制标准

经过改革开放几十年的发展，我国在经济、政治和文化等领域取得了举世瞩目的成绩，经济实力大幅提升，经济总量居世界的位次稳步提升，对世界经济增长的贡献不断提高。1978—2008 年，我国经济总量由世界第 10 位上升为世界第 3 位，2010 年超过日本，成为仅次于美国的世界第二大经济体。② 教育普及程度明显提高，城乡免费九年义务教育全面实现。国民

---

① 李影：《对农村小学教师超编现象的透视——基于对宿州市埇桥区 A 乡中心校校长的访谈》，载《中国教师》，2010(4)。

② 国家统计局：《改革开放铸辉煌 经济发展谱新篇——1978 年以来我国经济社会发展的巨大变化》，载《人民日报》，2013-11-06。

受教育程度大幅提升。6 岁及以上人口平均受教育年限由 1982 年的 5.2 年提高到 2012 年的 8.9 年。① 收入差距的基尼系数由 20 世纪 80 年代初的 0.3 上升到 2008 年的 0.491。2005 年 2 月，胡锦涛在省部级主要领导干部提高构建社会主义和谐社会能力专题研讨班上的重要讲话中首次提出，在促进发展的同时，把维护社会公平放到更加突出的位置；依法逐步建立以权利公平、机会公平、规则公平、分配公平为主要内容的社会公平保障体系。党的十六届五中全会提出，要"更加注重社会公平"。这是中央全会首次在其决议中对 1993 年中央文件提出的"效率优先、兼顾公平"原则正式做出重要调整。2007 年，温家宝在《关于社会主义初级阶段的历史任务和我国对外政策的几个问题》中首次将实现公平与正义和发展生产力相提并论，并将其作为社会主义初级阶段的两大任务。② 党的十七大报告多处提到"社会公平"，如"教育公平是社会公平的重要基础"。此外，党的十七大报告专门指出："统筹城乡发展，推进社会主义新农村建设。解决好农业、农村、农民问题，事关全面建设小康社会大局，必须始终作为全党工作的重中之重。要加强农业基础地位，走中国特色农业现代化道路，建立以工促农、以城带乡长效机制，形成城乡经济社会发展一体化新格局。"由此开启了由"效率优先、兼顾公平"转向"更加注重社会公平"的社会主义建设时期。

　　过去城乡倒挂的教师编制标准，使城乡师资的差距越来越大。这个差距不仅体现在教师队伍的数量上，而且体现在教师队伍的质量和结构上：农村教师的数量不足，难以开齐开全课程，偏远地区农村学校日常运转困难。2010 年，温家宝在日本东京接受电视台专访时表示："促进社会公平正义，首先是教育，教育公平是最大的公平，教育公平就是为人人提供同等的受教育机会，中国将继续把这件事情做好。"为了促进教育公平，实现城乡义务教育均衡发展，国家明确提出实行城乡统一的教师编制标准。

---

① 国家统计局：《改革开放铸辉煌　经济发展谱新篇——1978 年以来我国经济社会发展的巨大变化》，载《人民日报》，2013-11-06。

② 温家宝：《关于社会主义初级阶段的历史任务和我国对外政策的几个问题》，载《人民日报》，2007-02-27。

## 三、我国中小学教师编制标准制度的历史性变迁

历史制度主义的历史分析范式旨在通过对政策过程的选择、变更、替代的历史轨迹的回顾，阐明过去对现在和未来的重要影响。这一范式的分析主要包括两个维度。一是制度演进过程中的路径依赖。"制度变迁的路径依赖性，即具有正反馈机制的随机非线性动态系统存在的某种不可逆转的自我强化趋势，它使制度趋于沿着固定轨道一直演化下去，即使有更好的选择，演化路径亦很难使之改变。路径依赖是架构过去、现在和未来之间的桥梁。"①二是制度变迁中的动力机制。制度的变革需要抓住"历史否决点"，即一套制度的脆弱之处。"历史否决点"的出现通常是由于外部宏观环境发生重大变化，即特定制度背景的改变致使现行制度发生变迁，由此为制度变迁提供契机。

### (一)收益递增：中小学教师编制标准制度的路径依赖

2001 年，《国务院关于基础教育改革与发展的决定》规定了基础教育管理体制，即"在国务院领导下，由地方政府负责、分级管理、以县为主的体制"。历次国家教师编制标准政策明确要求，教师编制核定采取以县为单位的方式。因此，教师编制标准制度的执行主体为县级政府，以教师编制标准为代表的教师编制标准决定了该县的财政投入。虽然 1984 年和 2001 年的编制标准均具有从紧和城乡倒挂的特征，编制从紧意味着投入较低，城乡倒挂正好符合行动者追求资源配置效率的期望，但这一特征恰恰降低了县级政府执行这一制度的单位成本。县级政府将有限的资源投入基础好和发展潜力大的城市地区，带来较高的资源配置效率，因而制度继续运行的追加成本较低，使这一整体从紧和城乡倒挂的教师编制标准制度陷入运行的惯性。而且教师编制标准由班师比走向生师比，进一步降低了编制核定工作的难度和不可控性，因为班师比的标准首先要在全面掌握学生数量的

---

① 吕普生：《中国行政审批制度的结构与历史变迁——基于历史制度主义的分析范式》，载《公共管理学报》，2007(1)。

基础上，根据教育阶段和所在地区划分为合理的班额，再进一步计算所需要的教师编制数量；生师比的计算方法省去了中间一步，直接根据教育阶段和所在地区计算所需要的教师编制数量。因此，这种绝对数量取向的教师编制标准制度依然沿着历史的路径前进，陷入一种制度的锁定状态。

首先是学习效应。从国际范围来看，班师比、生师比是师资配置的主要数量指标。虽然教师编制标准由班师比走向生师比，并几次调整教师编制标准的价值取向，由效率优先走向注重公平，但是教师编制标准的内在逻辑始终一致，即基于服务对象确定所需服务人员的数量。这充分说明路径依赖的惯性力量，按照既定路径前行成本低，风险也低。

其次是协同效应。中小学教师编制标准制度变迁涉及中央政府、地方政府和具体学校三级部门。为适应经济社会发展的战略需求，满足经济社会发展对教育提出的要求，中央政府不断调整教师编制标准制度。但每次调整后的制度均给予地方一定的灵活性。比如，1984 年的相关政策提出，关于中等师范学校和全日制中小学教职工的编制标准，可由各省、自治区、直辖市教育厅（局）自行确定并报部备案。2001 年的相关政策提出，由于我国地区差异较大，各地经济发展水平不平衡，各省、自治区、直辖市在制定中小学教职工编制标准的实施办法时，可根据本地生源状况、经济和财政状况、交通状况、人口密度等，对附表中提出的标准进行上下调节。因此，地方政府在执行教师编制标准制度时，会充分考虑自身组织的合法性而遵循中央政府的要求；具体学校作为教师编制标准制度的客体，虽然会面临一些问题，但是在这种政府主导的资源配置中只能适应，无力做出大的改观。因为制度创新意味着“实施成本”“摩擦成本”等多种成本，“搭便车”成为利益相关者的习惯性选择。因此，制度创新相关主体的协同效应，使由中央政府控制和主导的整体从紧的教师编制标准制度的变迁陷入渐进式变迁。

最后是适应性预期。制度一旦确立，相关行动者对该制度的适应性预期会增加，进而形成其由既定制度强化的习惯；多数人会由于相同的认知而产生趋同的行为模式，制度由于行动者的趋同行为而得到不断强化。改革开放初期建立的班师比的教师编制标准制度，以及 2001 年建立的生师比和进一步强化的城乡倒挂的教师编制标准制度，使行动者对既有制度产生依赖和适应性预期。这种自始至终的适应性预期，使教师编制标准制度始终未走出基于服务对象数量的制度逻辑。

### （二）历史否决点：中小学教师编制标准制度的断裂与变迁

历史制度主义认为，从变迁的幅度和程度的角度来看，制度变迁主要分为渐进式制度变迁和决裂式制度变迁。前者是指在已有制度框架下的渐进式变迁，后者是与已有制度的彻底决裂。纵观改革开放以来我国中小学教师编制标准制度的变迁历程可以发现，两种制度变迁均有体现，但仍以渐进式变迁为主。

首先是渐进式制度变迁。改革开放后，为适应经济社会发展对行政管理的需求，克服机构的臃肿状态，国务院实行了多次以"精简"为目标的改革。同时经济发展战略突出以城市为中心，以农村反哺城市的战略和效率优先、兼顾公平的社会发展价值取向，这一背景导致了历史上长期存在的整体从紧的教师编制标准制度。从 1984 年城乡有别的班师比的教师编制标准制度的建立，到 2001 年城乡倒挂的生师比的教师编制标准制度代替 1984 年的制度，一方面新制度沿用旧制度中的基于学生数量的教师编制标准，另一方面新制度进一步强化了旧制度中的城乡差别。无论是从制度的基本逻辑来看，还是从制度的价值取向来看，这两次改革属于渐进式制度变迁，未突破旧制度的框架。

其次是决裂式制度变迁。随着经济的快速发展和人民生活水平的不断提高，基本普及九年义务教育目标的达成，使社会发展和教育发展均从规模扩张走向追求公平。党的十七大报告首次正式提出促进社会公平，统筹城乡发展。此后，以缩小城乡师资的差距来缩小城乡教育差距的命题逐步进入学者和政府的视野，正是这一关键历史节点的出现，使教师编制标准制度由城乡倒挂走向城乡统一。教师编制标准制度正式与实行了 20 多年的城市优先的教师编制标准制度决裂。

## 四、我国中小学教师编制标准制度的改革趋势

中小学教师编制标准制度是国家教育制度安排的重要内容。从制度的功能出发，教师编制标准制度应该适应国家促进教育公平和提高教育质量的战略需求，应该满足每一所学校日常教育教学工作的需求，应该满足促进每名学生的个性发展与全面发展的需求，应该满足新课程改革的需求，应该满足教师专业化理念对教师提出的要求。为此，中小学教师编制标准制度亟须制度创新。

一是制度逻辑从数量逻辑走向质量逻辑。人们对教师编制标准制度的批评从城乡倒挂转向基于单一生师比的不合理。从班师比到生师比和从城乡倒挂到城乡统一的教师编制标准制度的变迁均是在数量逻辑的教师编制标准制度框架下的渐进式变迁，从满足促进教育公平和提高教育质量的国家教育发展战略需求，从践行以人为本的办学理念，从深入推进新课程改革，从促进教师专业发展和提高教师职业幸福感的角度出发，教师编制标准制度必须进行决裂式制度变迁，实现从数量逻辑走向质量逻辑的教师编制标准制度。研究表明，现行生师比为主的教师编制标准制度下，农村地区教师工作负荷过重。工作负荷过重给教育发展带来一系列危害，如聘用代课教师；使教师身心疲惫和产生职业倦怠；过多的工作负荷挤占了教师精心备课和批改作业的时间，使教学效果大打折扣。[①] 此外，中小学教师的工作任务繁多，工作时间偏长，如课时量偏高；各种科研、教研、继续教育、教育教学比赛和各种检查评比、学生课外活动、家校合作等非教学工作负荷日益繁重。[②] 在倡导教育公平和保证每个孩子接受高质量教育的诉求下，教师编制标准的范围应该从县域转向具体的每一所学校。每所学校所需的教师数取决于学校的年级数量、班级数量、课程门类和周课时数等因

---

① 刘善槐、邬志辉、史宁中：《我国农村学校教师编制测算模式研究》，载《教育研究》，2014(5)。

② 郝保伟、鱼霞：《从现状透视中小学教职工编制管理的问题与政策走向》，载《教师教育研究》，2013(6)。

素，不仅仅取决于这所学校的整体学生数量。教育部相关负责人曾表示，完善农村教师的配置标准，由单纯的生师比转向班师比、科师比等配置标准。这显示出教师编制标准制度创新的决策意愿。① 为此，建议建立以工作负荷为基本指标的教师编制标准制度。在保障教育质量、国家课程计划、新课程改革的任务和要求与教师专业标准的框架下，核算不同学段、不同年级、不同学科教师的基本工作负荷，根据工作负荷总体合理的标准确定所需要的教师。

二是制度价值应该突出专业价值取向。1966 年，国际劳工组织和联合国教科文组织联合发布的《关于教师地位的建议》提出，教学应该被视为一种专业，它是公共服务的一种形式，需要教师通过严格的和持续的学习获得和保持专业知识和专业技能，要求个体和集体对于教育以及他们所负责的学生的福利有一种责任感。《中华人民共和国教师法》第三条规定"教师是履行教育教学职责的专业人员"。为此，教师集体作为一个专业组织，有其内部的专业逻辑，不能以国家行政组织逻辑来掩盖教师组织的专业逻辑。一方面，教师的工作对象是活生生的、千差万别的、不断发展的生命体，而不是标准化的产品。教师不可能用一种模式去塑造学生，也不可能用一个标准去要求学生，这一过程必然充满偶然性和多样性。另一方面，教师的工作性质是专业性工作，教师的工作是教书育人，具有复杂脑力劳动的特点。② 因此师资配置不能借用其他生产组织的逻辑，而应该秉持教育和教师职业自身的专业价值，充分考虑城乡学校、不同区域学校的具体情况和实际需求，以促进所有学生的个性发展和全面发展为目标来制定教师编制标准。

## 第二节　教师工资制度重构

中小学教师工资由教师劳动人事制度和财政预算标准直接规定。当前

---

① 纪秀君：《城镇化引出农村教师发展困局》，载《中国教育报》，2014-09-22。
② 顾明远：《教师的职业特点与教师专业化》，载《教师教育研究》，2004(6)。

我国中小学教师工资由岗位工资、薪级工资、绩效工资和津贴补贴四部分组成。岗位工资和薪级工资属于基本工资，标准相对统一。绩效工资和津贴补贴由地方财政水平来决定，地区差异比较大。本书通过对改革开放以来中小学教师工资制度变革历程的分析发现了教师工资制度存在的问题和不足，基于工作要求—资源模型理论的视角，着眼于当前中小学教师工作负荷的现状，为未来中小学教师工资制度改革提出一定的对策建议。

## 一、中小学教师工资制度改革由市场化取向走向公益化导向

我国中小学教师工资制度的雏形是在 1956 年工资制度改革的基础上形成的，具有明显的平均主义的特征。教师工资制度的改革是在整个社会职业单位改革的背景和框架下进行的。

### (一)1985 年中小学教师工资制度改革：结构工资制度

1985 年，《国务院工资制度改革小组、劳动人事部关于高等学校、中等专业学校、中小学教职工工资制度改革问题的通知》发布，并转发国家教育委员会制定的《中小学教职工工资制度改革实施方案》和《关于教师教龄津贴的若干规定》，明确提出中小学教师实行以职务等级为依据的结构工资制度。结构工资由基础工资、岗位工资、工龄津贴和奖励工资四部分构成，给予教师教龄津贴。教龄津贴的标准分别是教龄满 5 年、不满 10 年的，每月 3 元；满 10 年、不满 15 年的，每月 5 元；满 15 年、不满 20 年的，每月 7 元；满 20 年以上的，每月 10 元。具体的实施办法和细则由地方根据政策规定具体执行。

### (二)1993 年中小学教师工资制度改革：职务等级工资制度

1993 年，《国务院关于机关和事业单位工作人员工资制度改革问题的通知》和《国务院办公厅关于印发机关、事业单位工资制度改革三个实施办法的通知》明确提出，要贯彻按劳分配原则，克服分配中的平均主义。与此同时，中共中央、国务院发布《中国教育改革和发展纲要》，明确提出改革教育系统工资制度，提高教师工资待遇，逐步使教师的工资水平与全民所有制企业同类人员持平。要建立符合教育特点的工资制度和正常的工资增长

机制，切实保证教师的工资水平随国民收入的增长逐步提高。这一次改革的显著特点是给予地方和学校自主权，不搞全国"一刀切"，赋予学校调整内部工资关系、增加工资和学校基金分配的自主权。

此外，这一次教师工资制度改革具有了法律保障。1993 年，《中华人民共和国教师法》第二十五条规定："教师的平均工资水平应当不低于或者高于国家公务员的平均工资水平，并逐步提高。建立正常晋级增薪制度。"随后，1994 年，人事部、国家教育委员会联合下发《中小学贯彻〈事业单位工作人员工资制度改革方案〉的实施意见》，提出："新的中小学工资制度总称为中小学职务（技术）等级工资制。工作人员工资由职务（技术）等级工资和津贴两部分构成。职务（技术）等级工资为工资中固定的部分，主要体现工作能力、责任、贡献、劳动的繁重复杂程度；津贴主要体现各类人员的岗位工作特点、劳动数量和质量。在各单位工资总量构成中，职务（技术）工资部分占 70％，津贴部分占 30％。""中小学教师实行国家统一的职务序列和职务工资标准。"表 8-4 为我国中小学教师专业技术职务等级工资标准。

表 8-4　我国中小学教师专业技术职务等级工资标准　单位：元/月

| 职务等级 | 职务工资标准 | | | | | | | | | | 津贴部分 |
| --- | --- | --- | --- | --- | --- | --- | --- | --- | --- | --- | --- |
| | 一 | 二 | 三 | 四 | 五 | 六 | 七 | 八 | 九 | 十 | |
| 中学高级 | 275 | 305 | 335 | 365 | 395 | 435 | 475 | 515 | 555 | | 62～238（按照占工资总量比重的30％核算） |
| 中学一级 小学高级 | 205 | 225 | 245 | 265 | 285 | 315 | 345 | 375 | 405 | 435 | |
| 中学二级 小学一级 | 165 | 179 | 193 | 213 | 233 | 253 | 273 | 293 | 313 | 333 | |
| 中学三级 小学二级 | 150 | 162 | 174 | 192 | 210 | 228 | 246 | 264 | | | |
| 小学三级 | 145 | 156 | 167 | 183 | 199 | 215 | 231 | | | | |

### （三）2006 年中小学教师工资制度改革：岗位绩效工资制度

1993 年的中小学教师工资制度改革，在本应由财政决定的中小学教师工资中引入市场机制，虽然对于调动中小学教师的积极性发挥了显著作用，但是当时财政机制与市场机制的碰撞，是在公共财政并不健全和市场经济的法制化水平不高的情况下发生的，其结果必然是市场对公共利益的"侵蚀"。因此，2006年的事业单位工资制度改革的方向就是在继续完善事业单位工资制度的基础上，纠正市场机制产生的收入分配的社会公平问题。

人事部、财政部联合发布的《关于印发〈事业单位工作人员收入分配制度改革方案〉的通知》提出，事业单位实行岗位绩效工资制度，岗位绩效工资由岗位工资、薪级工资、绩效工资和津贴补贴四部分组成，其中岗位工资、薪级工资为基本工资。从形式上看，这份文件突出体现了技术性特征，将中小学教师的工资由结构工资转变为岗位绩效工资，没有体现出制度改革方向的变革，也符合当时占主导地位的渐进式改革理念。2008年，人力资源和社会保障部、财政部和教育部发布的《关于义务教育学校实施绩效工资的指导意见》更清晰地体现了公平性原则。该原则包含两部分内容：教师工资不低于当地公务员水平（行业平等）；县域内义务教育学校绩效工资水平大体平衡（校际平等）。

2006年的中小学教师工资制度改革虽然只是技术上的修正，但它却开启了科学化设计中小学教师工资制度的路径，让更多的人认识到工资制度是一项科学的制度设计，有赖于事业单位深化改革和养老保险制度的不断完善。2006年，事业单位工资制度改革后，中小学教师工资的财政决定机制占据主导地位，学校经费完全来自财政。其中，基本工资标准、常规增长建议部分由人力资源和社会保障部确定，绩效工资部分由地方政府根据物价和地方收入情况自行决定，学校内部绩效工资分配体现岗位和产出差异。这样，各级政府和学校都有自己的自主权，也体现了地区差异机制、时间变动机制和工作绩效差异机制。

### （四）2015年后的事业单位基本工资调整：提高工资标准

2006年后，中小学教师工资进行了"套改"，即按照基本工资、绩效工资和津贴补贴的结构，确定每名教师的岗位和职级。在基本工资不上调的情况下，中小学教师工资收入的调整就完全取决于由地方政府决定的绩效工资。地方政府财政收入情况、决策者对教师绩效工资的认识，都直接影响教师的收入水平。

2015 年，人力资源和社会保障部、财政部联合发布调整机关和事业单位工作人员基本工资标准的相关文件，将不同岗位专业技术人员的基本工资由 550～2800 元相应地提高到 1150～3810 元，也提高薪级工资，将中小学教师工资在此基础上再追加 10%。与此同时，该文件还规定绩效工资相应降低的数额。这次对基本工资的大幅调整，在一定程度上补偿了 10 年未调整的欠缺，同时纠正了绩效工资在工资构成中占比过高的结构性失衡问题。

2016 年，人力资源和社会保障部、财政部再次发布调整机关和事业单位基本工资标准的相关文件，将专业技术人员的基本工资由 1150～3810 元相应地提高到 1390～4850 元，也提高薪级工资，将中小学教师工资在此基础上再追加 10%。与此同时，该文件仍然规定了绩效工资降低的数额。至此，事业单位基本工资制度形成动态调整机制。

综合以上历次教师工资制度改革可以看出，中小学教师工资制度改革逐步从工资构成的变革走向工资标准的提升，工资改革更加凸显工作投入和工作付出，逐步形成工资增长机制。

## 二、我国中小学教师工资制度改革的发展趋势

从教师工作负荷的角度来看，教师工资应该与教师工作负荷相匹配。中小学教师工资制度改革应该着力提高基准工资、工资标准和完善工资增长机制，进一步提高中小学教师工资的吸引力和竞争力。

### (一)提高中小学教师工资标准

从上文来看，大部分中小学教师工作负荷整体呈现增长趋势。工作负荷是政府、学校和社会给予教师的要求与期望，期待教师践行更多的职责和使命，完成更多具体工作。有关统计数据表明，改革开放以来，1978—1998 年中的多数年份的教育行业平均工资是低于社会平均工资的，其中差

距最大的是 1978 年，如表 8-5 所示。1999 年之后，教育行业平均工资才能
赶超社会平均工资，但尚未高出多少。总体而言，教育行业平均工资与社会
平均工资几乎相当。

表 8-5　教育行业平均工资与社会平均工资的比较

| 年份 | 教育行业平均工资（元/年） | 社会平均工资（元/年） |
|---|---|---|
| 1978 | 545 | 615 |
| 1985 | 1166 | 1148 |
| 1986 | 1330 | 1329 |
| 1987 | 1409 | 1459 |
| 1988 | 1747 | 1747 |
| 1989 | 1883 | 1935 |
| 1990 | 2117 | 2140 |
| 1992 | 2715 | 2711 |
| 1993 | 3278 | 3371 |
| 1994 | 4923 | 4538 |
| 1995 | 5435 | 5500 |
| 1997 | 6759 | 6470 |
| 1998 | 7474 | 7479 |
| 1999 | 8510 | 8346 |
| 2000 | 9224 | 9371 |
| 2001 | 11210 | 10870 |
| 2002 | 13073 | 12422 |
| 2003 | 14399 | 14040 |
| 2004 | 16085 | 16024 |
| 2005 | 18259 | 18364 |
| 2006 | 20918 | 21001 |
| 2007 | 25908 | 24932 |
| 2008 | 29831 | 29229 |
| 2009 | 34543 | 32244 |

续表

| 年份 | 教育行业平均工资(元/年) | 社会平均工资(元/年) |
|------|------|------|
| 2010 | 38968 | 36539 |
| 2011 | 43194 | 41799 |
| 2013 | 51950 | 51483 |
| 2014 | 56580 | 56360 |
| 2015 | 66592 | 62029 |
| 2016 | 74498 | 66371 |

数据来源:《中国统计年鉴》(1988—2016)中各行业职工平均工资的数据;《中国劳动统计年鉴》(1998—2017)中各地区按行业分城镇单位就业人员平均工资的数据。

此外,从教育行业平均工资在国民经济各行业平均工资中的排名情况来看,2015 年以来,教育行业平均工资在国民经济 19 个行业平均工资中的排名上升至前 10 位,到 2017 年位居第 7 位,刚刚进入行业的前 40%,位居中上游水平,如表 8-6 所示。

表 8-6 教育行业平均工资在国民经济各行业平均工资中的排名情况

| 年份 | 行业排名 | 行业总数 |
|------|------|------|
| 1978 | 13 | |
| 1980 | 11 | |
| 1985 | 7 | |
| 1986 | 10 | |
| 1987 | 11 | |
| 1988 | 8 | 15 个行业 |
| 1989 | 11 | |
| 1990 | 10 | |
| 1991 | 13 | |
| 1992 | 12 | |
| 1993 | 14 | |
| 1994 | 11 | 16 个行业 |
| 1995 | 13 | |

续表

| 年份 | 行业排名 | 行业总数 |
|------|---------|---------|
| 1996 | 13 | |
| 1997 | 12 | |
| 1998 | 11 | |
| 1999 | 11 | 16 个行业 |
| 2000 | 11 | |
| 2001 | 10 | |
| 2002 | 10 | |
| 2003 | 11 | |
| 2004 | 12 | |
| 2005 | 12 | |
| 2006 | 12 | |
| 2007 | 12 | |
| 2008 | 12 | |
| 2009 | 11 | 19 个行业 |
| 2010 | 10 | |
| 2012 | 10 | |
| 2013 | 10 | |
| 2014 | 10 | |
| 2015 | 9 | |
| 2016 | 8 | |
| 2017 | 7 | |

数据来源:《中国统计年鉴》(1988—2016)中各行业职工平均工资的数据;《中国劳动统计年鉴》(1998—2017)中各地区按行业分城镇单位就业人员平均工资的数据。

因此,从教师承担的社会责任和职业使命来看,特别是从上文中关于教师工作负荷的分析来看,大部分中小学教师工资水平相对不高。我们需要从根本上提高中小学教师工资标准,让教师工资收入处于社会各行业工资收入的前三分之一。

### (二)改革中小学教师工资结构

目前，我国教师工资由岗位工资、薪级工资、绩效工资、津贴工资组成。2015 年，中小学教师职称改革将职称等级从低到高依次分为三级教师、二级教师、一级教师、高级教师和正高级教师。教师的岗位工资、薪级工资和绩效工资都与职称挂钩。绩效工资是由基础性绩效工资和奖励性绩效工资构成的，教师的岗位工资取决于职称，教师的薪级工资取决于职称和工龄，绩效工资的 70％即基础性绩效工资部分也根据职称分配。某课题组对全国 14 个省的 59 个县(区、旗)的调查显示，初级、中级、高级岗位的中小学教师工资平均水平分别约为每月 3159 元、3977 元、5265 元，职级之间的工资差距平均约为 1053 元，非常显著。[1]

作为最能体现教师实际投入的工作付出，如班主任工作、管理岗位工作、超课时工作量等尚未得到应有的工资补偿。班主任津贴和超课时津贴标准制定于 1988 年，过于陈旧、标准太低，全国范围内的平均值仅为 244.57 元/月，管理岗位津贴制度尚未建立。[2] 所以教师的"职称头衔"更能影响教师的工资，而最能反映教师工作实际的岗位却未得到应有的工资保障。

为此，要破除基于教师"职称头衔"的工资制度，建立基于教师工作实际的工资制度。要从根本上破除中小学教师评价中"唯头衔"的问题，首先要破除当前教师评价管理中的"唯头衔"制度设计，即改革中小学教师工资标准依据以及增长机制对"职称头衔"的依赖；破除"头衔"与各经济利益之间的联系。并不是说教师评价不需要外化的物质或经济利益驱动，而是需要从根本上提高中小学教师的工资待遇，特别是从行业比较以及与人均GDP 之比的视角提高教师的工作报酬。在不改变教师工资结构的前提下，提高班主任津贴、超课时津贴标准，建立管理岗位津贴制度。

---

① 李廷洲、陆莎、金志峰：《我国中小学教师职称改革：发展历程、关键问题与政策建议》，载《中国教育学刊》，2017(12)。
② 李廷洲、陆莎、金志峰：《我国中小学教师职称改革：发展历程、关键问题与政策建议》，载《中国教育学刊》，2017(12)。

# 参考文献

1. 戴吉亮，李保强. 中小学教师负担偏重的现实问题、原因与对策[J].教育理论与实践，2004(3).

2. 丁钢. 中国中小学教师专业发展状况调查与政策分析报告[M]. 上海：华东师范大学出版社，2010.

3. 杜文平. 关于新课程改革中教师工作量的调查与分析[J]. 中小学管理，2006(3).

4. 范冰. 英国学校改革新举措——"教师减负"工程[J]. 外国教育研究，2003(6).

5. 福建教育学院继续教育研究室. 关于新课改背景下教师工作负担的调查报告[J]. 福建基础教育研究，2009(6).

6. 傅龙，徐晓东. 听评课中新手教师与经验教师评价的实证研究[J]. 中国电化教育，2017(12).

7. 韩小雨，庞丽娟，谢云丽. 中小学教师编制标准和编制管理制度研究——基于全国及部分省区现行相关政策的分析[J]. 教育发展研究，2010 (8).

8. 何俊志，任军锋，朱德米. 新制度主义政治学译文精选[M]. 天津：天津人民出版社，2007.

9. 蒋衡. 西方二十世纪七十年代以来关于教师角色的研究[J]. 高等师范教育研究，2002(6).

10. 晋浩天，柴如瑾，邓晖. 教师减负，障碍究竟在哪里？[N]. 光明日报，2019-10-31(12).

11. 李洁. 重返生产的核心——基于劳动过程理论的发展脉络阅读《生产政治》[J]. 社会学研究，2005(5).

12. 李新. 教师的工作负担及其影响因素研究[J]. 上海教育科研，2019(3).

13. 李新翠. 为教师减负需要新思维和新技术[N]. 中国教育报，2019-12-20(2).

14. 李新翠. 我国中小学教师配置标准政策变迁的制度逻辑——基于历史制度主义的分析[J]. 教育研究，2015(10).

15. 李新翠. 中小学教师工作量的超负荷与有效调适[J]. 中国教育学刊，2016(2).

16. 刘会贵. 论幼儿教师不幸福的原因——以重庆市北碚区为例[J]. 经济研究导刊，2009(3).

17. 刘善槐，邬志辉，史宁中. 我国农村学校教师编制测算模式研究[J]. 教育研究，2014(5).

18. 柳丽娜，朱家存，周兴国. 县域教师编制动态管理中的"撇脂"现象及其矫正[J]. 教育发展研究，2018(2).

19. 柳士彬，胡振京. 论"减负"背景下教师负担的减轻及其素质的提高[J]. 继续教育研究，2002(1).

20. 吕普生. 中国行政审批制度的结构与历史变迁——基于历史制度主义的分析范式[J]. 公共管理学报，2007(1).

21. 马洪君. 关系霸权：劳动过程理论研究的新视角[J]. 浙江社会科学，2011(6).

22. 毛聪颖. 中小学教师负担过重的原因及对策研究[J]. 教育科学论坛，2009(11).

23. 明庆华，程斯辉. 论作为"人"的教师[J]. 课程·教材·教法，2004(11).

24. 秦玉友，赵忠平，曾文婧. 义务教育教师教学工作时间结构研究：基于全国 10 省 20 市（县）的数据[J]. 教师教育研究，2017(4).

25. 石中英. 教师职业倦怠的一种哲学解释[J]. 中国教育学刊，2020(1).

26. 孙传贵. 减轻教师过重负担　关注教师幸福指数[J]. 当代教育论坛(教学版)，2010(2).

27. 孙兆阳. 劳动控制与抵抗：西方劳动过程理论评述与启示[J]. 中国人力资源开发，2013(15).

28. 万勇. 关于教师地位的建议[J]. 外国教育资料，1984(4).

29. 汪建华. 劳动过程理论在中国的运用与反思[J]. 社会发展研究，2018(4).

30. 王富伟，胡媛媛，赵树贤. 小学教师典型一天的制度分析[J]. 全球教育展望，2018(9).

31. 王洁，宁波. 国际视域下上海教师工作时间与工作负担：基于 TALIS 数据的实证研究[J]. 教师教育研究，2018(6).

32. 王晓晖. 劳动过程理论：简史和核心理论[J]. 前沿，2010(10).

33. 王笑天，李爱梅，吴伟炯，等. 工作时间长真的不快乐吗？异质性视角下工作时间对幸福感的影响[J]. 心理科学进展，2017(1).

34. 王星. 技术的政治经济学[J]. 社会，2011(1).

35. 王毓珣，王颖. 关于中小学教师减负的理性思索[J]. 湖南师范大学教育科学学报，2013(4).

36. 魏叶美. 助力"教"与"学"：英格兰教师减负政策探析[J]. 全球教育展望，2020(1).

37. 闻翔，周潇. 西方劳动过程理论与中国经验：一个批判性的述评[J]. 中国社会科学，2007(3).

38. 邬志辉，陈昌盛. 我国义务教育阶段教师编制供求矛盾及改革思路[J]. 教育研究，2018(8).

39. 席梅红. 关于中小学教师工作负荷的实证调查研究[J]. 现代教育

论丛，2017(2).

40. 谢富胜. 当代资本主义劳动过程理论：三种代表性表述[J]. 马克思主义与现实，2012(5).

41. 邢强，唐文志，胡新霞. 中小学教师工作压力源及应对方式的关系研究[J]. 中国特殊教育，2008(6).

42. 闫祯. 农村中小学骨干教师负担偏重的问题、原因与对策[J]. 现代中小学教育，2006(11).

43. 杨挺，惠源. 中小学教师编制管理制度的发展瓶颈与应对策略[J]. 中国教育学刊，2017(6).

44. 张小菊，管明悦. 如何实现小学教师工作量的减负增效——基于某小学教师 40 天工作时间的实地调查[J]. 全球教育展望，2019(6).

45. 郑晋鸣，刘桂清. 该为中小学教师减负了[N]. 光明日报，2008-01-18(2).

46. 钟焦平. 为教师真正减负 让教师聚焦主业[N]. 中国教育报，2019-10-24(1).

47. 周光礼. 公共政策与高等教育——高等教育政治学引论[M]. 武汉：华中科技大学出版社，2010.

48. 周玲，洪瑾. 北京市中小学教师工作状况调查分析[J]. 北京理工大学学报(社会科学版)，2007(5).

49. 周兆海，邬志辉. 工作量视角下义务教育教师编制标准研究——以农村小规模学校为例[J]. 中国教育学刊，2014(9).

50. 朱秀红，刘善槐. 我国乡村教师工作负担的问题表征、不利影响与调适策略——基于全国 18 省 35 县的调查研究[J]. 中国教育学刊，2020(1).

51. 左崇良，游其胜. 教师编制政策的制度变迁和路径依赖[J]. 教育学术月刊，2017(1).

52. Alvesson, M. , Bridgman, T. , & Willmott, H. The Oxford Handbook of Critical Management Studies[M]. Oxford：Oxford University Press，2009.

53. Apple, M. Can Education Change Society? [M]. London: Routledge Falmer, 2012.

54. Apple, M. Education, Markets and an Audit Culture[J]. Critical Quarterly, 2005 (1-2).

55. Apple, M. Ideology and Curriculum[M]. London: Routledge Falmer, 2004.

56. Apple, M. Teachers and Texts: A Political Economy of Class and Gender Relations in Education[M]. New York: Routledge and Kegan Paul, 1986.

57. Ball, S. Education Reform: A Critical and Post-Structural Approach[M]. Buckingham: Open University Press, 1994.

58. Brubacher, J. W., Case, C. G., & Reagan, T. G. Becoming a Reflective Educator: How to Build a Culture of Inquiry in the Schools [M]. Thousand Oaks: Corwin Press, 1993.

59. Carter, B. & Stevenson, H. Teachers, Workforce Remodeling and the Challenge to Labor Process Analysis[J]. Work Employment and Society, 2012(3).

60. Charlie, N. Teacher Workload and Stress: An International Perspective on Human Costs and Systemic Failure [EB/OL]. [2018-04-04].

61. Christine, H. Theorising Changes in Teachers' Work [J]. Canadian Journal of Educational Administration and Policy, 2004(32).

62. Christopher Day. New Lives of Teachers[J]. Teacher Education Quarterly, 2012(1).

63. Connell, R. Good Teachers on Dangerous Ground: Towards a New View of Teacher Quality and Professionalism[J]. Critical Studies in Education, 2009(3).

64. Cooper Gibson Research. Exploring Teacher Workload: Qualitative Research[EB/OL]. [2018-09-05].

65. Cornbleth, C. Controlling Curriculum Knowledge: Multicultural Politics and Policy Making[J]. Journal of Curriculum Studies, 1995(2).

66. Darling-Hammond, L. & Youngs, P. Defining "Highly Qualified Teachers": What Does "Scientifically-Based Research" Actually Tell Us? [J]. Educational Researcher, 2002(9).

67. Department for Education. Exploring Teacher Workload: Qualitative Research[EB/OL]. [2018-09-05].

68. Department for Education. Government Response to the Workload Challenge [EB/OL]. [2018-01-06].

69. Department for Education. Workload Challenge: Analysis of Responses [EB/OL]. [2019-05-06].

70. Department for Education. Addressing Teacher Workload in Initial Teacher Education( ITE) : Advice for ITE Providers[EB/OL]. [2019-03-10].

71. Department for Education. Reducing Workload: Supporting Teachers in the Early Stages of Their Career-Advice for School Leaders, Induction Tutors , Mentors and Appropriate Bodies[EB /OL]. [2019-03-15].

72. Easthpoe, C. & Easthopeg, G. Intensification, Extension and Complexity of Teachers' Workload [J]. British Journal of Sociology of Education, 2000(1).

73. Evans, R. The Human Side of School Change: Reform, Resistance, and the Real-Life Problems of Innovation[M]. San Francisco: Jossey-Bass, 1996.

74. Fullan, M. & Hargreaves, A. Bringing the Profession Back in: Call to Action[M]. Oxford, OH: Learning Forward, 2016.

75. Fullan, M. Changes Forces[M]. London: Falmer Press, 1993.

76. Fullan, M. The New Meaning of Educational Change (3rd ed. ) [M]. New York: Teachers College Press, 2001.

77. Hakanen, J. J. , Bakker, A. B. , & Schaufeli, W. B. Burnout

and Work Engagement Among Teachers[J]. Journal of School Psychology, 2006(6).

78. Hall, D. & McGinity, R. Conceptualizing Teacher Professional Identity in Neoliberal Times: Resistance, Compliance and Reform [J]. Education Policy Analysis Archives, 2015(88).

79. Hall, G. E. & Hord, S. M. Implementing Change: Patterns, Principles, and ptholes. [M]. Boston: Allyn & Bacon, 2001.

80. Hall, P. A. & Taylor, R. C. Political Science and the Three New Institutionalism[J]. Political Studies, 1996(5).

81. Hargreaves, A. & Fullan, M. Professional Aapital: Transforming Teaching in Every School [M]. New York, NY: Teachers College Press, 2012.

82. Harris, K. Teachers and Classes: A Marxist Analysis [M]. London: Routledge and Kegan Paul, 1982.

83. Harris, K. Teachers: Constructing the Future[M]. London: the Falmer Press, 1994.

84. Hillary, J., Andrade, J., & Worth, J. Teacher Retention and Turnover Research—Research Update 4: How Do Teachers Compare to Nurses and Police Officers[EB/OL]. [2019-09-05].

85. Hobfoll, S. E. Conservation of Resources: A New Attempt at Conceptualizing Stress[J]. American Psychologist, 1989(3).

86. Howard Stevenson . Restructuring Teachers' Work and Trade Union Responses in England: Bargaining for Change? [J]. American Educational Research Journal, 2007(2).

87. John Higton, Sarah Leonardi, & Neil Richards, et al. Teacher Workload Survey 2016 [EB/OL]. [2018-08-09].

88. John, A., Carter, D., & Nichol, M. Reducing Teachers' Workload-A Way Forward[EB/OL]. [2019-04-11].

89. Kahn，W. A. Psychological Conditions of Personal Engagement and Disengagement at Work[J]. The Academy of Management Journal，1990(4).

90. Lawn，M. & Ozga，J. Unequal Partners：Teachers Under Indirect Rule[J]. British Journal of Sociology of Education，1986 (2).

91. Michael Fullan & Hargreaves，A. Teacher Development and Educational Change[M]. London：Routledge Falmer，1992.

92. Ofsted. Teacher Well-Being at Work in Schools and Further Education Providers[EB/OL]. [2019-09-05].

93. Parker，P. & Martin，A. Coping and Buoyancy in the Workplace：Understanding Their Effects on Teachers' Work-Related Well-Being and Engagement[J]. Teaching & Teacher Education，2009(1).

94. Sarah Gibson，Lizzie Oliver，& Mary Dennison. Workload Challenge Analysis of Teacher Consultation Responses：Six Form Colleges [EB/OL]. [2019-03-04].

95. Sean Wiebe & Craig MacDonald. Intensification and Complexity in Teachers' Narrated Worklives[J]. Canadian Journal of Education，2014(4).

96. White，R. On Teachers and Proletarianization [J]. Discourse，1983 (2).

97. Worth，J. & Van den Brande，J. Teacher Labour Market In England：Annual Report 2019[EB/OL]. [2019-09-05].

# 后 记

终于提笔写到后记，心中有欣喜之情，更多的是忐忑不安。

欣喜的是，本书是扎扎实实开展了多年的课题研究的成果。课题研究过程中不断推出的科研成果引起了决策、舆论和学界的关注。多篇研究成果被中国人民大学复印报刊资料全文转载，被政协委员作为提案的支撑，还获得了中国教育学会 2017 年最具影响微论奖。更欣喜的是教师工作负荷这一问题引起了高层领导的关注，而我也有幸参与了领导批示安排的中小学教师负担问题的调研，这项研究工作也非常成功，得到了领导的高度肯定。同时我参与了旨在减轻教师不必要的工作负荷的政策文件的研制工作，这一政策也在不久的将来出台。这是作为国家一流教育智库青年科研人员的荣幸，并且通过个人的研究提升了为国家教育决策服务的能力。

忐忑的心情来自多方面。虽然本书的研究历时较长，但囿于本人才学疏浅，难免有很多不足，恳请各位领导、前辈、师长和朋友们不吝赐教。

还要感谢在本书完成过程中给与帮助的人们。首先感谢全国教育科学规划办给予的课题资助支持，这是我主持的第一个国家级课题。对此，我倾注了大量的时间和精力，尽心尽力做好课题研究的每一步工作。其次要感谢在课题研究中给予指导和帮助的领导、同事、同学和朋友们，包括外文文献的查阅、调研数据的收集、实地调研的安排、调研材料的初步整理等，特别是黄露和王丽对本书部分章节的帮助和付出。最后要感谢北京师范大学出版社姚贵平、伊师孟、孟浩等同人们的辛苦付出。

李新翠

2019 年 3 月

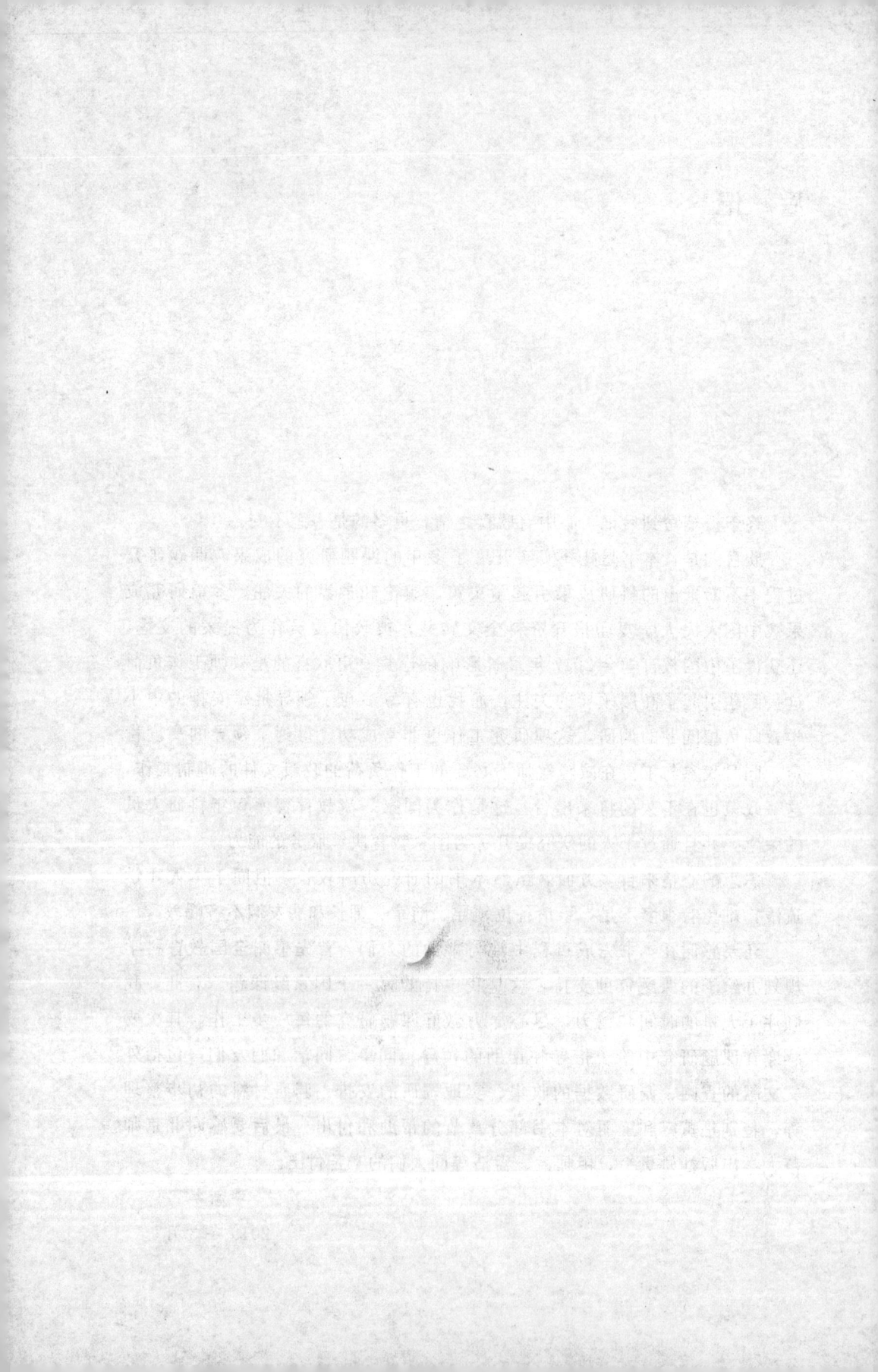